Natur- und Kulturführer

Wahner Heide

Jünkerath 2024
7. durchgesehene Auflage

ISBN 978-3-935873-69-7

Titelfoto: Wim de Vries, Bonn

www.gaasterland-verlag.de
mail@gaasterland-verlag.de

Natur- und Kulturführer

Wahner Heide

Holger Maria Sticht

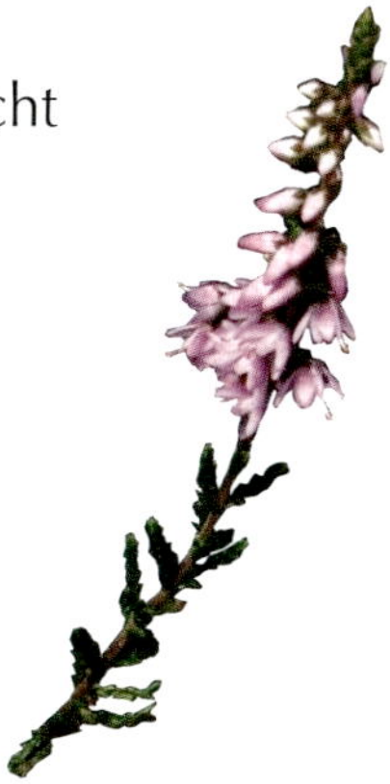

GAASTERLAND

Kartenverzeichnis

Inhalt

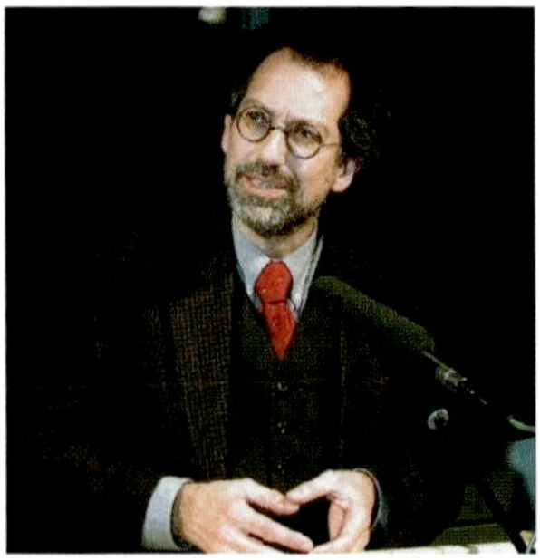

Vorwort

Mitten im rechtsrheinischen Ballungsgebiet, vor den Toren von Köln und Bonn und unmittelbar erreichbar von rund zwei Millionen Menschen, liegt die Wahner Heide, den meisten als Standort des Flughafens Köln/Bonn und langjähriger Truppenübungsplatz bekannt.

Die Wahner Heide birgt eine außerordentlich vielfältig strukturierte Landschaft, besitzt im Verborgenen wertvolle und wertvollste Einzelbiotope und hat wegen ihrer überragenden Fülle an Tieren und Pflanzen internationale Bedeutung erreicht: Sie ist von der Europäischen Union auf Vorschlag der Bundesregierung zum Flora-Fauna-Habitat-Gebiet (FFH) ausgewiesen worden und gehört damit zum europäischen Naturschutzerbe, und sie ist ein wichtiges internationales Vogelschutzgebiet, hat durch diese Auszeichnung gleichfalls internationalen Schutzstatus.

Den Naturschutzverbänden ist klar, dass die Wahner Heide mit ihrem hohen ökologischen Wert auf Dauer nur geschützt werden kann, wenn die Bevölkerung um den einzigartigen Wert dieser Landschaft weiß und ein öffentliches Interesse am Fortbestand und Schutz dieses ökologischen Kapitals vor der Haustür besteht! Uns als Naturschützern ist daher nicht im Geringsten daran gelegen, die Bevölkerung von der Wahner Heide fernzuhalten – im Gegenteil: Wir wollen dazu beitragen, dass die Menschen diese schöne Landschaft kennen und lieben lernen.

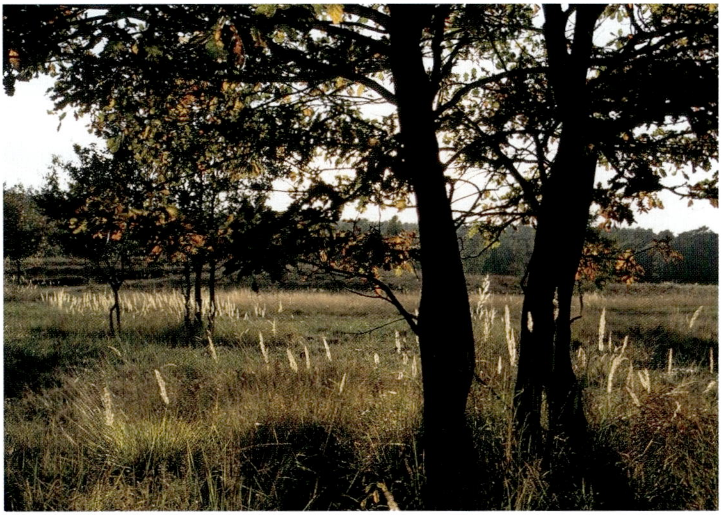

Landreitgras unter jungen Eichen

Der Natur- und Kulturführer Wahner Heide will Ihnen, liebe Nutzerinnen und Nutzer, die Heide auf bekannten und unbekannten Wegen erschließen. Sie sollen sich in der Wahner Heide zurecht finden und ihre Schönheiten und Eigenarten miterleben und erkennen können. Deshalb belassen wir es nicht dabei, Ihnen über die Wahner Heide-Karte Routenvorschläge zu machen, sondern wir wollen Ihnen auch ausführlich und nachvollziehbar vermitteln, was Sie am Wegesrand sehen und hören – aber auch was sich am Horizont beim Blick über die weite Landschaft abzeichnet.

Mein Dank gilt dem Verfasser dieses beeindruckenden Werkes. Ohne seine jahrzehntelange Erfahrung und unermüdliches Engagement hätte es den Natur- und Kulturführer in dieser Form nicht gegeben.

Mark vom Hofe
Vorsitzender der Landesgemeinschaft Naturschutz und Umwelt (LNU) NRW e.V. und des (Rheinisch)-Bergischen Naturschutzvereins (RBN)

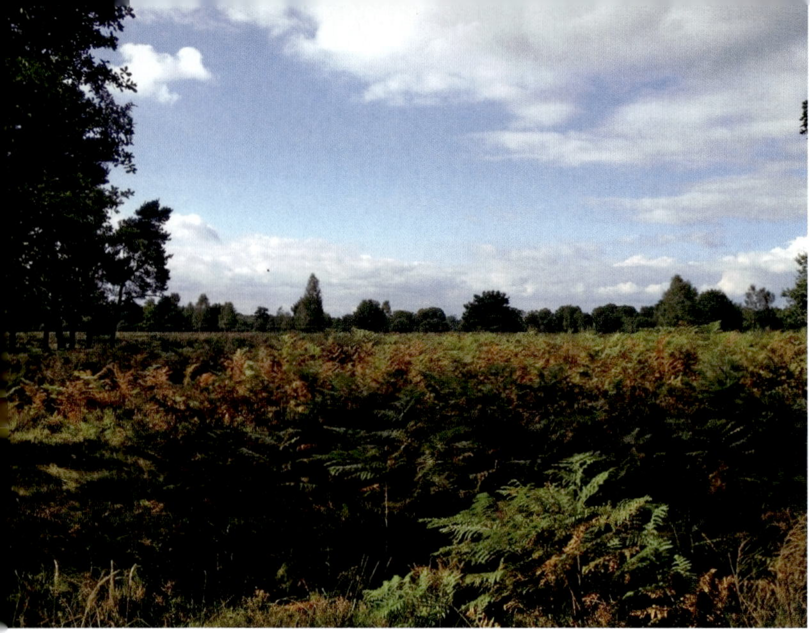

Im Geisterbusch

Über den Natur- und Kulturführer

Die Inhalte des Natur- und Kulturführers sind an den zehn Rundwanderwegen der Wahner Heide ausgerichtet. Auf diese Weise werden komplexe Themen genauso wie kuriose Geschichten für jeden greifbar und vor Ort anschaulich. Gleichzeitig wird Erholung gelenkt, indem nur solches dargestellt und erklärt wird, was von jedem Menschen auf dem vorhandenen Wegenetz erschlossen werden kann. Das Buch funktioniert also als Wanderführer, kann genauso aber auch als Lesebuch und Nachschlagewerk gebraucht werden.

Natur und Kultur sind in der Wahner Heide untrennbar miteinander verwoben, sich auf einen dieser Bereiche zu konzentrieren würde keinem gerecht werden. Und so ist der Titel Programm, wenngleich das „Führen“ hoffentlich auch als „Verführen“ wirkt. Denn nur wer die Wahner Heide schätzen gelernt hat, wird bereit sein, sie zu schützen – beim Konsumverhalten wie auch im Gelände.

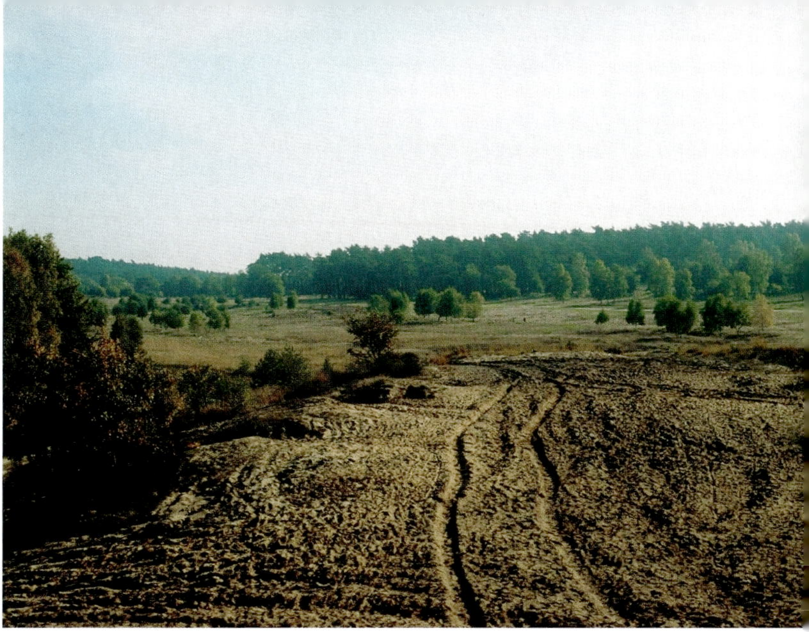

Dünen in der Südheide

Ich danke Matthias Dederichs für die kritische Durchsicht der Manuskripte und wichtige Hinweise. Markus Bathen und Daniel Schrijver danke ich für das Kartenmaterial, Grafiken und viele wichtige Anregungen. Dr. Inge Bischoff, Dr. Guido Sticht und Heinz Schumacher danke ich für die wissenschaftliche Beratung.

Ich danke außerdem sämtlichen Bildautorinnen und -autoren sowie dem Heimat- und Kulturverein Lohmar und dem Heimat- und Geschichtsverein Rechtsrheinisches Köln für die Bereitstellung ihrer Aufnahmen.

Außerdem möchte ich den vielen ehrenamtlichen Mitstreiterinnen und Mitstreitern im Bündnis Heideterrasse und seinen Vereinen für ihre jahrelange hervorragende Arbeit und Unterstützung danken, ohne die wir die Wahner Heide nicht wie beschrieben vorfinden würden.

Holger Sticht

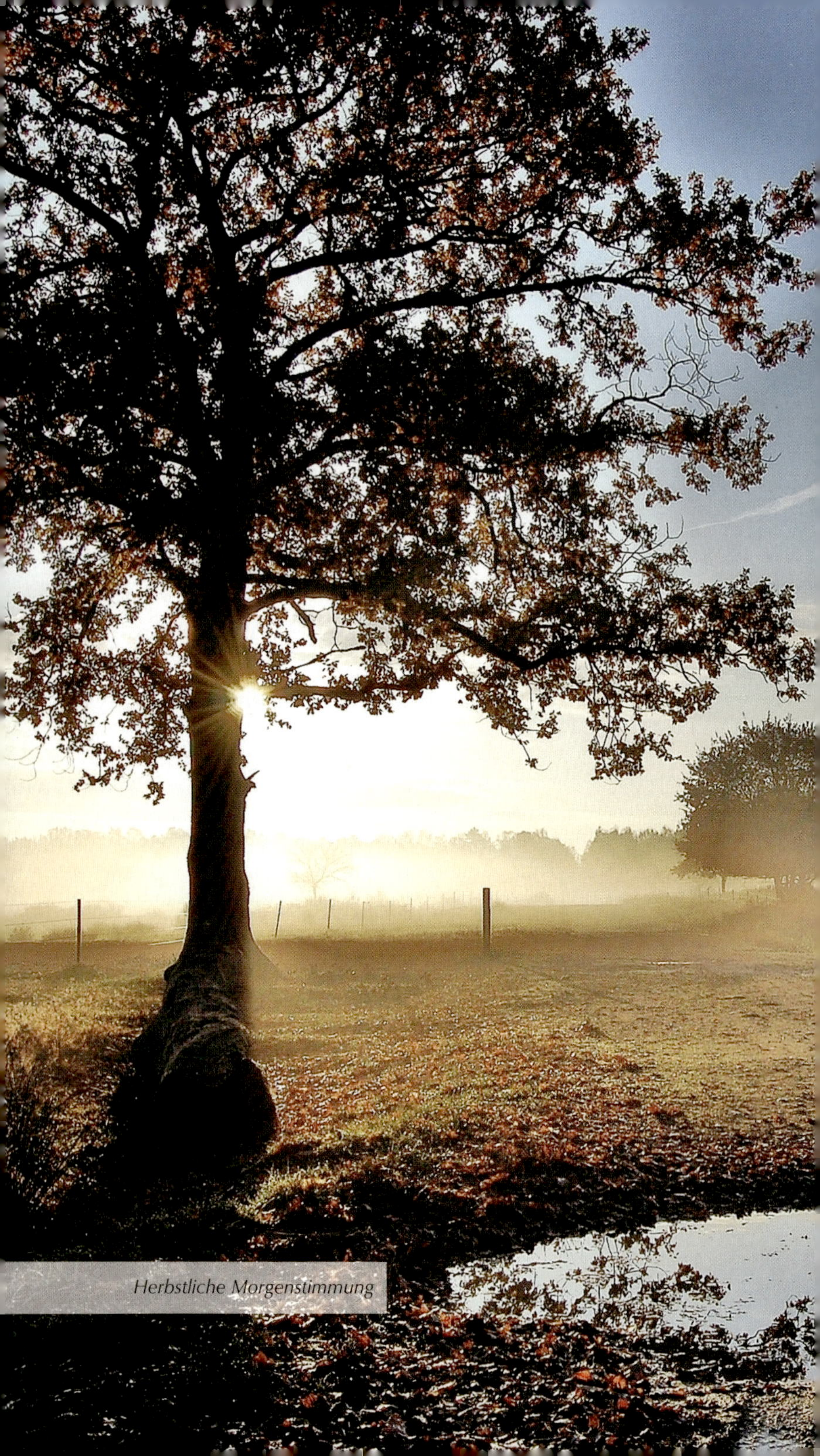

Herbstliche Morgenstimmung

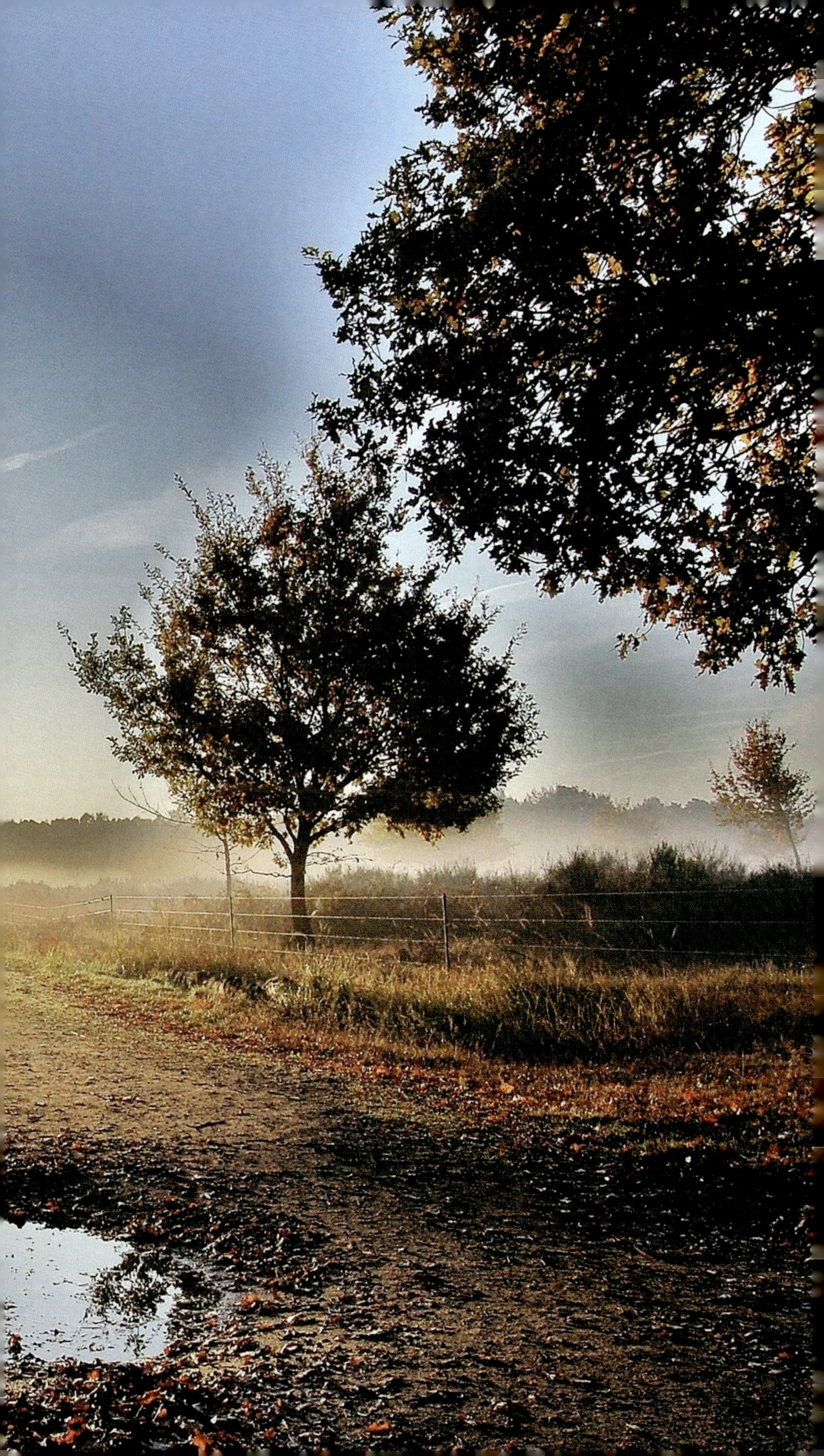

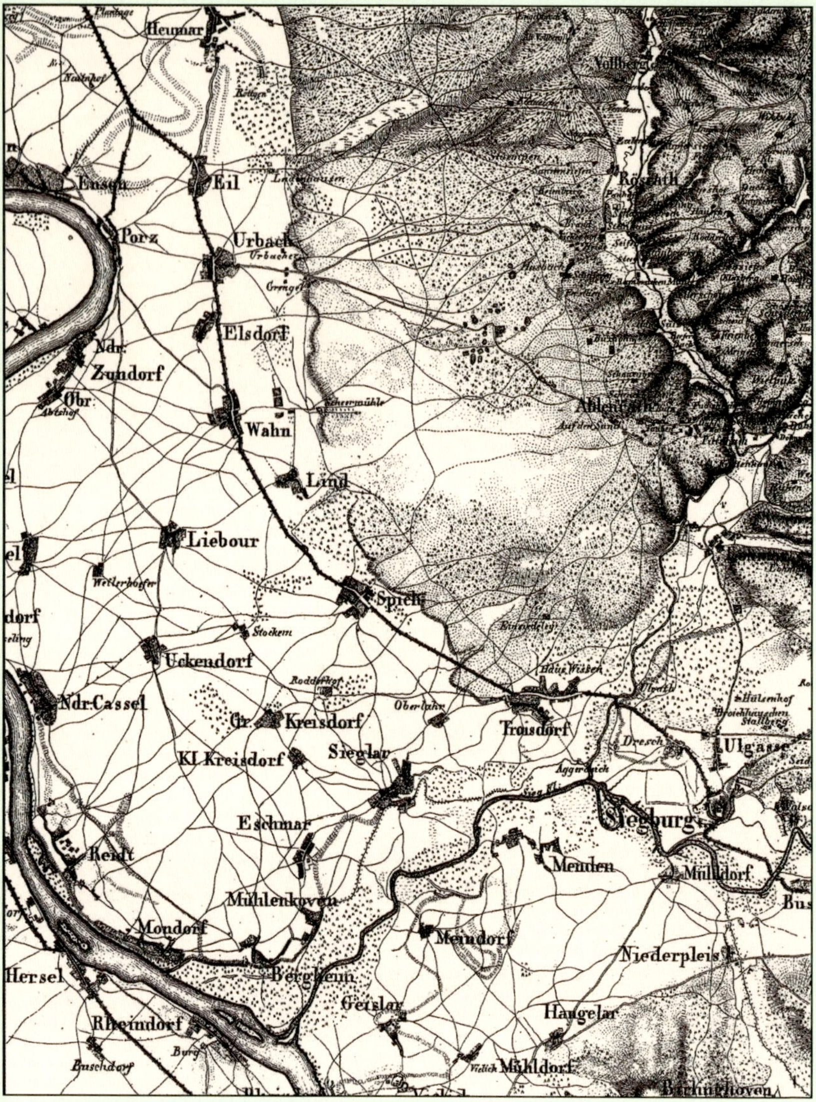

Ausschnitt aus der Kartenaufnahme der Rheinlande durch Tranchot und Müffling 1803-1820. Maßstab 1:25.000

Mit freundlicher Genehmigung des Landesvermessungsamtes NRW

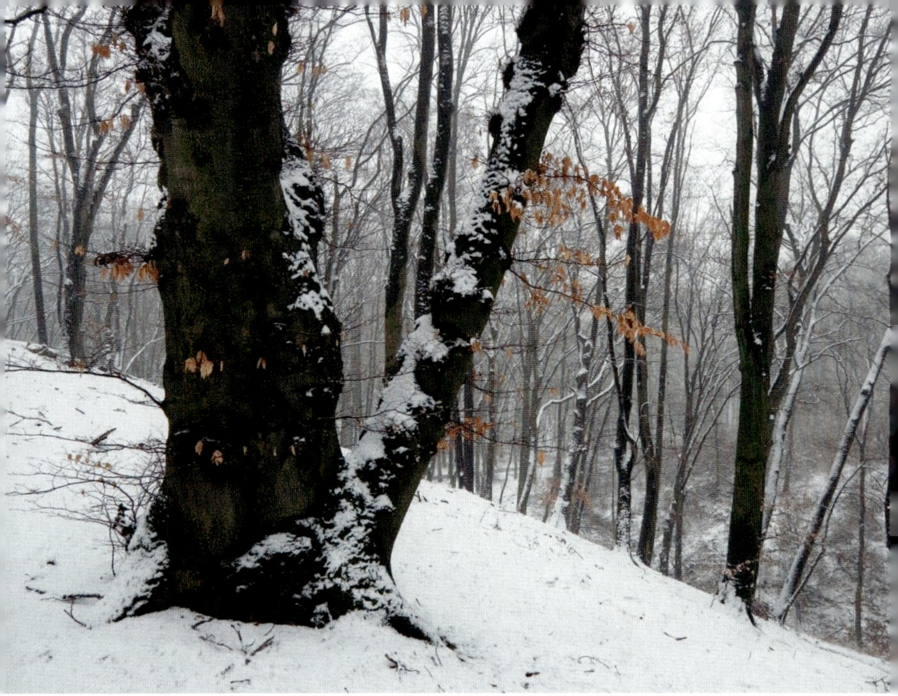

Winter am Güldenberg

Was Sie über die Wahner Heide wissen sollten

Geographische Abgrenzung

Als Wahner Heide bezeichnet man heute in etwa jenes Gebiet, das ab 1937 dem Truppenübungsplatz entsprach. Es wird im Osten durch die A3, im Süden durch die geschlossene Wohn- und Gewerbebebauung Lohmars und Troisdorfs sowie im Westen durch den Mauspfad abgegrenzt. Das Gebiet umfasst eine Größe von etwa 5.000 Hektar. Dazu gehören unter anderem auch rund 1.000 Hektar Flughafengelände und Siedlungsbereiche wie Hasbach oder Altenrath.

Die Wahner Heide zählt zur Großlandschaft „Niederrheinische Bucht" und hier zum Naturraum „Bergische Heideterrasse". Die Heideterrasse ist ein 1- 5 km breites Landschaftsband, das sich von der Sieg im Süden bis zur Ruhr im Norden erstreckt und weitgehend mit der rechtsrheinischen Mittel- und Hauptterrasse deckt.

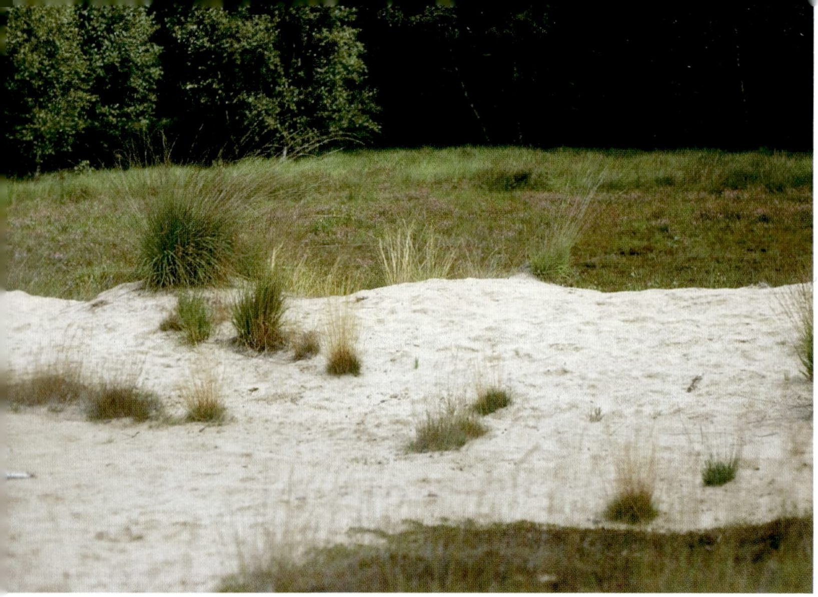

Binnendüne wandert in Feuchtheide, die von Birken bewaldet wird

Arten- und Lebensraumvielfalt

Die Wahner Heide ist eines der artenreichsten Heide-, Moor- und Waldgebiete Mitteleuropas. Allein über 700 Tier- und Pflanzenarten, die auf der Roten Liste der gefährdeten Arten stehen, konnten hier bis dato nachgewiesen werden. Dieser außerordentliche Reichtum gründet sich auf das Vorkommen einer Vielzahl unterschiedlichster Lebensraumtypen: Binnendünen, Sandmagerrasen, Heidemoore, Sandheiden, naturnahe Bäche und Teiche, alte Bruch- und Auwälder, Feuchtwiesen mit Arnika- und Orchideenbeständen und und und…

Geologische Standortbestimmung

Diese Vielfalt von Lebensräumen ist damit zu erklären, dass sich die Wahner Heide im Übergangsbereich zwischen Niederrheinischer Bucht und Rheinischem Schiefergebirge befindet, damit eine abwechslungsreiche Geländegestalt aufweist und verschiedene Bodentypen mit unterschiedlichen Nährstoffverhältnissen, Feuchtigkeitsgraden und Bodenreaktionen vereint.

Der Großteil der Wahner Heide befindet sich allerdings auf der Mittelterrasse des Rheins; die natürliche Nährstoffarmut der alten Rheinablagerungen, der tertiären Sedimente und der Flugsande ist eine Grundvoraussetzung für den Bestand heute seltener Arten und Lebensräume.

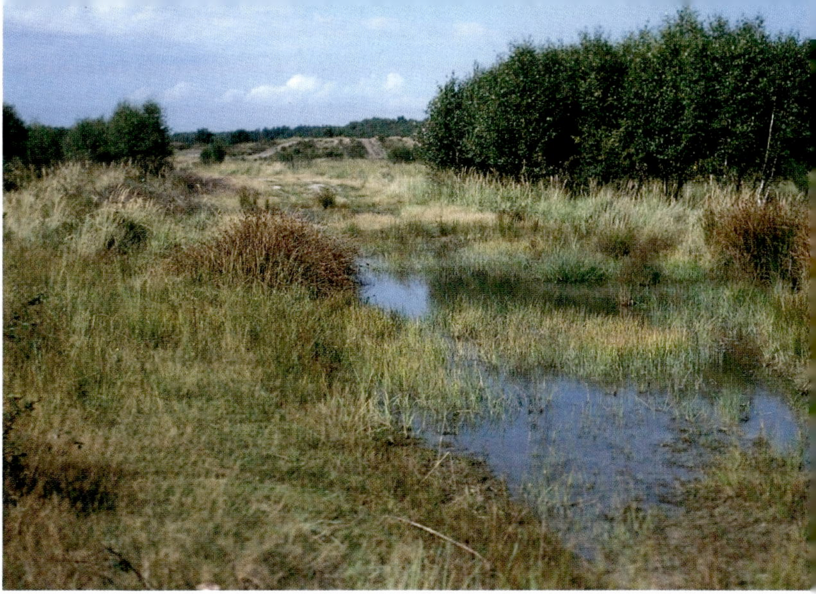

Heidetümpel zwischen Binnendünen und Birken -Vorwäldern

Klima

Die Wahner Heide wird der subatlantischen Klimazone zugerechnet, das heißt sie steht unter eher maritimem Einfluss. Die Temperaturen sind im Jahresverlauf – verglichen mit einem kontinentalen Klima Osteuropas – ausgeglichen. Die Jahresmitteltemperatur lag in 2019 bei 11,5 Grad Celsius, damit 1,2 Grad höher als im Mittel zwischen 1981 und 2010. Im selben Jahr lag die Jahresniederschlagssumme bei 782,5 mm pro Quadratmeter. Sie hat sich im Vergleich zu den vorherigen Jahrzehnten nicht stark verändert, allerdings stark vom Sommer in den Winter verlagert. An den Niederschlägen kann man sehr schön den Übergang der Wahner Heide von der Niederrheinischen oder Kölner Bucht zum Rheinischen Schiefergebirge ablesen. So liegt der Jahresmittelwert im Südwesten bei etwa 700 Millimeter/Jahr, während er im Osten, an den Randhöhen des Schiefergebirges, auf 950 Millimeter ansteigen kann.

Heidewirtschaft

Ein anderer entscheidender Grund für die ökologische Vielfalt ist die traditionelle Landwirtschaft, die der Mensch über Jahrhunderte hinweg bis zum Anfang des 20. Jahrhunderts in der Wahner Heide ausgeübt hat. Rinder, Ziegen, Schweine und Schafe wurden in Wälder und abgeholzte Flächen getrieben. Der regelmäßige Verbiss des Viehs, aber auch andere heidewirtschaftliche Nutzungen wie Streu sammeln, Mahd, Imkerei, Plaggenhieb, Niederwaldwirtschaft oder

Besenbinderei gestalteten eine strukturreiche mitteleuropäische „Savannenlandschaft". So können auch heute viele Lebensraumtypen, wie zum Beispiel die allseits bekannten Zwergstrauchheiden, nur erhalten werden, wenn der Mensch sie weiterhin nachhaltig nutzt.

Kulturlandschaft

Ein weiterer Grund dafür, dass die Wahner Heide als Kulturlandschaft zu bezeichnen ist, sind die vielfältigsten historischen Nachweise über menschliche Besiedlung und Nutzung. Werkstattplätze aus der Steinzeit, Hügelgräber und eine Burganlage aus der Eisenzeit, Töpferei und Bergbau aus der Frühen Neuzeit machen die Wahner Heide zu einer archäologischen Fundgrube und einem bedeutenden Wissensfundus menschlicher Geschichte.

Militärische Geschichte

Name und Abgrenzung der Wahner Heide sind auf ihre militärische Geschichte zurückzuführen. Ab 1818 dehnte das preußische Militär seine Übungsflächen von der Heide bei Wahn ausgehend nach und nach in die umgebenden Heidegebiete wie beispielsweise die Urbacher Heide oder die Wolfsheide aus, sodass irgendwann alles als Schießplatz Wahner Heide bezeichnet wurde. Mit einer Unterbrechung zwischen 1926 und 1933 ist die Wahner Heide militärischer Übungsplatz – von 1951 bis 2004 durch die belgischen Streitkräfte, im Anschluss daran durch die Bundeswehr genutzt.

Dieser militärische Status erwies sich als wirkungsvollster Faktor zur Aus- und Eingrenzung anderer Nutzungen und bewahrte dieses Gebiet – trotz zahlreicher, teilweise auch militärisch bedingter negativer Einflüsse wie Bebauungen und Entwässerungen – als großflächig unverbrauchte Landschaft. Die Wahner Heide ist damit als größter zusammenhängend unverbrauchter Rest der Bergischen Heideterrasse erhalten geblieben.

Europäisches Schutzgebiet

Seit 1931 steht die Wahner Heide unter Naturschutz. Nachdem der Flughafen in den 1950/60er Jahren mitten in das Naturschutzgebiet hineingebaut worden war, wurde die Wahner Heide 1968 auf 2.630 Hektar „von Neuem" geschützt und die Naturschutzgebietsgrenze größtenteils um das neu entstandene Flughafengelände herum gelegt.

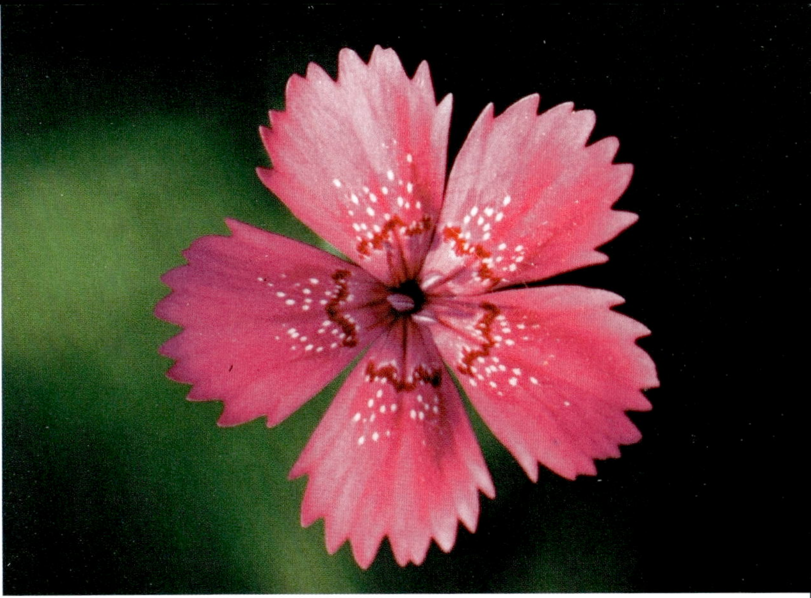

Heidenelkenblüte

Heute ist die Wahner Heide in der Größenordnung von 3.000 Hektar als Vogelschutzgebiet und Flora-Fauna-Habitat-Gebiet international geschützt und in das europaweite Schutzgebietsnetz integriert. Der fachlich eigentlich erforderlichen Schutzgebietsgröße von 4.502 Hektar, die 1990 durch den Internationalen Rat für Vogelschutz festgestellt worden war, wurde dabei allerdings bisher nicht annähernd entsprochen.

Die Naturschutzgebietsverordnung des Regierungspräsidenten von 1968 ist zwischen 2003 und 2007 durch die jeweiligen Landschaftspläne der Kreise abgelöst worden.

Politische Einordnung

Der Landschaftsraum Wahner Heide teilt sich heute auf drei Gebietskörperschaften auf: Auf die Stadt Köln im Norden entfallen etwa 30 % der Fläche, auf den Rheinisch-Bergischen Kreis im Osten und im Zentrum etwa 15 %, und auf den Rhein-Sieg-Kreis im Süden etwa 55 %.

Der größte Teil der Wahner Heide ist als Teil des Nationalen Naturerbes im Besitz der Naturerbe gGmbH der Deutschen Bundesstiftung Umwelt (DBU). Der Bereich südlich von Altenrath und des Flughafengeländes ist nach wie vor ein Standortübungsplatz und im Eigentum der Bundesrepublik Deutschland, betreut durch die Bundeswehr und die Sparte Bundesforst der Bundesanstalt für Immobilienaufgaben (BImA).

Geologische Karte Wahner Heide

- Herausgegeben vom Geologischen Dienst Nordrhein-Westfalen -

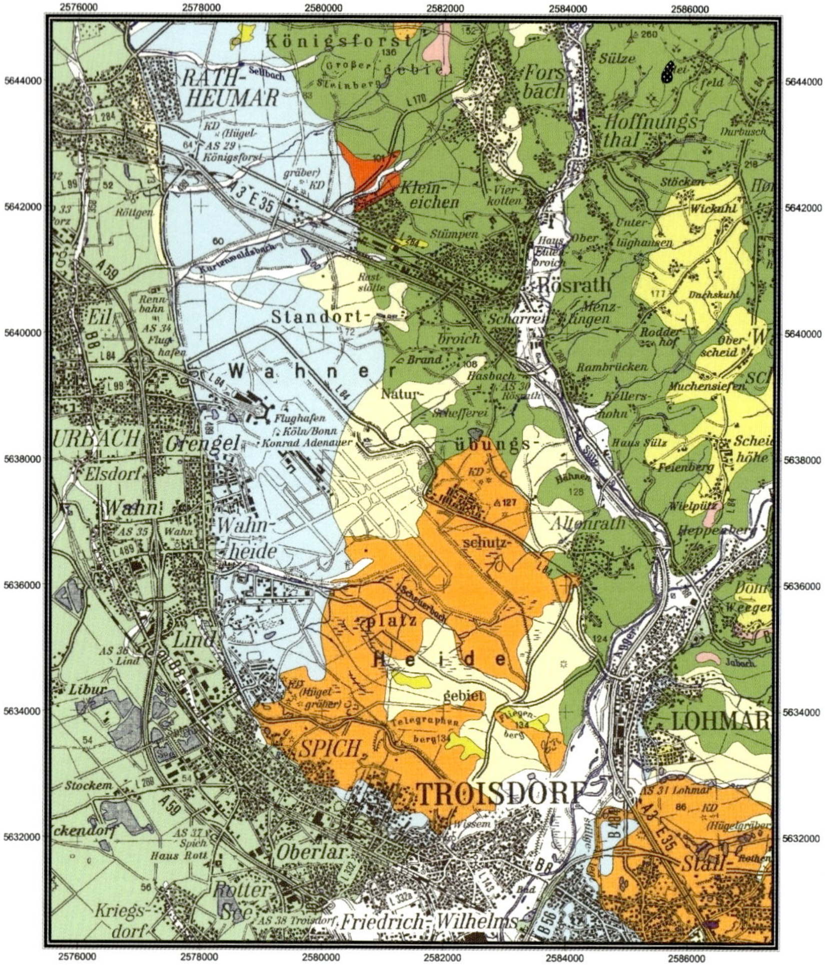

Auszug aus: Informationssystem Geologische Karte von Nordrhein-Westfalen 1 : 100 000

Topogr. Grundlage: TK100 LVermA NRW

0 0.5 1 1.5 2 2.5 Kilometer

Quartär (2,4 Mio. J. v. h. bis Jetztzeit)

- Künstliche Aufschüttung
- Junge Ablagerungen in den Auen
- Niedermoor
- Düne
- Flugsand
- Löss
- Niederterrassen
- Mittelterrassen
- Höhenterrassen

Tertiär (65 - 2,4 Mio. J. v. h.)

- Köln-Schichten (27 - 17 Mio. J. v. h.)
- Grafenberg-Schichten (28,5 - 23,8 Mio. J. v. h.)
- Bergisch-Gladbach-Schichten (30 - 28,5 Mio. J. v. h.)

Devon (418 - 358 Mio. J. v. h.)

- Unterdevon (418 - 392 Mio. J. v. h.)

Tertiäre Vulkanite (24 - 5 Mio. J. v. h.)

- Vulkanite

- Gewässer

Geologischer Dienst NRW

Weitere Informationen:
Geologischer Dienst NRW - Landesbetrieb -
De-Greiff-Str. 195
47803 Krefeld
Tel: 02151/897-0 Fax: 02151/897-505
Email: poststelle@gd.nrw.de
Internet: www.gd.nrw.de

Über das Wandern in der Wahner Heide

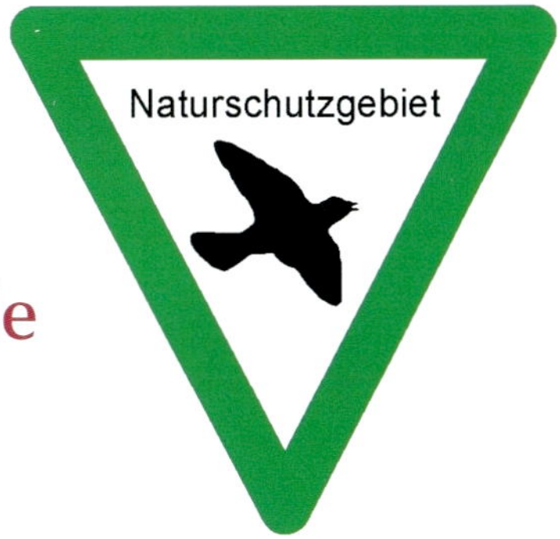

Darstellung der Wege

In diesem Buch, aber auch in allen aktuellen offiziellen Gebietskarten sowie auf den Eingangsschildern im Gelände sind nur solche Wege eingezeichnet, die genutzt werden dürfen. Bestehende, aber aus militärischen, Sicherheits- oder Naturschutzgründen nicht für die Öffentlichkeit frei gegebene Wege sind nicht dargestellt. Dies erleichtert nicht gerade die Orientierung, fördert aber die Erholungslenkung. Haben Sie daher bitte Verständnis und achten Sie auf die Kennzeichnungen im Gelände.

Kennzeichnungen im Gelände

Für die Öffentlichkeit frei gegebene Wege sind im Gelände rot markiert, häufig mit rot angestrichenen Holzpfählen. Wege und Flächen ohne diese Kennzeichnungen stehen Ihnen nicht zur Verfügung. Das Bündnis Heideterrasse kennzeichnet die Rundwanderwege mit den jeweiligen Piktogrammen, die auch der Natur-und Kulturführer verwendet. Hinweise zur Markierung richten Sie bitte an die AG Wegepaten des Bündnis Heideterrasse (siehe S. 220).

Wahner Heide Karte

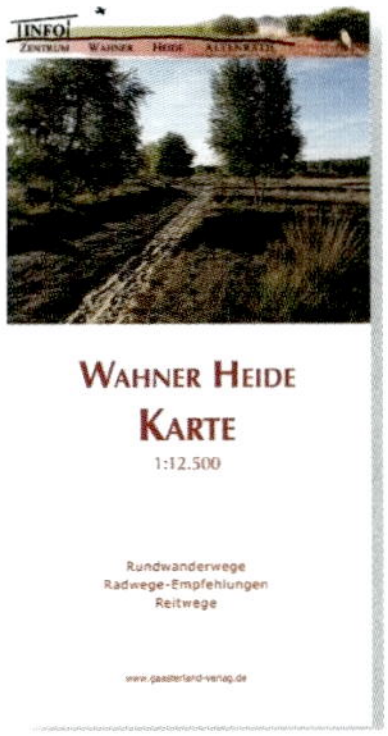

Die offizielle Wanderkarte der Wahner Heide erhalten Sie im Informationszentrum Wahner Heide sowie über den Buchhandel. In einem Maßstab von 1:12.500 bekommen Sie eine vollständige und detaillierte Übersicht über das Wander-, Rad- und Reitwegenetz, Flur- und Wegenamen sowie über die kulturhistorischen Relikte des Gebiets.

ISBN 978-3-935873-58-1 • 5,95 €

Hinweise zur Benutzung der Wege

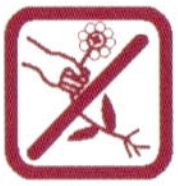

Keine Blumen pflücken

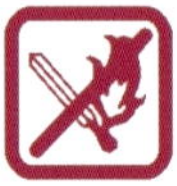

Kein Feuer

Hunde anleinen

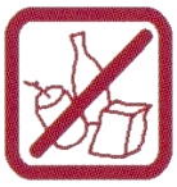

Müll einsammeln

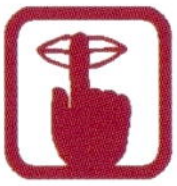

Kein Lärm

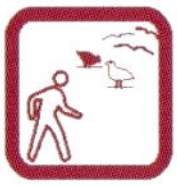

Tiere nicht stören

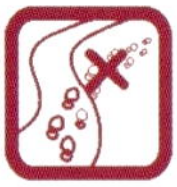

Wege nicht verlassen

Es ist in der Regel festes Schuhwerk zu empfehlen. Die Fliegenberg-Tour aber ist ab dem Mauspfad weitgehend auch als Barfuß-Wanderweg nutzbar. Für Kinderwagen sind die Rundwanderwege nur streckenweise gut, für Rollstuhlfahrer überwiegend nicht geeignet. Rollstuhlfahrern ist ebenso wie Radfahrern und Reitern die Wahner Heide Karte mit dem Rad- und Reitwegenetz zu empfehlen.

Seit 2004 kann man das gekennzeichnete Wegenetz an jedem Wochentag nutzen. Im Süden der Wahner Heide besteht der Standortübungsplatz der Bundeswehr. Aufgrund von Geländeübungen kann es schon einmal, stellenweise und für einen kurzen Zeitraum, zu örtlich gekennzeichneten Sperrungen von Wegen kommen. Somit bitte nicht verwirren lassen durch die vielen kleinen Bundeswehrschilder und ihre wenig eindeutigen Texte.

Blumen sollen blühen, wo sie wachsen

Lassen Sie Pflanzen bitte stehen. Auch wenn mancherorts Orchideen oder Nelken ganze Blütenteppiche bilden, darf nie vergessen werden, dass diese Arten oft deutschlandweit vom Aussterben bedroht sind und in der Wahner Heide eines ihrer letzten Rückzugsgebiete finden. Blumen zu pflücken bedeutet, die Fortpflanzung und damit die Arterhaltung zu unterbinden, und ist deswegen untersagt. Das gilt grundsätzlich für das Entnehmen von Pflanzen und Tieren.

Auch Hunde müssen Rücksicht nehmen

Wenn Sie in Begleitung Ihres Hundes spazieren gehen, dann halten Sie ihn bitte an der Leine. Grundsätzlich gilt, dass Hunde von Vögeln und anderen wildlebenden Tieren als Feinde angesehen werden und die natürliche Fluchtreaktion auslösen. Sie wissen nichts von Ihrer guten Erziehung.

Besonders in den baumarmen Heidegebieten leben viele Tierarten, die auf dem Boden ihr Nest oder ihre Kinderstube anlegen. Da einige Vogelarten zweimal im Jahr brüten, besteht die Gefahr von Frühjahr bis Spätsommer, dass ein freilaufender Hund, von Ihnen oft unbemerkt, hinter einem Busch ein Nest aufspürt und die Altvögel aus Angst ihre Brut aufgeben. Das ganze Jahr über können frei laufende Hunde eine Gefahr für große Säugetiere und die Viehherden darstellen. Natürlich stammt auch Ihr Hund vom

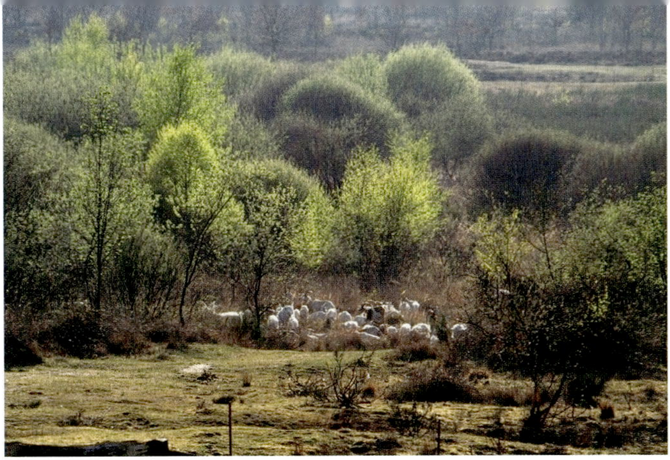

Ziegenherde in „Unter den dicken Hecken"

Wolf ab, und der ist ein natürlicher Bestandteil unserer Landschaft gewesen. Nur könnte die Wahner Heide unter natürlichen Umständen nicht einmal einem Wolfsrudel Lebensraum bieten! Sie kann also die gewünschte Anzahl von Hunden leider nicht aufnehmen.

Naturschutzgebiet - kein Sportplatz

Der Golfplatz ist ebenso wenig als Naturschutzgebiet geeignet wie das Naturschutzgebiet zum Golf spielen. Dasselbe gilt für alle sportlichen Freizeitbeschäftigungen. In der Vergangenheit hat unangemessenes Freizeitverhalten mehrfach zur Aufgabe von Brutstätten zum Beispiel bei Wasservogelarten geführt. Der Fortbestand einiger Arten ist abhängig vom rücksichtsvollen Verhalten der Besucher.

Picknick - eingeladen beim Gastgeber Natur

Wer bei seiner Wanderung rastet, sollte auch dies mit dem gebührenden Respekt für das Gebiet tun. Grillen, Lagerfeuer und Rauchen können in dem vielerorts sehr trockenen Gelände Flächenbrände auslösen und sind daher nicht erlaubt. Dass man seine Abfälle wieder mitnimmt, ist selbstverständlich. In der Wahner Heide befinden sich keine Müllbehälter.

Landschaftswacht

Naturschutzwart

Im Auftrage des jeweiligen Kreises sind Naturschutzwarte im Gelände unterwegs, welche über die Verordnungen informieren und ihre Einhaltung kontrollieren. Verstöße gegen Ver- und Gebote stellen Ordnungswidrigkeiten dar, die mit Ordnungsgeldern verfolgt werden.

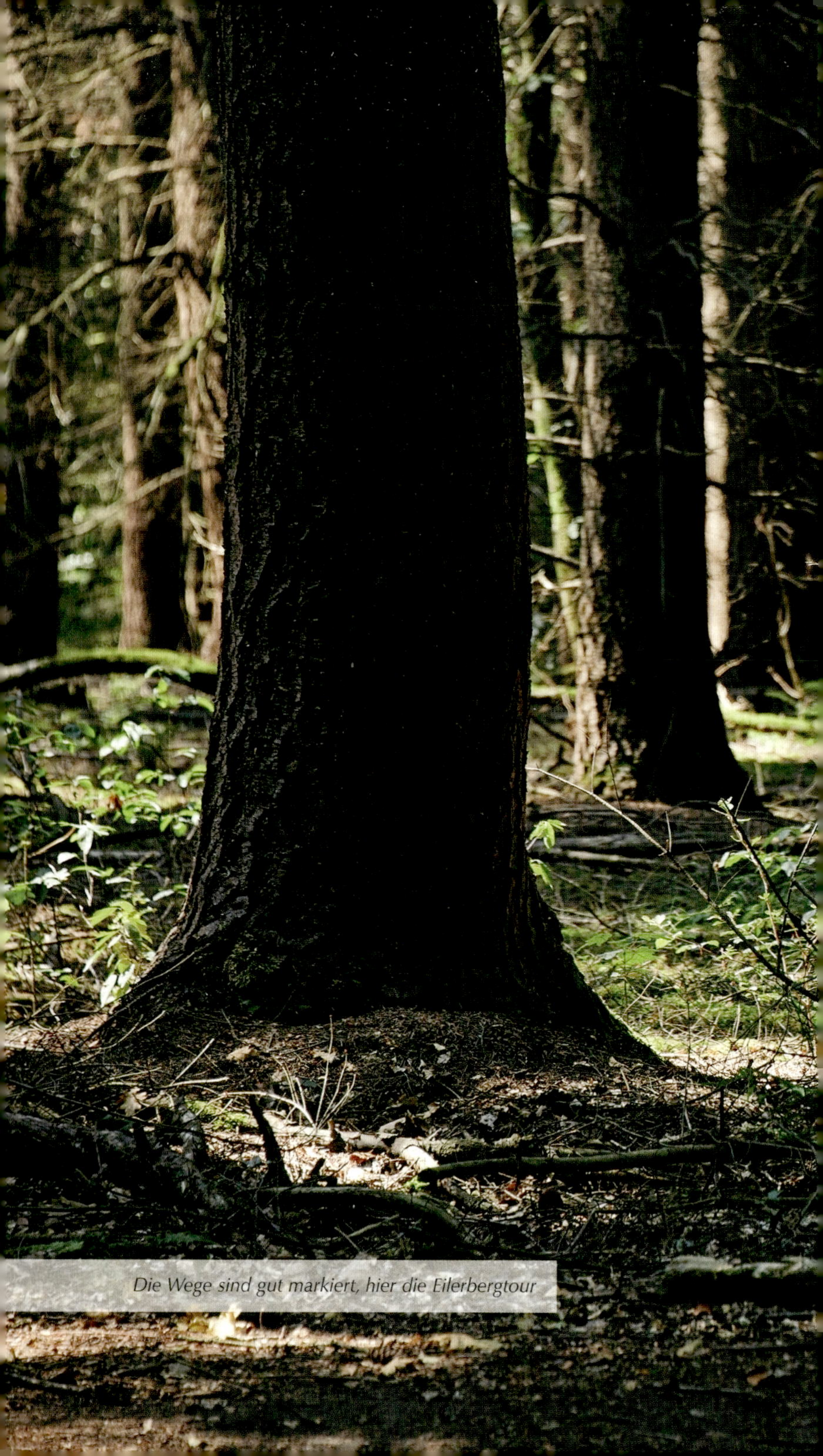

Die Wege sind gut markiert, hier die Eilerbergtour

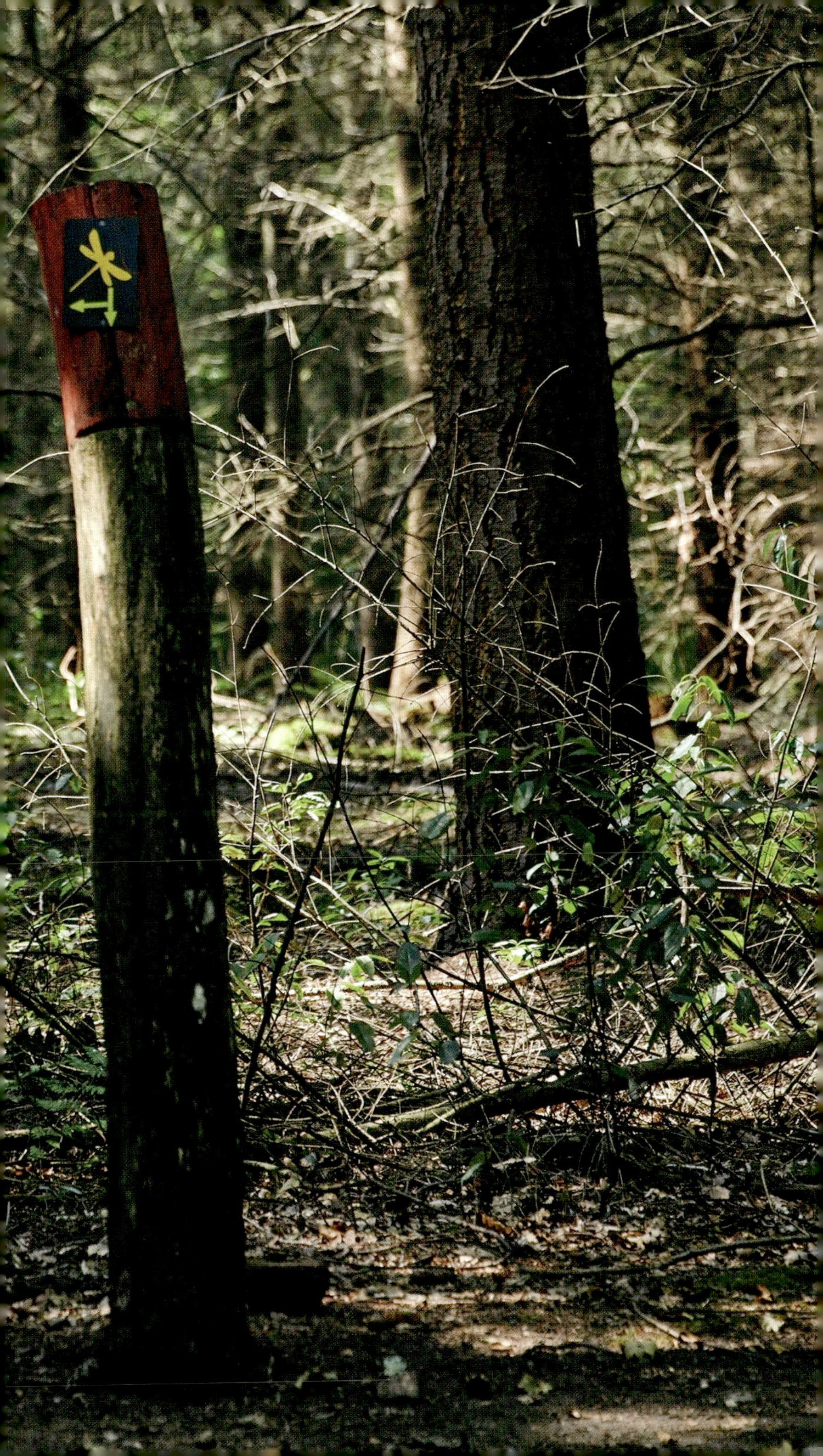

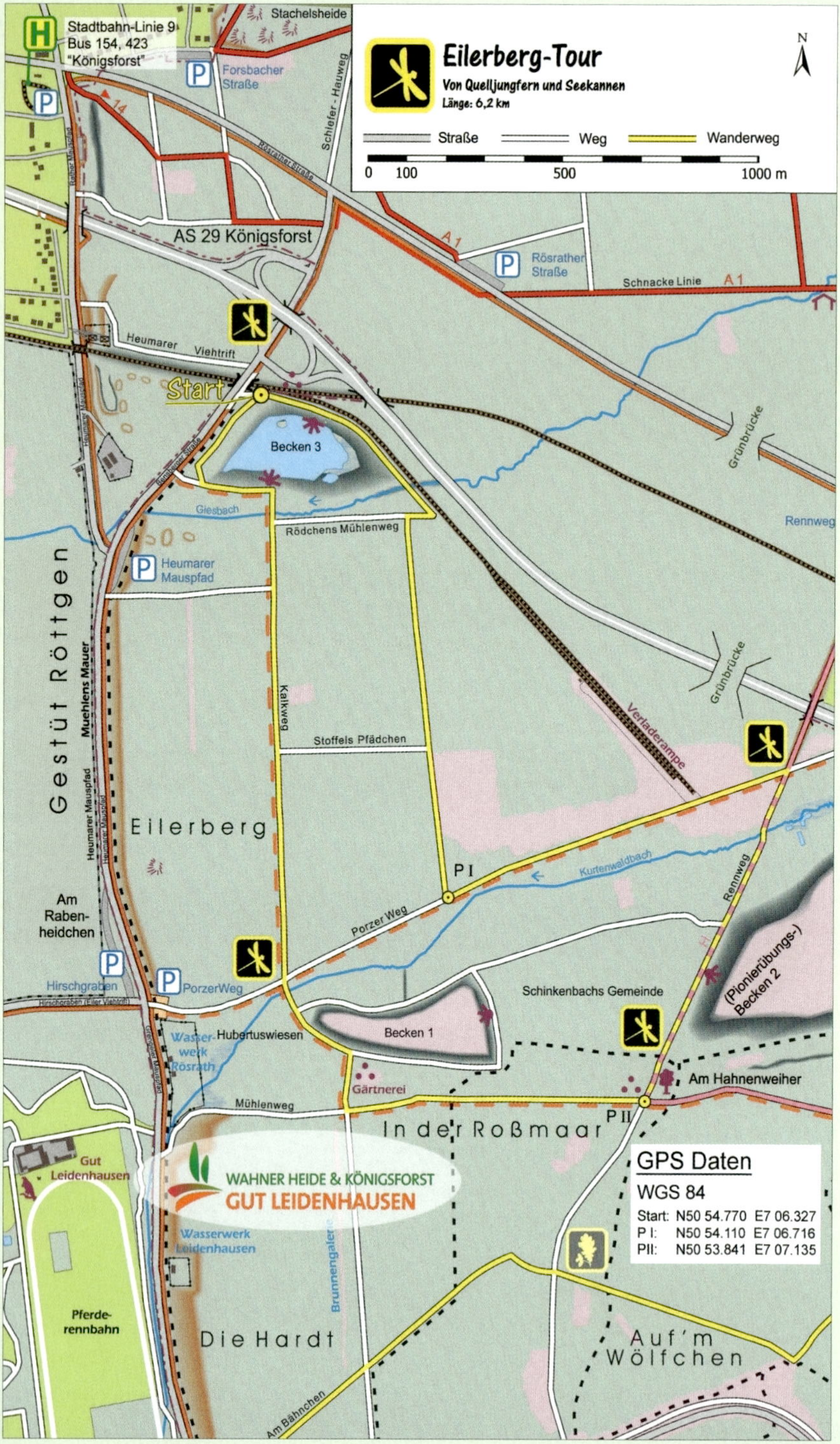
Eilerberg-Tour
Von Quelljungfern und Seekannen
Länge: 6,2 km
Straße
Weg
Wanderweg
0 100 500 1000 m
N
Stadtbahn-Linie 9
Bus 154, 423
"Königsforst"
Stachelsheide
Forsbacher Straße
Schiefer - Hauweg
Rösrather Straße
AS 29 Königsforst
A1
Rösrather Straße
Schnacke Linie
Heumarer Viehtrift
Start
Becken 3
Giesbach
Rödchens Mühlenweg
Heumarer Mauspfad
Grünbrücke
Rennweg
Gestüt Röttgen
Muehlens Mauer
Kalkweg
Stoffels Pfädchen
Verladerampe
Eilerberg
Am Rabenheidchen
Kurtenwaldbach
P I
Porzer Weg
Hirschgraben
PorzerWeg
Schinkenbachs Gemeinde
(Pionierübungs-) Becken 2
Hubertuswiesen
Becken 1
Wasserwerk Rösrath
Gärtnerei
Am Hahnenweiher
Mühlenweg
P II
In der Roßmaar
Gut Leidenhausen
WAHNER HEIDE & KÖNIGSFORST
GUT LEIDENHAUSEN
Wasserwerk Leidenhausen
Brunnengalerie
Pferderennbahn
Die Hardt
Auf'm Wölfchen
Am Bähnchen
GPS Daten
WGS 84
Start: N50 54.770 E7 06.327
P I: N50 54.110 E7 06.716
PII: N50 53.841 E7 07.135

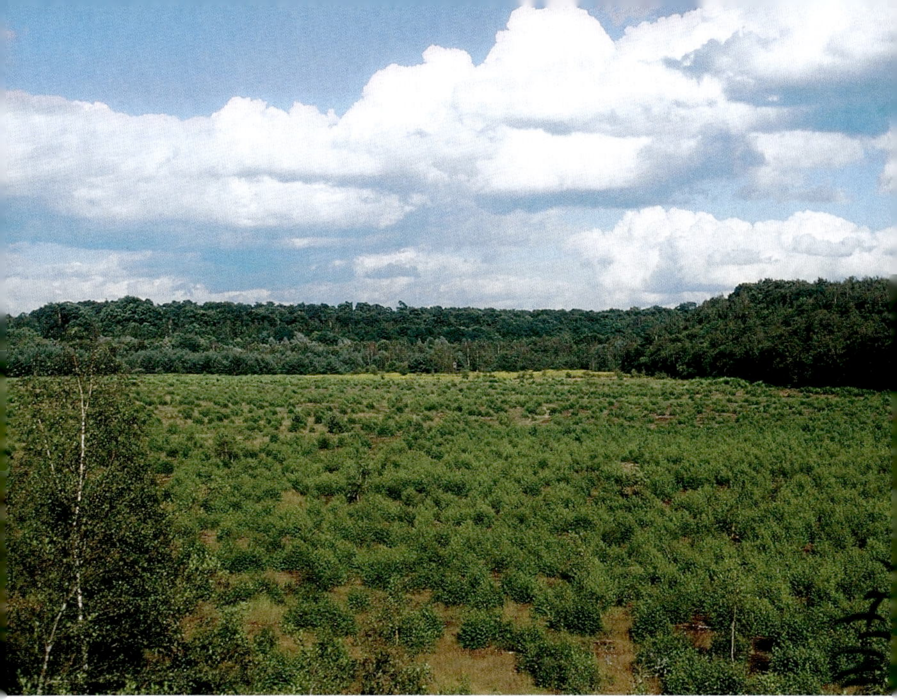

Ausblick auf das Becken 2, 2004

Eilerberg-Tour

Strecke: 6,2 km • Wegezeichen: Libelle

Von Quelljungfern und Seekannen

Der Rather Mauspfad ist ein geeigneter Ausgangspunkt für eine Wanderung in die Wahner Heide. Nicht nur wegen der hervorragenden Anbindung an Stadt- und Autobahn. Der seit Jahrhunderten belegte Verlauf des Mauspfads entlang der etwa zehn Meter hohen Geländekante zwischen der Nieder- und der Mittelterrasse des Rheins ist bis heute weitgehend erhalten geblieben. Und so markiert dieser Teil einer alten Landstraße, die den Taunus mit dem Niederrheinischen verband, die westliche geologische Grenze der Bergischen Heideterrasse und damit auch der Wahner Heide.

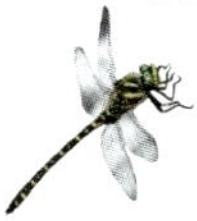

Von der Endhaltestelle der Linie 9 aus folgen wir dem Mauspfad in Richtung Porz, über die A3 hinweg.

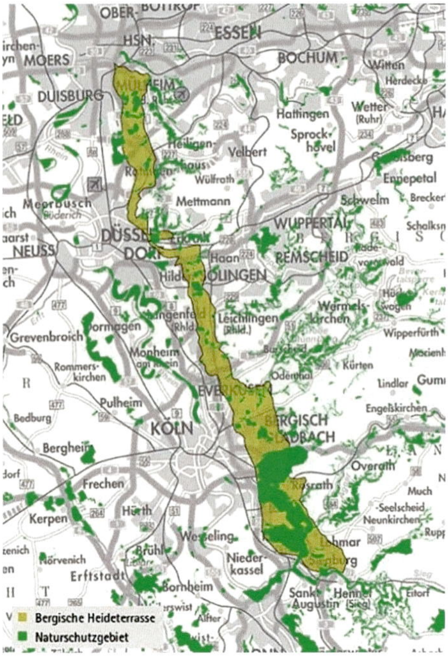

Über den Namen ist schon viel spekuliert worden. Häufig wurde vermutet, das heutige „Maus“ ließe sich auf die einstige Erhebung einer Maut zurückführen. Tatsächlich leitet sich nach Carl Rademacher, ehemaliger Direktor des Städtischen Museums für Vor- und Frühgeschichte, der plattdeutsche Originalname „Muuspaad“ ab aus dem Begriff „Mus“, was „Morast“ bedeutet. Der Mauspfad ist also ein Weg, der an einer sumpfigen Niederung entlangführt. Tatsächlich markiert diese Straße ja bis heute die Grenze der Niederterrasse des Rheins, die durch große Rheinhochwasser – überliefert ist zum Beispiel die verheerende Hochwasserkatastrophe von 1784 – geflutet wurde. Aber auch Giesbach und Selbach entwässerten hier die Mittelterrasse in die tiefer gelegene Niederterrasse, und führten hier im Frühjahr regelmäßig zu Überschwemmungen. So soll Malaria bis ins 19. Jahrhundert hinein in Rath und Heumar verbreitet gewesen sein, denn bei günstigen Temperaturen konnte sich die den Erreger übertragende Mückenart der Gattung Anopheles in den zahlreichen Pfützen und Tümpeln gut entwickeln.

Der Naturraum Bergische Heideterrasse deckt sich weitgehend mit der Mittel- und Hauptterrasse des Rheins, deren Böden durch sandige und kiesige Ablagerungen des Stroms geprägt sind. Nieder-, Mittel- und Hauptterrasse sind entstanden, weil sich der Rhein jeweils während der wärmeren Zwischeneiszeiten – in denen er größere Wassermengen mit sich führte als in den Eiszeiten – in eine tiefere Stromrinne einschnitt, und sich zeitgleich das Schiefergebirge noch emporhob.

Keine 50 Meter vor der Eisenbahnbrücke geht es einen sandigen Weg links in den Wald hoch.

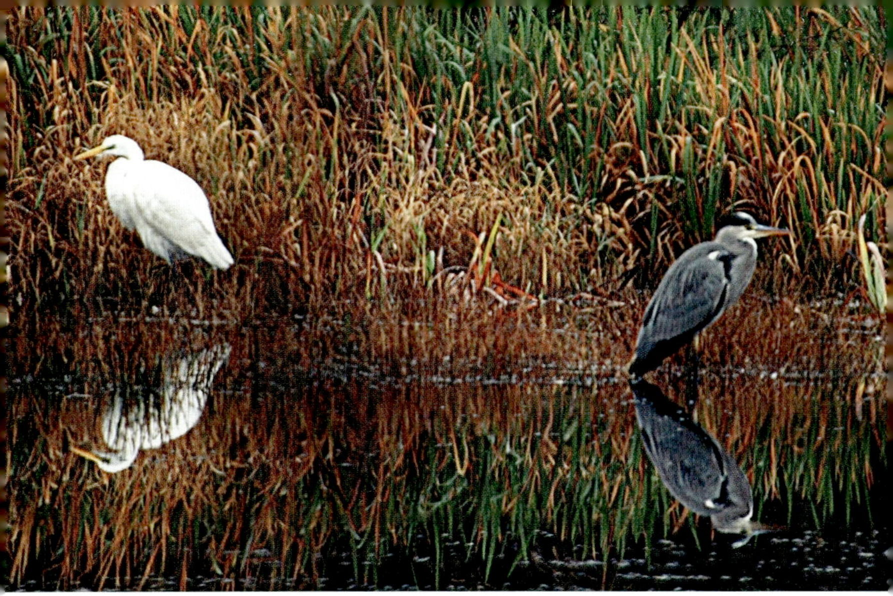

Seltener Gast neben unregelmäßigem Brutvogel: Silberreiher und Graureiher

Der ursprüngliche Verlauf der Heumarer Viehtrift, die uns zum Naturschutzgebiet führt, ist heute aufgrund von zahlreichen Baumaßnahmen des 20. Jahrhunderts nicht mehr vollständig nachvollziehbar. So müssen wir beim Aufstieg auf die Mittelterrasse eine kleine, in die Terrassenkante gebaggerte Senke durchwandern. Es ist die ehemalige Trasse jener Feldbahn, die Sand und Kies für den Bau der Kölner Südbrücke von der Königsforster Grube – in der ab 1920 die „Göttersiedlung" gebaut wurde – zur heute noch bestehenden Bahnlinie Köln-Overath beförderte.

In diesem Bereich sind die Bauern aus Heumar mit ihren Rindern, Schweinen oder Schafen über Jahrhunderte hinweg auf die Heideterrasse gewandert, unter anderem um das Vieh mit Eicheln zu mästen.

Parallel zu der Eisenbahnstrecke geht es auf der Viehtrift zur Bensberger Straße. Hier führt eine Brücke über die Bahnstrecke, und die Schilder weisen uns bereits von weitem den Einstieg ins Naturschutzgebiet auf der gegenüberliegenden Seite. Wir gelangen durch den Zaun und halten uns geradeaus.

Nicht natürlichen Ursprungs ist das Becken 3, dessen abfallende Böschung unseren Wanderweg gleich nach dem Eintritt in das Naturschutzgebiet markiert. Das Betreten der Grube ist wegen der Schonung teils seltener Wasservogelarten nicht erlaubt, aber an der

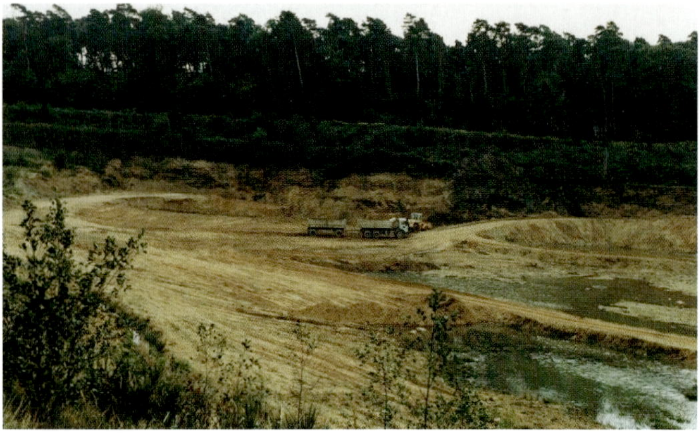

Kiesabbau im Becken 3

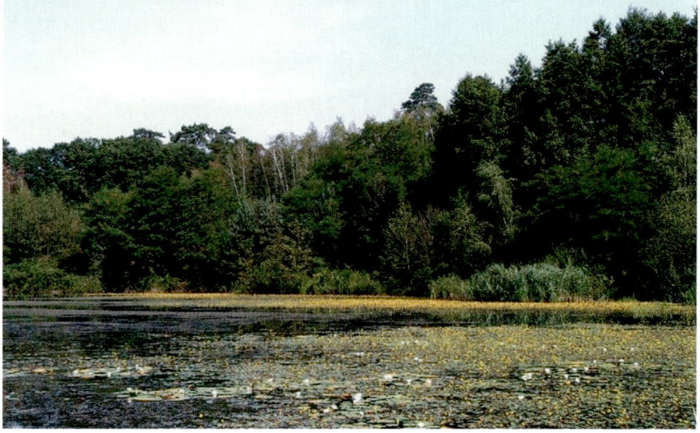

Seekannenblüte im Becken 3 in 2003

Nordseite, auf der Seite des still gelegten Gleises, bietet sich ein Ausblick, der für manches entschädigt. Wer sich vorsichtig nähert, kann von hier oben mit etwas Glück den scheuen Graureiher *Ardea cinerea* beim Fischen beobachten oder den weniger scheuen Bläßrallen *Fulica atra* bei ihren Revierkämpfchen zusehen.

Ihren leidenschaftslosen Namen bekam diese Kiesgrube als jüngste von drei Abgrabungen der nördlichen Wahner Heide. Das devonische Festgestein des Rheinischen Schiefergebirges tauchte bei der Auskiesung fünf statt der erwarteten hundertfünfzig Meter unter den darauf gelagerten Rheinkieseln auf. Kurz nach Ende des Abbaus 1986 füllte sich die Kiesgrube mit dem Grundwasser, das auf dem Festgestein verläuft.

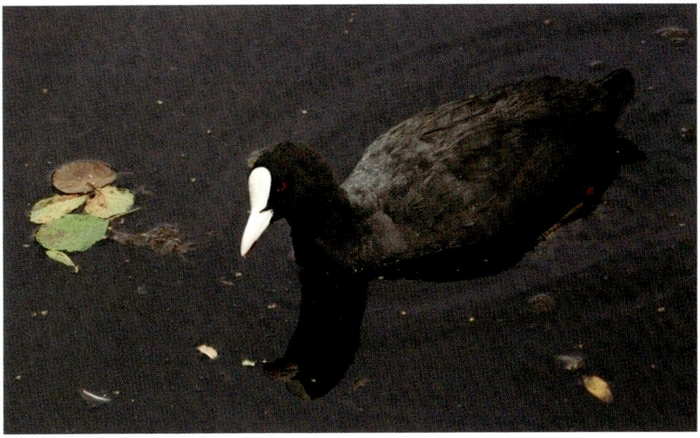

Bläßralle

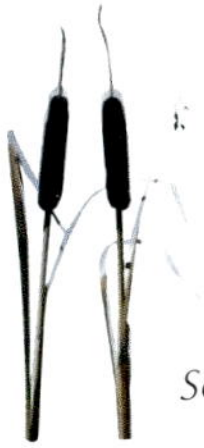

Schilfröhricht

Der überwiegend flache See weist trotz seines geringen Alters eine artenreiche, naturnahe Verlandungszone mit Schilfröhricht *Scirpo-Phragmiteum australis* und einer üppigen Schwimmblattvegetation auf. Wasser-Knöterich *Persicaria amphibia* und die Seerose *Nymphaea alba* bestimmen inzwischen das Bild. Die früher häufige Seekanne *Nymphoides peltata* ist dagegen fast verschwunden. Dieser Ersatzlebensraum war wohl auf Dauer nicht geeignet für diese Art der Stromauen. Welche dieser zahlreichen Pflanzenarten nun durch die unterschiedlichen Wasservögel – vom Fischadler *Pandion haliaetus* bis zur Schnatterente *Anas strepera* nutzten schon Durchzügler aus vieler Herren Länder den See als Raststätte – oder durch die „Entrümpelungsaktionen" von Gartenteichbesitzern eingebracht worden sind, lässt sich nicht mehr genau nachvollziehen.

Entlang des ehemaligen verwilderten Gleises geht es ein erstes Mal über den Giesbach, und danach bei nächster Gelegenheit nach rechts in den Wald – um dort schnell links abzubiegen. Sobald unser Weg an einer T-Kreuzung endet, biegen wir links ab auf den Porzer Weg. Dieser führt uns zur nördlichsten Heidefläche der Wahner Heide.

Eine historische Heidefläche ist sie nicht, dies lassen schon die teils schnurgeraden Abgrenzungen erahnen. Im Nahbereich des

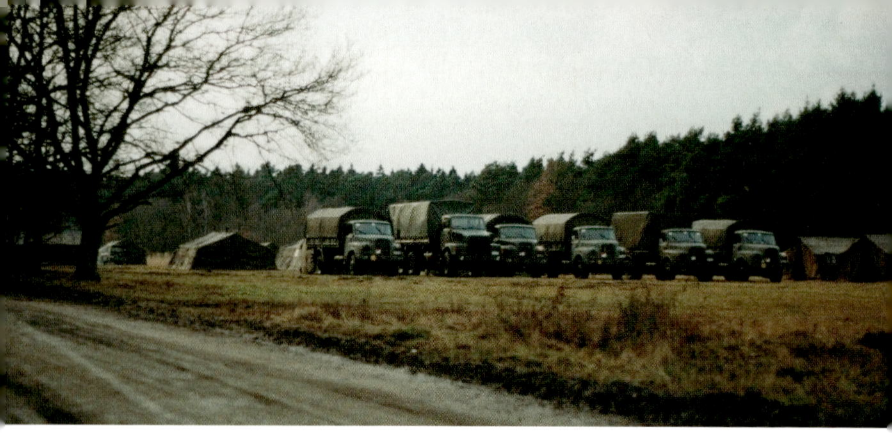

Belgische Biwakierung 1993

militärischen Bahnhofs benötigten die belgischen Streitkräfte einen Biwakierungsplatz, also einen Platz für Zeltlager. In der 2. Hälfte des 20. Jahrhunderts wurden hier mehrmals jährlich solche Zeltlager errichtet. Heute wird die Fläche extensiv beweidet und gemäht, um sie als offenen Lebensraum zu bewahren. Die Spätblühende Traubenkirsche *Prunus serotina* ist dabei eine besondere Herausforderung. Diese durch Förster eingeführte, sich selbst ausbreitende Baumart aus dem östlichen Nordamerika kann eine offene Heidefläche in „Windeseile" in einen Wald verwandeln und ist in Offenlandbereichen, aber auch in Wäldern zu einem für heimische Arten problematischen Neophyten geworden. Neophyten sind Pflanzenarten, die seit Entdeckung der Neuen Welt, also ab 1492, in Mitteleuropa aufgetaucht sind.

Wenig später treffen wir auf einen Holzzaun und das dahinter liegende Ende der militärischen Gleisanlage, den einst als „Verladerampe" bekannten Sackbahnhof. In den 1950er Jahren durch die belgischen Streitkräfte erbaut diente diese als „Umschlagplatz" von Panzern und als Station für Soldaten.Die Anlage wurde in 2011 im Rahmen einer Kompensationsmaßnahme zurück gebaut.

Wir folgen dem Porzer Weg weiter bis zur Wegkreuzung, an welcher wir auf den mit einem weißen Ring gekennzeichneten „Kölnpfad" treffen. Ein Abstecher nach links auf die Fußgängerbrücke erlaubt einen Blick auf die Grünbrücke über die A 3.

Im März 2009 machte das Bündnis Heideterrasse die zuständigen Behörden auf die Möglichkeit aufmerksam, im Rahmen des Konjunkturprogramm II eine Grünbrücke über die Autobahn,

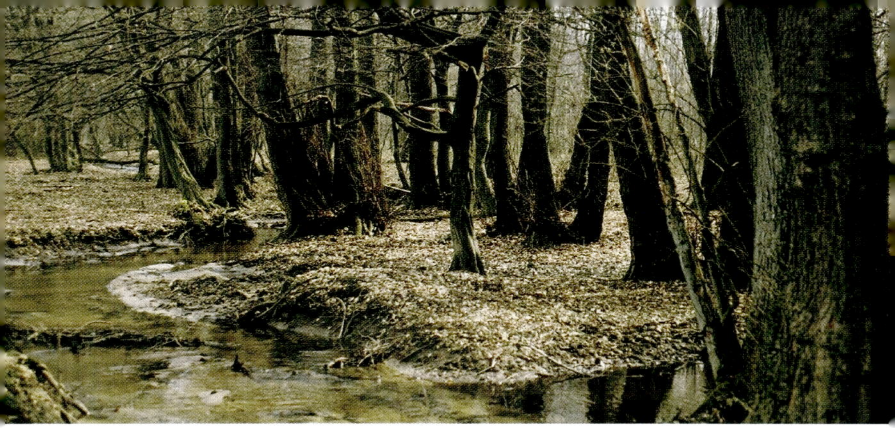

Prioritärer Lebensraum: Die Erlenaue des Kurtenwaldbachs

zwischen den Schutzgebieten Königsforst und Wahner Heide zu errichten. Der Landesbetrieb Straßen NRW setzte dieses Vorhaben sowie die „Zwillingsbrücke" über die parallel zur A 3 verlaufende Landesstraße in den Folgejahren um.

Die Eröffnung für die Tierwelt erfolgte dann Ende 2013. Seitdem ist es zahlreichen Tierarten, von Kleinsäugern und Reptilien bis hin zu Rothirschen wieder möglich, von einem Gebiet ins andere zu wechseln – eine entscheidende Maßnahme, um heute genetisch isolierte und damit dauerhaft gefährdete Vorkommen zu bewahren und die Wanderung beispielsweise von Wildkatze oder Wolf wieder zu ermöglichen.

Wir bleiben in der Wahner Heide und folgen dem „Kölnpfad" auf der Verlängerung des Rennwegs. Schnell geleitet uns dieser über den Kurtenwaldbach.

Benannt nach seinem Quellgebiet, dem Kurtenwald bei Rösrath-Forsbach, ist dieser Sandbach an manchen Abschnitten begradigt worden, so auch hier an der Tunnelung des Rennwegs. Es gibt aber noch naturnahe Abschnitte mit dem europaweit als prioritär – das bedeutet höchstmöglicher Schutzstatus – eingestuften Erlenauwald.

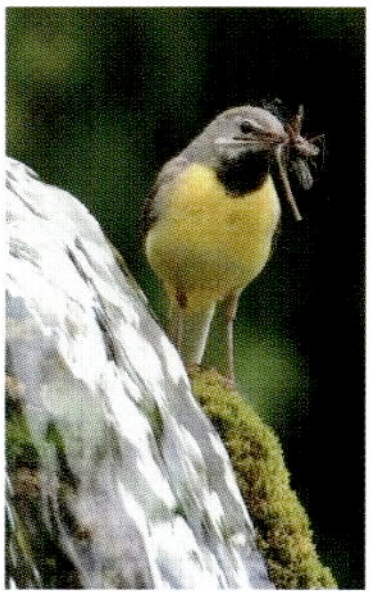

In der Kölner Bucht gefährdeter Bachspezialist: Die Gebirgsstelze

Die alten, Namen gebenden Schwarzerlen, die wir unmittelbar am Bachufer erkennen können, sind ebenso Bewohner dieses Lebensraums wie die Schmerle *Barbatula barbatula*, eine kleine Fischart, die Gebirgsstelze

Größte Libellenart der Wahner Heide: Die Zweigestreifte Quelljunger

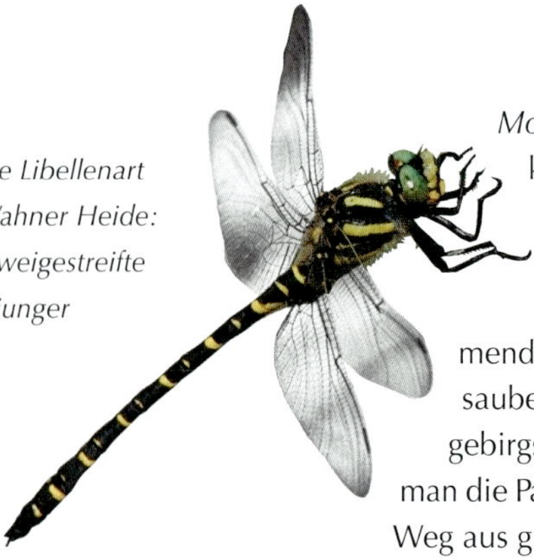

Motacilla cinerea, der Bachflohkrebs *Rivulogammarus pulex* und die Zweigestreifte Quelljungfer *Cordulegaster boltoni*. Letztere ist die größte bei uns vorkommende Libellenart, eine Bewohnerin sauberer Bäche vor allem des Mittelgebirgsraums. Im Hochsommer kann man die Patroullienflüge der Männchen vom Weg aus gut beobachten.

Der Rennweg bringt uns zur größten Grube der Wahner Heide, dem Pi-Becken 2. Ein kurzer Abstecher vom Wanderweg aus eröffnet uns einen schönen Ausblick.

Der Name steht für das „zweitälteste Pionierübungsbecken". Aus militärischen Gründen ist die Grube aber nicht angelegt worden, der Name soll es wohl suggerieren. Übungen von Pioniereinheiten haben hier nie stattgefunden. Stattdessen profitierten die Belgier, der Bund als Eigentümer und ein Tiefbauunternehmer von dem im Naturschutzgebiet und auf dem Truppenübungsplatz eigentlich nicht genehmigungsfähigen kommerziellen Kiesabbau.

Von Mitte der sechziger bis Mitte der siebziger Jahre wurden hier Sande und Kiese des Rheins abgetragen. Dies stellte zunächst einmal einen erheblichen Eingriff in Natur und Landschaft dar. Doch im Laufe der Jahre wurde der „Krater" zum Ersatzlebensraum für einige spezialisierte und hochgradig gefährdete Arten, weil es in der Grube noch großflächige offene und nährstoffarme Sandböden gab.

Doch Birken und Kiefern eroberten langsam aber sicher den kargen Sandboden und drohten, seltene Heidebewohner wie die Strauchflechten zu verdrängen. Der inzwischen in ganz NRW akut vom Aussterben bedrohte Steinschmätzer *Oenanthe oenanthe* brütete hier 1987 das letzte Mal. Damit er sich wieder ansiedeln und sich zum Beispiel die Heidelerche *Lullula arborea* weiterhin halten kann, werden der Stockausschlag

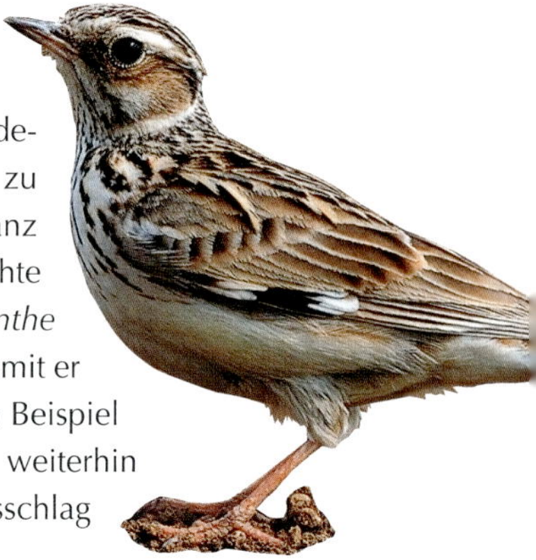

Heidelerche

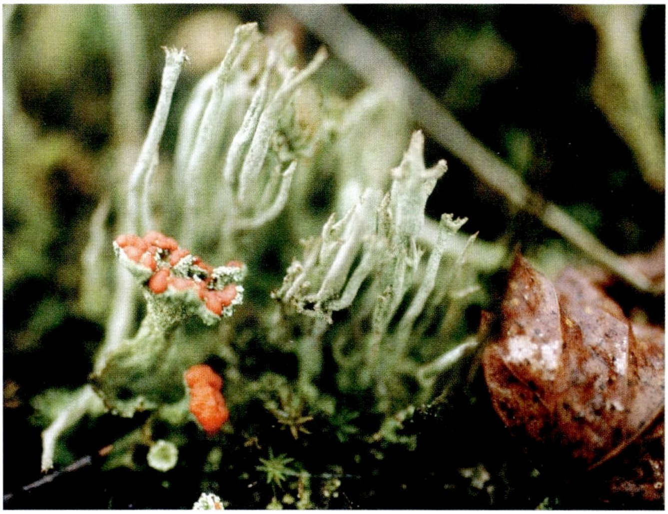

Strauchflechte

der Birken regelmäßig abgeholzt und die offenen Flächen mit Ziegen beweidet.

Zur zusätzlichen Schonung der gefährdeten Arten darf die Grube nicht betreten werden. Aber den wohltuend weich flötenden, melancholischen Fluggesang der Heidelerche kann man auch sehr gut von der Aussichtstelle aus vernehmen, insbesondere von März bis Mai.

Der Rennweg führt uns hinab in eine Senke.

Diese Senke ist das Mühlenbachtal. Den Mühlenbach selbst, der durch das Becken 2 förmlich geschluckt wurde, suchen wir hier heute vergebens. Eine über 200 Jahre alte, einzeln stehende Eiche ist als Zeitzeuge der alljährlichen Überschwemmungen des Bachs erhalten geblieben.

Wir biegen mit dem „Kölnpfad" rechts ab auf den Mühlenweg. An der folgenden Kreuzung biegen wir wieder rechts ab. Dann stößt auf unseren Weg von rechts ein weiterer: Diesem Rundweg um das Becken I können Sie optional folgen und stoßen später wieder auf den Rundwanderweg. Andernfalls halten sie sich hier links.

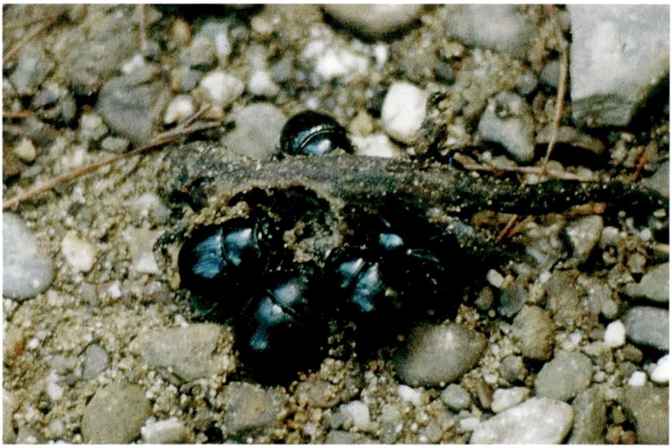

Frühlings-Mistkäfer beseitigen einen überfahrenen Teichmolch

Die älteste der drei Kiesgruben in der Nordheide, das Becken 1, wurde in den 30iger Jahren des 20. Jahrhunderts unter anderem für den Bau der Gestüt-Röttgen-Mauer, auch Muelhens Mauer genannt, genutzt. Die Fundamente der Zaunanlage und der Toreinfahrt der Gestütsgärtnerei, die zwischen den beiden Weltkriegen errichtet und wieder aufgegeben worden war, hatten wir eben passiert.

Das Becken 1 hat von allen Gruben der Nordheide die höchste Sohle und ist daher sehr trocken. Nur wenn die künstliche Zuleitung vom Kurtenwaldbach aus in Betrieb ist, wird es in Teilen der Grube nass.

Zum zweiten Mal treffen wir auf den Kurtenwaldbach. Ihn und den darauf folgenden Porzer Weg überqueren wir und wandern geradeaus hoch auf den Kalkweg.

Hier geht es durch das Gebiet des Eilerbergs. Noch nicht einmal von einem Hügel kann hier die Rede sein. Gemeint ist die von Eil aus gesehen 10 m hohe Anhöhe der Mittelterrasse, welche die Eiler auf dem Weg in ihren Gemeindewald „erklimmen" mussten.

Die Eiler waren bis Ende des 19. Jahrhunderts zum großen Teil Besenbinder. Außerdem galt Eil als das Dorf der Wilddiebe. Tatsächlich lebten hier einige vom Fallen stellen, und es wird von Eilern berichtet, die ihr Frettchen stets im Hemd oder in der Hosentasche bei sich trugen. Mit Frettchen, domestizierten Iltissen, jagt man bis heute Wildkaninchen.

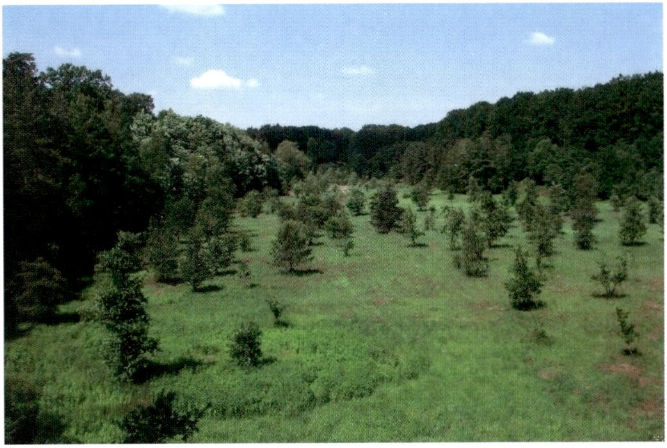

Becken 1 im Jahr 2009

Kaum eine Tiergruppe verdeutlicht den Artenreichtum der Wahner Heide so eindrucksvoll wie die der **Käfer**. Köhler und Stumpf fanden hier bis 1996 mehr als 2.000 Arten. Sie bezeichnen die Wahner Heide vom koleopterologischen (käferkundlichen) Standpunkt aus als bundesweit sehr bedeutsames Naturschutzgebiet.

Nun sind die allermeisten Käferarten so klein oder führen ein solch verborgenes Leben, dass diese ernorme Vielfalt von „Normalsterblichen" leider nicht auf Anhieb erfasst werden kann. Das zeigt, wie unerlässlich regelmäßige wissenschaftliche Erhebungen und Überwachung („**Monitoring**" auf neudeutsch) dabei sind, das Richtige in der Landschaft zu unternehmen.

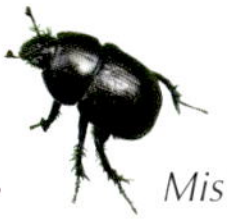

Mistkäfer

Umso froher stimmen uns die leuchtend schwarzblauen Gesellen, die uns torkelnder Weise im wahrsten Sinne des Wortes über den Weg laufen. Denn die **Mistkäfer** – meist sind es die häufigen Waldmistkäfer *Geotrupes stercorosus*, mit deutlichen Längsfurchen auf der Flügeldecke, und der grün-blau schimmernde Frühlingsmistkäfer *Geotrupes vernalis* – spielen die meiste Zeit des Jahres vor allem dort „Gesundheitspolizei", wo es für sie die meiste Nahrung gibt. Sie vertilgen den Kot der verschiedensten Tiere, auch sehr gerne Exkremente des Menschen, und sie legen senkrechte, Dezimeter tiefe Erdgänge mit Brutkammern unter diesen Kothaufen an, in welchen sie den Nahrungsvorrat für die noch schlüpfenden Engerlinge verstauen. Nur sind diese reichsten Nahrungsgründe auch die gefährlichsten, und so finden wir viele Käfer überfahren vor. So tragisch dies fürs Individuum ist – der Arterhaltung scheint das, wie jedes Jahr aufs Neue zu beobachten ist, in keiner Weise abträglich zu sein.

Ein zweites Mal ist der Giesbach zu überqueren.

Er war noch bis in die 1990er hinein einer der zwei bedeutenden Krebsbäche der Wahner Heide, bis es auch hier zu einem Bestandseinbruch infolge der Krebspest gekommen ist. Lange blieb der **Edelkrebs** *Astacus astacus* hier unbehelligt, weil der Giesbach seit jeher nahe dem Mauspfad von Natur aus versickerte – seit Anfang des 20. Jahrhunderts mündet er im abflusslosen Teich des Gestüt Röttgen – und damit von anderen Fließgewässern isoliert war.

Die Krebspest trat erstmals um 1860 in Europa auf und wurde vermutlich mit nordamerikanischen Kamberkrebsen *Orconectus limosus* eingeschleppt, die überwiegend resistent gegen diese Seuche sind, aber als Überträger fungieren. Bis 1940 waren fast alle mitteleuropäischen Bestände zugrunde gegangen. Die amerikanischen Krebse hatten alle Zeit der Welt, sich an diesen Pilz anzupassen, unsere europäischen Vertreter nicht. Dieses Beispiel zeigt eindrucksvoll, welche fatalen Folgen es haben kann, nicht heimische Tiere und Pflanzen in die Landschaft einzubringen.

Aufgrund des Straßen- und Autobahnbaus und entsprechender Verbauung und Begradigung befindet sich der Giesbach auf Wahner-Heide-Gebiet auf nahezu der gesamten Strecke in keinem naturnahen Zustand mehr. Aber da sich Ober- und Mittellauf im unbebauten Königsforst befinden, gilt seine Wasserqualität als gut bis sehr gut. Auch das Becken 3 lernt man hier von der anderen Seite kennen.

Die asphaltierte Straße, auf der einst die LKW den Kies aus der Heide verfrachteten, ist der erste Abschnitt des Weges, der uns um das Becken herum und zum Ausgangspunkt zurück führt.

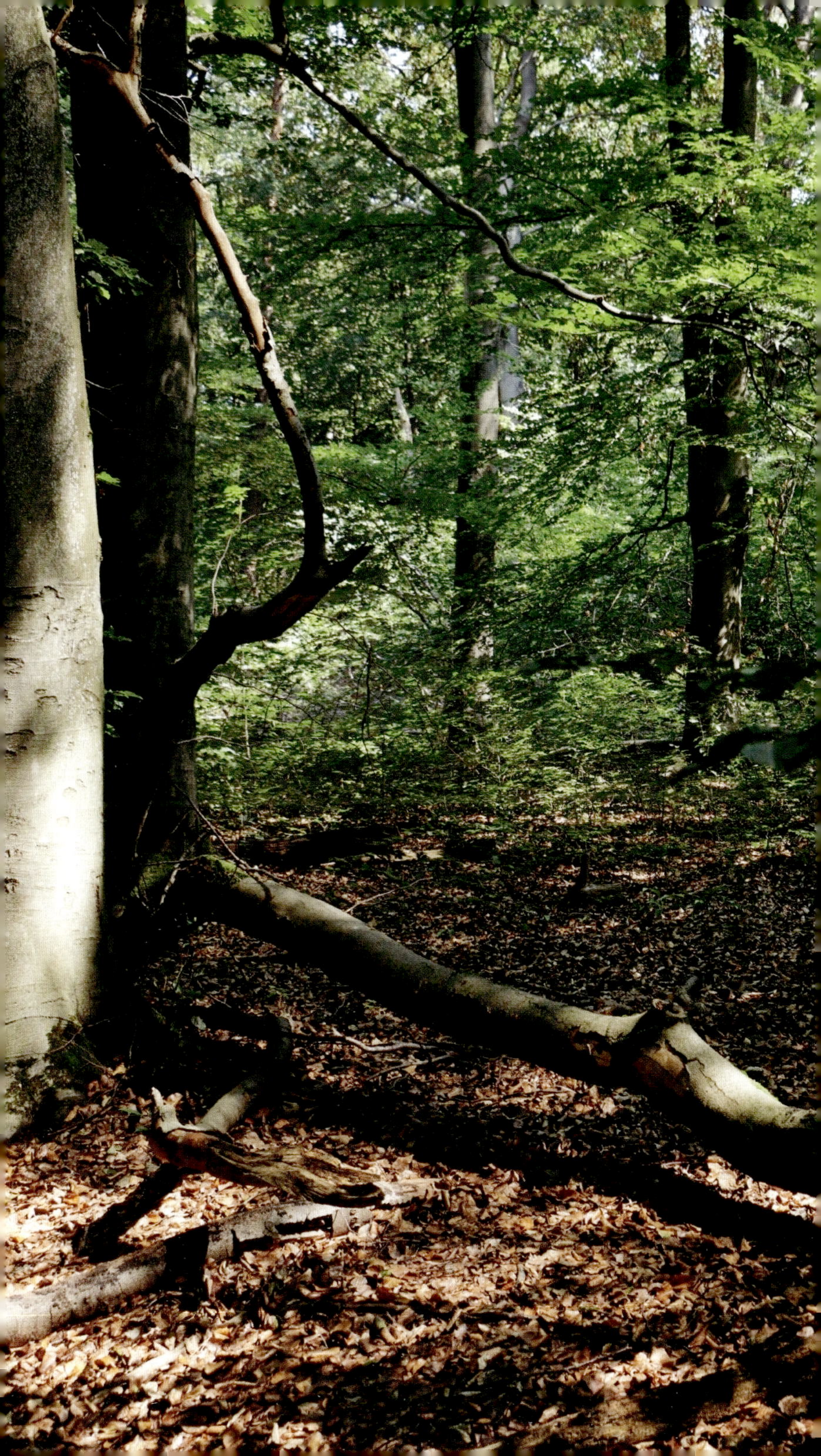

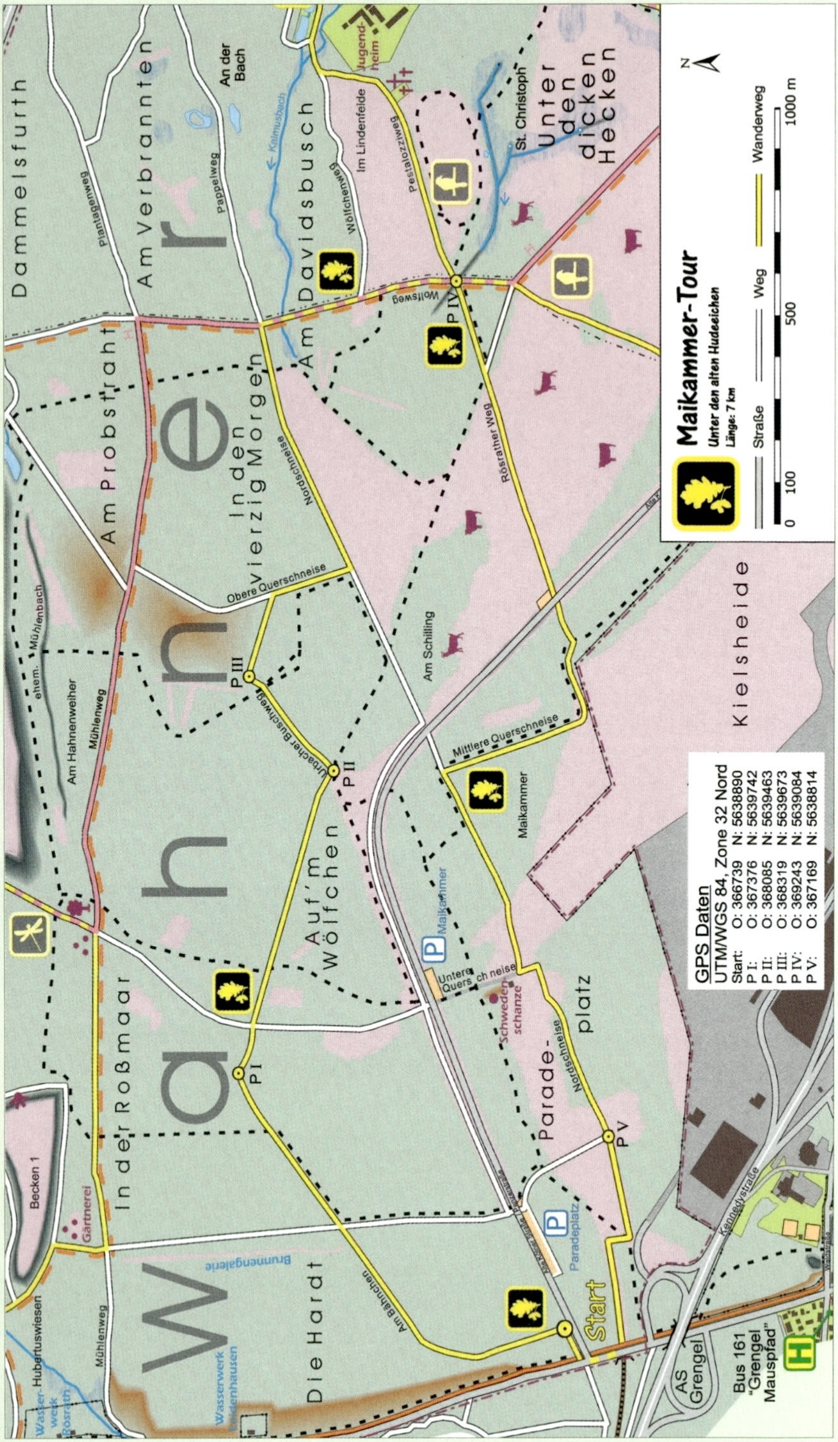

Maikammer-Tour
Unter den alten Hudeeichen
Länge: 7 km
Straße
Weg
Wanderweg
0 100 500 1000 m
N
GPS Daten
UTM/WGS 84, Zone 32 Nord
Start: O: 366739 N: 5638890
P I: O: 367376 N: 5639742
P II: O: 368085 N: 5639463
P III: O: 368319 N: 5639673
P IV: O: 369243 N: 5639084
P V: O: 367169 N: 5638814
Wahner
Dammelsfurth
Am Verbrannten
An der Bach
Am Davidsbusch
Unter den dicken Hecken
St. Christoph
Jugendheim
Im Lindenfelde
Pestalozziweg
Wölfchenweg
Pappelweg
Plantagenweg
Kalmusbach
Wolfsweg
Am Probstraht
In den vierzig Morgen
Nordschneise
Rösrather Weg
Obere Querschneise
Mittlere Querschneise
Untere Querschneise
Am Schilling
Maikammer
ehem. Mühlenbach
Am Hahnenweiher
Mühlenweg
Urbacher Buschweg
Auf'm Wölfchen
In der Roßmaar
Becken 1
Gärtnerei
Schwedenschanze
Parade-platz
Paradeplatz
Kielsheide
Die Hardt
Brunnengalerie
Am Bähnchen
Wasserwerk Lindenhausen
Hubertuswiesen
Wasserwerk Rösrath
Start
Kennedystraße
AS Grengel
Bus 161 "Grengel Mauspfad"
P I
P II
P III
P IV
P V

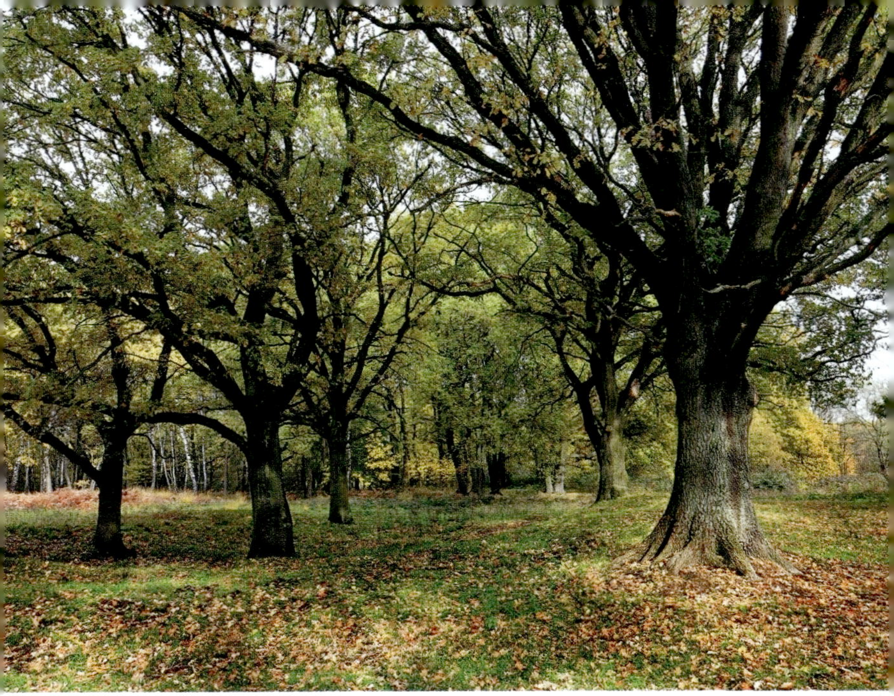

Eichenhudewald

Maikammer-Tour

Strecke: 7 km • Wegezeichen: Eichenblatt

Unter den alten Hudeeichen

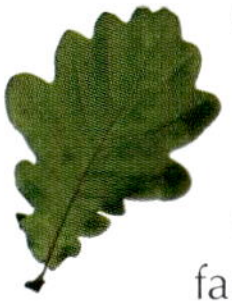

Der heutige Kölner Stadtbezirk Porz ist zweifelsohne prägend gewesen für das, was wir heute Wahner Heide nennen – und umgekehrt. Schließlich war das Dorf Wahn, bis zur Eingemeindung durch Köln 1975 Teil der eigenständigen Stadt Porz, Namen gebend für den Artillerieschießplatz. Die ersten rund 400 Morgen, die der preußische Staat der Gemeinde Wahn und den Geschwistern von Heeremann 1818 abkaufte, befanden sich in Wahn, genauer gesagt auf der Wahner Heide. Von Heeremanns waren die Vorgänger des auf Burg Wahn residierenden Freiherren Eltz von Rübenach. Wahn ist also die Keimzelle des Truppenübungsplatzes. Dabei waren die Wahner Bürger damals vom Militär alles andere als angetan, weil dieses ihre landwirtschaftliche Existenz gefährdete. Das, was wir heute als groß

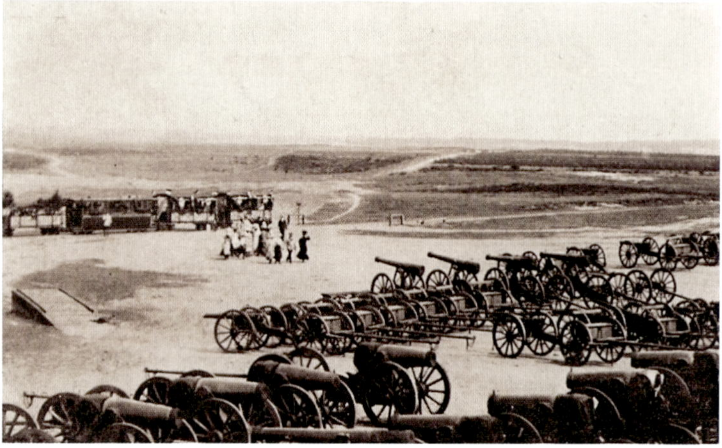

Geschütze, Feldbahn und Besucherinnen 1907

angelegte Kaserne Wahnheide kennen, nahm auch erst ab 1870 langsam seinen Anfang. All die Jahrzehnte zuvor waren die Soldaten in Zelten, Strohhütten oder bei der Bevölkerung untergebracht, und wegen der starken Proteste der Anwohner wurde immer wieder überlegt, einen anderen Standort für den Schießplatz zu wählen.

Ausgerechnet von Wahn aus kommt man heute nicht mehr in die Wahner Heide, eben wegen der heutigen Bundeswehr-Kaserne Wahnheide, unter welcher die ursprüngliche „Wahner Heide" größtenteils begraben liegt, und aufgrund des Flughafens Köln-Bonn.

Selbst vom Grengel aus muss man einen kleinen Umweg in Kauf nehmen. Eine Grengeler Heide werden wir nun aber nicht erkunden. Die gab es nämlich nie, weil es auch nie ein entsprechendes gewachsenes Dorf gab. „Grengel" ist ein altes rheinisches Wort für Schlagbaum oder Gatter. Am Grengel wurde das Vieh Urbachs gesammelt und kontrolliert, bevor es in die Heide getrieben wurde. Denn die Urbacher hatten sehr wohl ihre Gemeindeheide, und dort durften nur die Berechtigten mit ihren Tieren hinein. Die Viehtriften, die durch die Gatter auf die Heide führten, waren vor allem der einzige wegsame Zugang. Ein Wildzaun – am Urbacher Grengel erstreckte er sich auf Höhe des Wiesenwegs und der Straße „Am Wildzaun" – sorgte dafür, dass das Wild der adligen Jagdberechtigten nicht aus der Heide in die ortsnahen Feldfluren wechselte und sich umgekehrt die Bauern Hinz und Kunz nicht an dem hochherrschaftlichen Wildbret vergriffen. Und so hatten auch Wahn und Elsdorf ihren Grengel. Doch nur der Urbacher, dessen

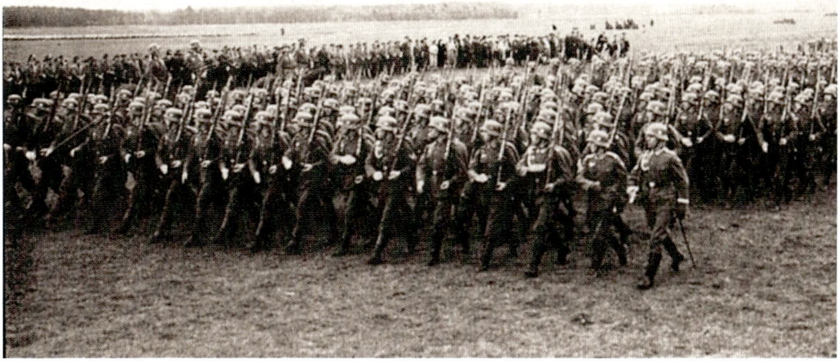

Parade der 16. Division 1937, im Hintergrund eine Schafherde

Viehtrift die ursprüngliche Alte Kölner Straße nach Altenrath war, ist uns zumindest als Name erhalten geblieben.

Der Einstieg entlang der „neuen" **Alten Kölner Straße** – sie wurde mit dem Bau des Zivilflughafens Anfang der Sechziger auf den heutigen Verlauf ausgerichtet – ist nicht besonders einladend. Dies ändert sich jedoch schon nach nicht einmal 100 Metern, wenn die gelben Rundwanderwegsmarkierungen **„Am Bähnchen"** in den Wald leiten. Wir befinden uns nun gleichzeitig auf dem mit weißem Kreis gekennzeichneten Kölnpfad.

Im zweiten Jahrzehnt des 20. Jahrhunderts ließ das preußische Militär von der Wahner Kaserne ausgehend eine Stichstrecke durch die Nordheide bauen. Diese war unabhängig von der älteren, eigentlichen Feldbahn-Rundstrecke, sie bestand aus mobilen Gleisanlagen und diente unter anderem der Errichtung und Anbindung der Ballonhalle Ost in Kalmusweiher, die mit der Übungsplatzerweiterung nach Norden von 1916 möglich geworden war.

Die Trasse führt durch ein **Wasserschutzgebiet**. Wir befinden uns im Einzugsgebiet zweier Wasserwerke, die sich Anfang der 1950er, als es hier am Nordrand der Wahner Heide noch nahezu keine militärischen Restriktionen gab, ansiedeln konnten. Sowohl für Teile von Porz als auch für Rösrath wird hier in der Hardt und am Eilerberg Wasser abgegraben. Das **Wasserwerk** Rösrath

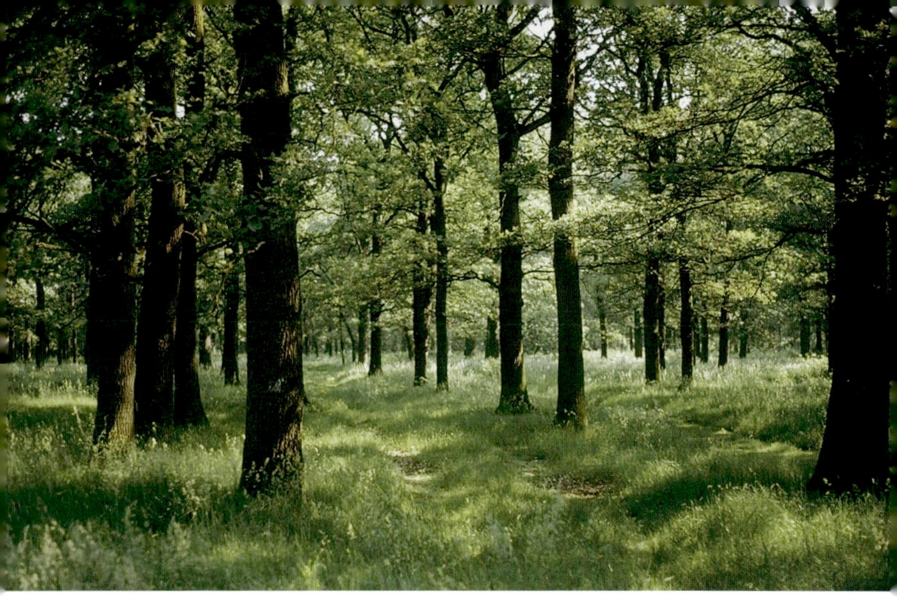

Eichenwälder der Hardt um 1990

am Porzer Weg darf allein jährlich 2,4 Millionen Kubikmeter Trink- und Betriebswasser aus der Wahner Heide entnehmen. Der Grundwasserspiegel soll in der Nordheide von Mitte der 1980er bis zur Mitte der 90er Jahre um 10 Meter gesunken sein.

Wo der Kölnpfad links abbiegt, wandern wir weiter geradeaus.

Die Hardt beherbergt die größten zusammenhängenden Eichenwälder der Wahner Heide, und diesen ist im Frühling ein ganz spezielles Klangbild eigen.

Der krächzend-klagende Balzruf des Mittelspechts *Dendrocopos medius* erinnert einen so gar nicht an Flirtversuche oder Brautwerbung. Aber diese Laute erzielen nachweislich ihre Wirkung. Immerhin ist hier die Bestandsdichte dieser Spechtart so hoch, dass die Wahner Heide unter anderem dafür 1990 zur Important Bird Area, also zu einem der bedeutendsten Vogelschutzgebiete Europas ernannt wurde.

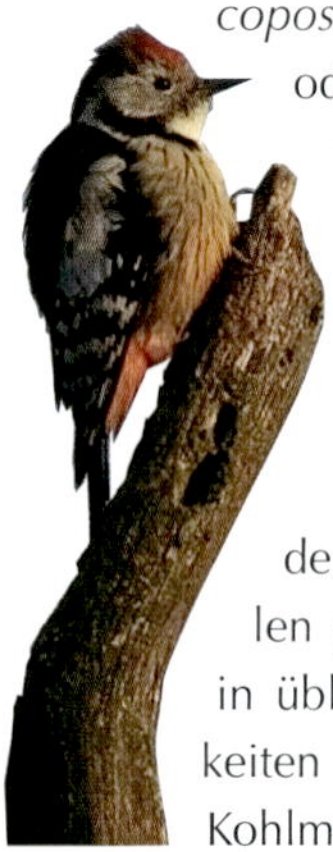

Mittelspecht

Der Trauerschnäpper *Ficedula hypoleuca* ist eine der vielen Tierarten, die von der Masse an Spechthöhlen profitieren. Hauptsächlich um den 15. April, wenn in üblichen Wirtschaftsforsten die wenigen Brutmöglichkeiten durch ganzjährig standorttreue Vogelarten wie die Kohlmeise Parus major längst besetzt sind, kommen diese

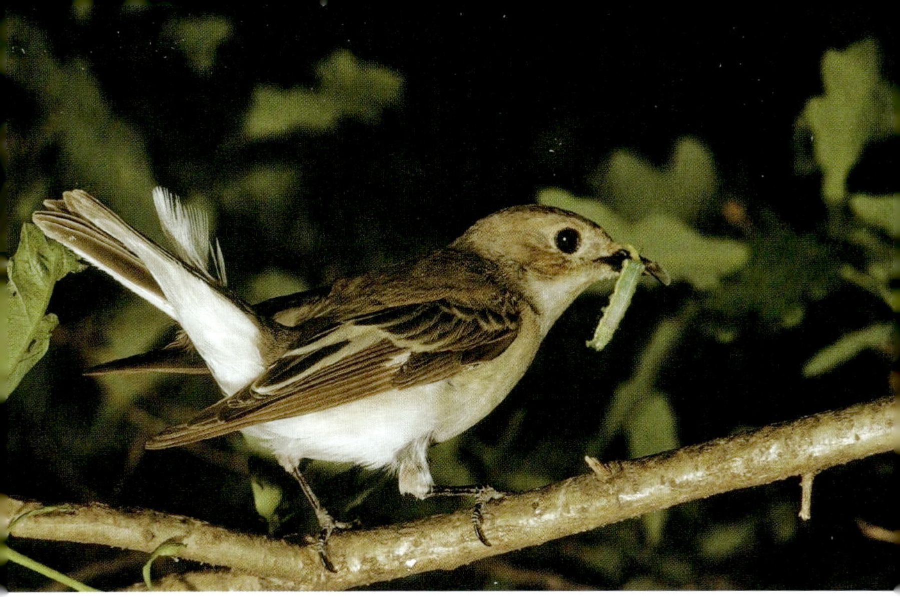

Weiblicher Trauerschnäpper mit Beute

Langstreckenzieher aus ihrem tropischen Überwinterungsgebiet zurück. Heftig, aber meist erstaunlich kurz ist dann die Zeit ihrer Sangeskunst. Denn nachdem die Männchen ein Weibchen von sich und ihrem Brutplatz überzeugen konnten, lässt ihre Gesangsaktivität sehr schnell nach. Und so kann man, wenn man im Juni noch einen singenden Trauerschnäpper hört, mit recht großer Wahrscheinlichkeit davon ausgehen, dass der Herr bedauerlicherweise leer ausgegangen ist.

In der Wahner Heide brütet überwiegend eine eher östliche Variation, bei der die Männchen, ähnlich den Weibchen oberseits mattgrau gefärbt sind, im Gegensatz zu ihren westlich verbreiteten schwarz-weißen Vettern also ihrem Namen nicht alle Ehre machen.

Da wir uns auch in der Einflugschneise der Großen Parallelbahn befinden, kann das Konzerterlebnis allerdings bisweilen durch den „Sound" des gemeinen Düsen-Blechvogels getrübt werden.

Während der starke Fluglärm beim Menschen auf Dauer zum Beispiel zu ernsthaften Herz- und Kreislauferkrankungen führen kann, fühlen sich die vielen hier lebenden Vögel offenbar wenig gestört. Zumindest versuchen während der Brutzeit alle Singvögel, gegen diese Lärmquelle anzusingen. Ob die Tiere allerdings dauerhafte Schäden wie wir Menschen davon tragen, werden wir nie feststellen: Die Blaumeise *Parus caeruleus* beispielsweise, eine der häufigsten hier vorkommenden Vogelarten, wird im Schnitt nur eineinhalb Jahre alt.

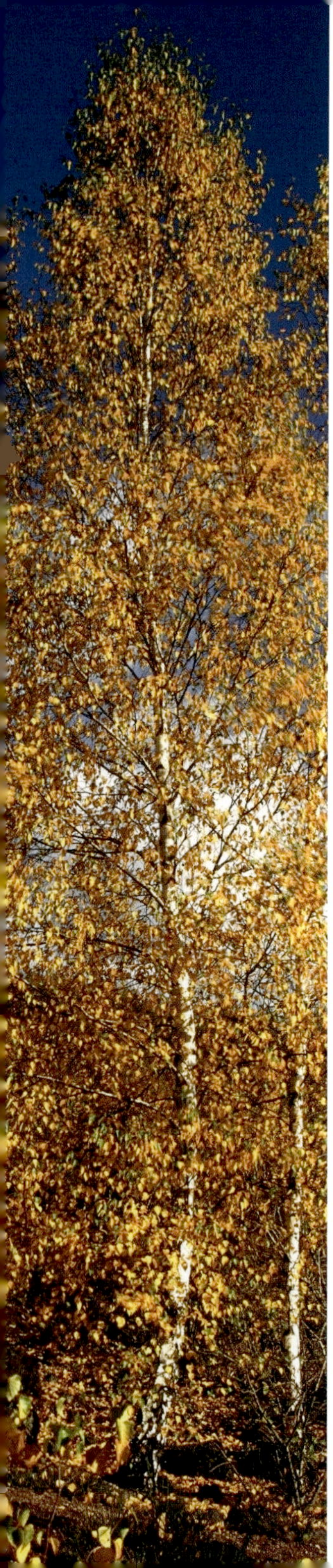

Nachdem der breite Rennweg überquert ist, kreuzt man 200 Meter weiter die heute unter anderem mit Sandbirken bewaldete ehemalige Panzerpiste, die einst die belgischen Kasernen mit der Verladerampe verband.

Die Birken *Betula pendula* zeigen uns an, dass wir uns durch wieder bewaldete Heide bewegen. Diese durch ihre weiße Rinde markante Pionierbaumart besiedelt als eines der ersten Gehölze offene Lebensräume in großer Zahl, mit enormer Zähigkeit und hohem Tempo. Schlägt man einen Stamm ab, wachsen zehn neue Triebe an der Schnittstelle. So eine Baumart lässt sich natürlich hervorragend nachhaltig bewirtschaften, und sie bietet passenderweise auch noch vielseitigste Verwendungsmöglichkeiten. So eignet sich das leichte und zähe Holz vor allem als Furnierholz. Die Blätter wurden früher zum gelb färben verwandt, bis heute aber auch arzneilich als harntreibendes Mittel. Um allerdings an die Wirkung des Birkenwassers – gewonnen zum Beispiel durch das Auffangen an den stark transpirierenden Blättern – als Haarwuchsmittel und Anti-Schuppenmittel zu glauben, braucht man noch zusätzlich eine Portion guten Willen.

Aber es gibt noch eine weitere, heidetypische Nutzungsform: Die Sandbirke war eine der wichtigsten Rohstoffe für die Besenbinder. Allein in Heumar, Eil und Urbach zählte man 1855 110 Besenbinder mit 195 Gesellen. Sie waren damit die am stärksten vertretene Handwerksgruppe mit dem besten Verdienst. Besen brauchte man schließlich immer, und sie mussten wegen ihrer schnellen Abnutzung seinerzeit regelmäßig neu angeschafft werden. Sie konnten auch ohne

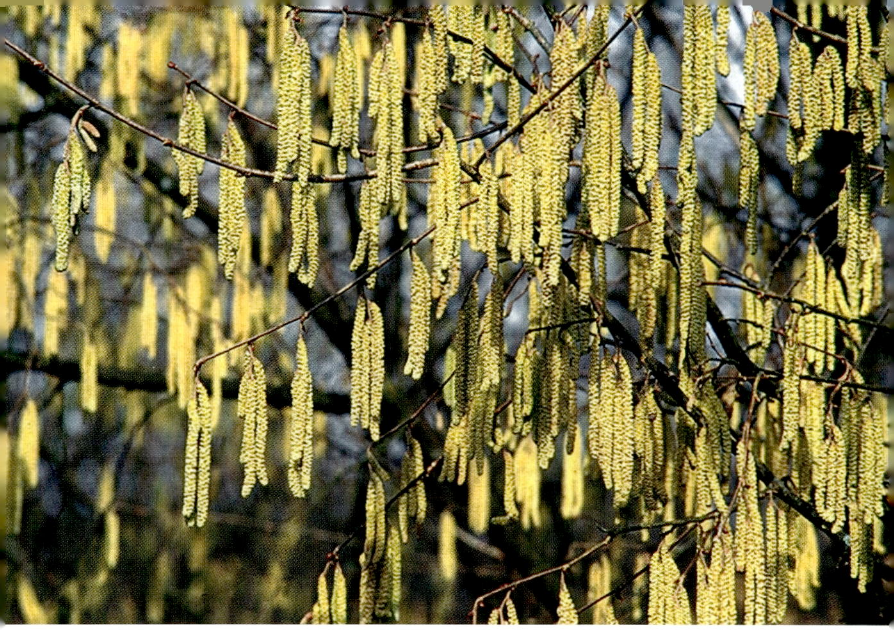

Haselnussblüten - Boten des Vorfrühlings

großes handwerkliches Geschick hergestellt werden. Vor allem aber war ihr Rohstoff nicht zum Versiegen zu bringen und einfach zu beschaffen. Noch nicht einmal eine Zerstörung von Vogelnestern war damit verbunden, da die Reiser nur im Winter, wenn sie wenig Wasser enthalten, geerntet werden konnten. So wurden im Zuge einer nachhaltigen Bewirtschaftung viele Familien ernährt und gleichzeitig die Heide erhalten.

Dann taucht man ein in einen auf großer Fläche gleich gearteten Waldbestand. Kiefern-Stangenhölzer, die die Kronen zu hundert Prozent beherrschen, lassen im Unterholz eine Menge Platz für unterschiedliche Laubgehölze wie Hainbuche *Carpinus betulus*, Weißdorn *Crataegus spec.*, Hasel *Corylus avellana*, Eberesche *Sorbus aucuparia*, Traubeneiche *Quercus petraea* oder Stieleiche *Quercus robur*. Ein Mischwald, dessen Nadelbaumanteil in der ersten Hälfte des 20. Jahrhunderts angepflanzt worden ist, und der, wenn er ein höheres Alter und damit einen natürlichen Totholzanteil erreichen könnte, recht artenreich ausfallen dürfte. Zwar käme die Waldkiefer *Pinus sylvestris* auf der Heideterrasse von Natur aus nicht vor, doch sind die nächsten natürlichen Vorkommen im Nordosten des Landes nicht sehr weit entfernt. Insofern gibt es eine Vielzahl heimischer Organismen, für die dieser Baum eine Lebensgrundlage darstellt. Wer wollte auch heute

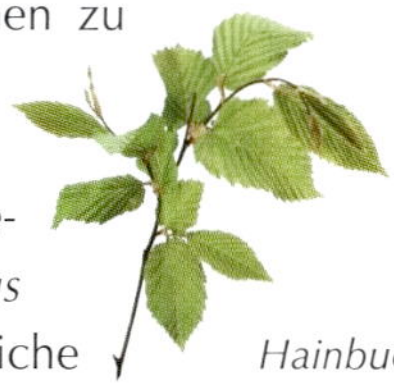

Hainbuche

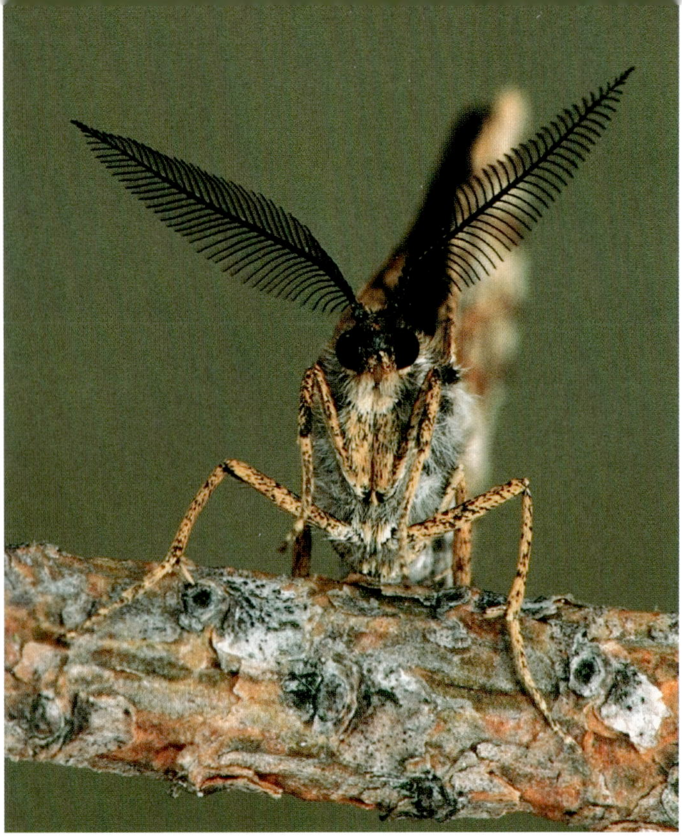

Männlicher Kiefernspanner

auf den Duft verzichten, den die Waldkiefer nach Art ihrer nahen Verwandten, der mediterranen Pinie, verströmt, wenn die Sonne auf sie einstrahlt?

Die Baumarten der heutigen Strauchschicht sind – bis auf die Späte Traubenkirsche aus Nordamerika – die natürlichen Baumarten auf diesem Boden. Sie haben sich natürlich angesiedelt, werden die Baumschicht natürlich erobern und die Entwicklung zum einst hier gedeihenden Eichen-Buchenwald vorantreiben.

Die Kiefern-Aufforstung stellte seinerzeit natürlich einen erheblichen Eingriff in die Landschaft dar. „Auf'm Wölfchen", so der hiesige Flurname, bestand aus Heiden, Sandäckern, Hudewäldern und naturnahen Laubwaldgesellschaften, bevor die Förster seinerzeit die aus damaliger wirtschaftlicher Sicht sinnvollste Maßnahme ergriffen. Nur renkt sich nach einigen Jahrzehnten wieder vieles ein.

Sobald ein Reitweg auf unseren Wanderweg stößt, biegen wir links ab und folgen dem Waldrand. Bald stoßen wir auf die

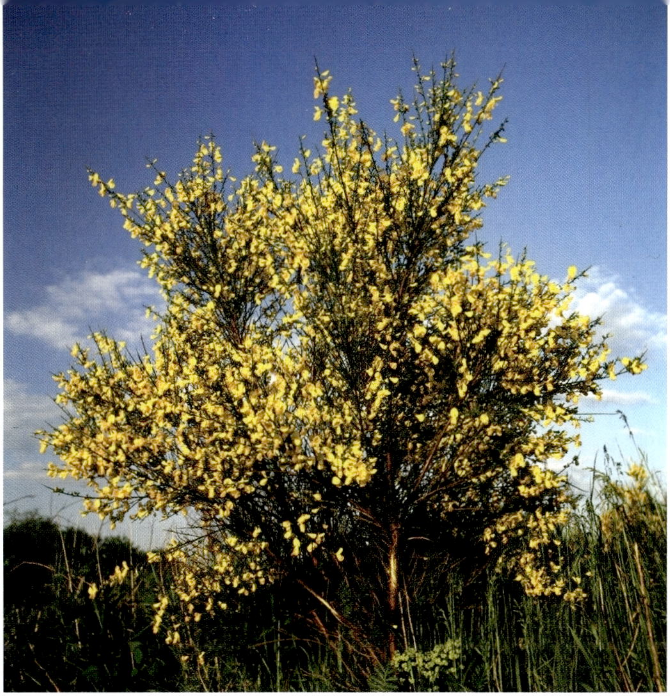

Besenginster ist ein weiterer Rohstofflieferant der Besenbinder

breite Obere Querschneise, der wir nach rechts folgen. Als nächstes kreuzt die Nordschneise, der wir nach links folgen.

Besenheide und Besenginster sind weitere Rohstofflieferanten, deren Nutzungsgeschichte sich in ihrem Namen niedergeschlagen hat, und die sich immer wieder am Wegesrand finden lassen.

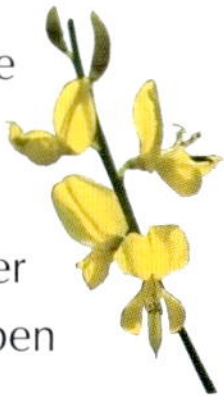

Auch der Besenginster *Cytisus scoparius* ist nicht nur durch die Besenbinder genutzt worden. Das in allen Pflanzenteilen mehr oder weniger enthaltene Spartein wird in der Medizin nach wie vor bei Kreislaufstörungen eingesetzt. Die Blüten, welche der Heide im Mai ein sattes Gelb verleihen, wurden früher zum Färben von Wolle verwandt.

Besenginster werden bestenfalls zwölf Jahre alt, reichern in dieser Zeit den Boden aber in nicht unerheblichem Maße mit Nährstoffen an, weil sie Wurzelknöllchen mit stickstoffbindenden Bakterien besitzen. Ein Gerücht ist übrigens, dass gerade im Besenginster die meisten Zecken lauern – Zecken sind hier überall, vor allem in kniehoher Vegetation. Diese bieten die Wege kaum, deswegen sind Querfeldeingänger am meisten gefährdet, durch die Krankheiten – Frühsommer-Meningitis und Borreliose sind für die Wahner Heide nachgewiesen – übertragenden Spinnentiere gebissen zu werden.

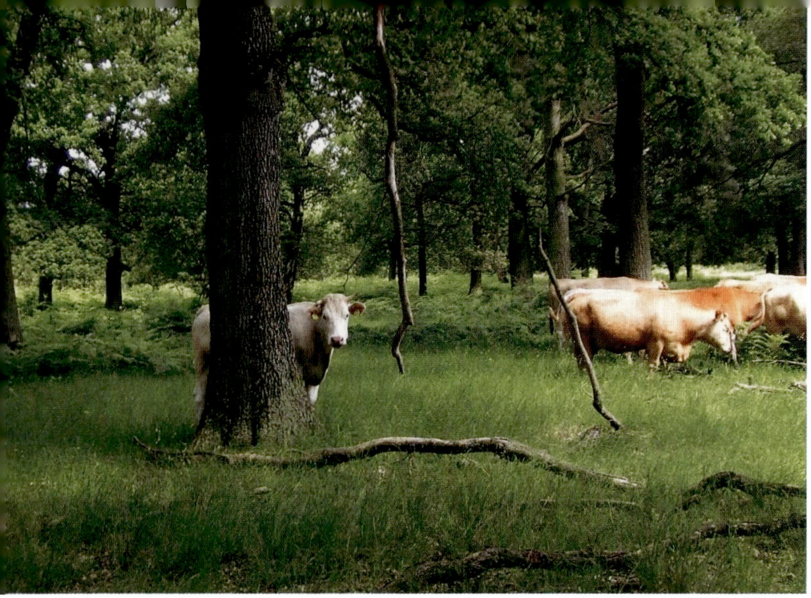

Glanrinder im Geisterbusch

Nachdem wir rechts auf den Wolfsweg abgebogen sind, erkennt man auf der rechten Seite bisweilen den ganzen Boden beherrschende Farne – im Sommerhalbjahr als grasgrüne, mehr als einen Meter hohe Miniaturwälder, im Winterhalbjahr als hellbrauner, abgestorbener und in sich zusammengefallener Filz.

Es handelt sich um den Adlerfarn *Pteridium aquilinum*. Er ist ein echter Kosmopolit, der bei uns von Natur aus im Eichen-Buchenwald locker vertreten ist. Er ist also kein Neophyt, keine durch den Menschen eingebrachte „neue Pflanze", die sich im neuen Landschaftsraum plötzlich massenweise vermehrt. Nur auf ehemaligen Sandäckern oder trocken gelegten Böden, die Jahre und Jahrzehnte nicht mehr bewirtschaftet wurden, breitet er sich stark aus und verdrängt nahezu alle anderen Pflanzenarten. Da er fürs Vieh genauso schwer genießbar ist wie für den Menschen – in Japan werden die Sprossen wie Folienkartoffeln zubereitet, bei uns gilt der Adlerfarn als krebserregend – haben ihn die Schäfer früher als „Weideunkraut" gesenst, als Stallstreu verwendet und damit an einer starken Ausbreitung gehindert.

Wir stoßen auf eine große Wegkreuzung und biegen rechts ab auf den Rösrather Weg. Kurze Zeit später gelangen wir in die offene Heide.

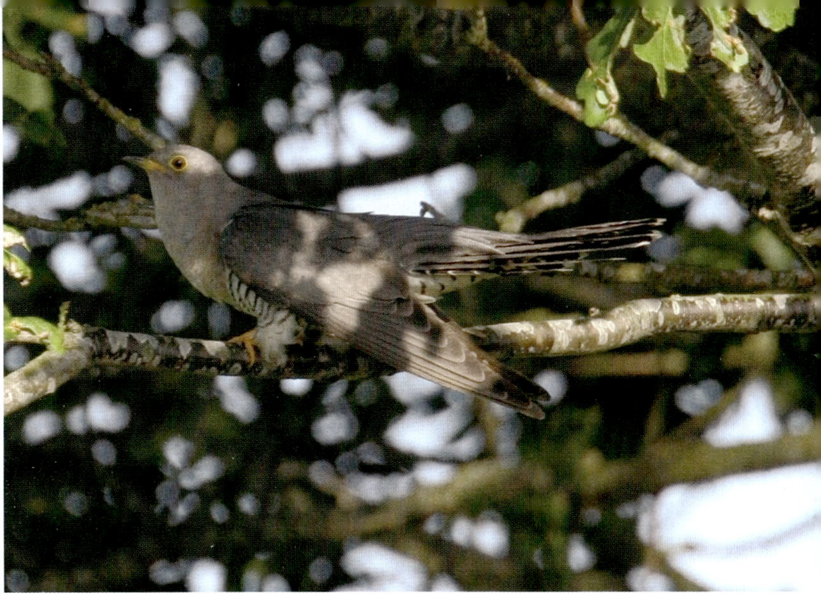

Kuckuck

Die heutige Ausdehnung des etwa 180 Hektar großen Heidegebiets Geisterbusch entspricht nicht der historischen Heideentwicklung, sondern ist eine Folge des zivilen Flughafenausbaus. Denn als Gegenleistung dafür, dass sie den Regierungsflughafen in der Wahner Heide nicht blockierten und entsprechend Übungsflächen abtraten, wurden für die belgischen Streitkräfte im Geisterbusch 1960/61 etwa 60 Hektar alter Eichenwald für ein Panzerübungsgelände gerodet. Auch Laserübungen, für die man größere zusammenhängende Freiflächen benötigt, wurden hier praktiziert. Die wenigen einzelnen Eichen, die stehen gelassen wurden, gehen nach und nach zu Grunde. Mehr als hundert Jahre waren sie im geschlossenen Wald aufgewachsen; mit der kleinklimatischen Umstellung auf die offene Heide kommt kaum einer der Bäume auf Dauer zurecht.

Diese Solitäreichen sind im Sommer beliebte Sitzwarten von Turteltaube *Streptopelia turtur* und Kuckuck *Cuculus canorus*. So bekommt man diese ansonsten heimlich lebenden Tiere, die mit ihren Balzrufen tropische Klangfarben aus ihrem Winterquartier importieren, auch mal zu Gesicht. Wie wenige andere Vogelarten prägten sie unseren Wort- und Liedschatz. Beim Kuckuck ist dies allseits bekannt, aber auch die Turteltaube hat ihren Namen nicht aufgrund ihres wilden Flirtverhaltens erhalten, der Begriff „Turteln" entstand erst durch ihren Balzgesang. Auch der Laie identifiziert in Mai und Juni mühelos das schwer zu ortende „turr-turr-turr..."

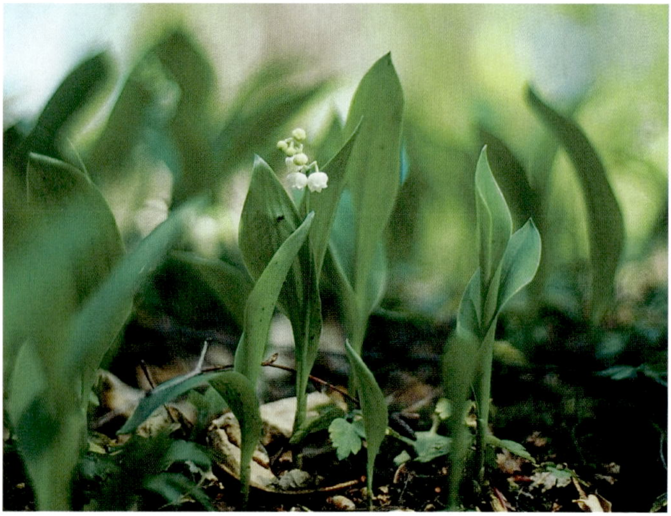

Wärmeliebendes, geschütztes Spargelgewächs: Das Maiglöckchen

Es folgt nun – mit besonderer Widmung für Nachtwanderer – ein Auszug der Sage „Der Amtmann von Porz", die sich exakt auf den hiesigen Ort lokalisieren lässt, und in der sich die Gemütslage so manch eines Wahner Bauern zu jener Zeit widerspiegelt:

Der Amtmann von Porz

„Im Amtgericht Porz regierte einmal ein Amtmann, der war unmenschlich hart und grausam gegen seine Untertanen. Die Hirsche des Königsforstes fraßen und zerstampften die karge Saat, und wenn der Bauer zur Selbsthilfe griff, strafte ihn der Amtmann an Leib und Leben.

Eines Morgens fand man den Amtmann, von der Kugel eines Wilderers durchbohrt, tot am Wolfsweg auf dem Stamm einer Eiche liegen. Der Fluch des gequälten Volkes aber verfolgte ihn noch über das Grab hinaus.

In dunklen stürmischen Nächten kommt es aus dem Geisterbusch, durch die Luft daher mit Pferdegewieher und Hundebellen, und mitten im grausigen Geisterzug, gejagt von fratzenhaften Unholden, der Amtmann von Porz im roten Rock und auf einem mit vier Rappen bespannten Wagen."

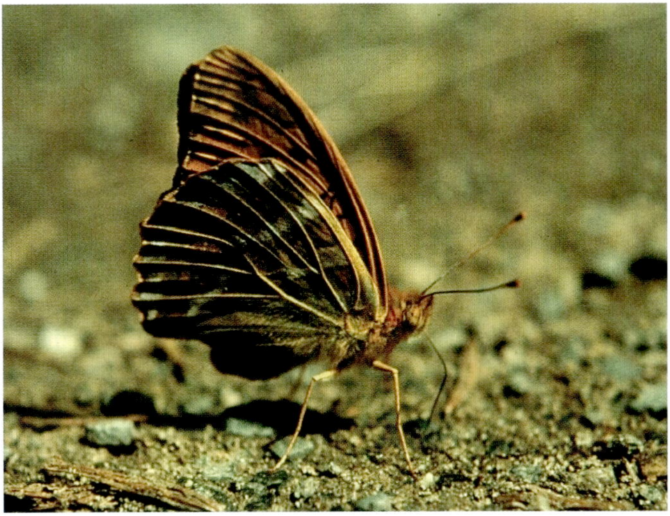

Kaisermantel

Auf dem Rösrather Weg verlassen wir die offene Heide, kreuzen die Alte Kölner Straße und tauchen in den Eichenwäldern der Maikammer ab. Wir laufen nicht entlang des Flughafenzauns, sondern halten uns an den anfangs parallel verlaufenden Wanderweg.

Ein schöner Name, der sich da im Porzer Volksmund etabliert hat. Auf Karten sucht man ihn als Flurnamen vergeblich, aber alt eingesessene Porzer wissen, wo es weit und breit die meisten Maiglöckchen *Convallaria majalis* gibt. Nur anders als früher darf man das Spargelgewächs nicht pflücken. Insbesondere das Ausgraben schadet der gesetzlich geschützten und sich vor allem vegetativ, also über Wurzelausläufer verbreitenden Pflanze. Das Pflücken der Blüten ist vor allem für bodenbrütende Vogelarten wie die hier zahlreich vorkommenden Laubsänger – Zilpzalp, Fitis und Waldlaubsänger – problematisch. Im „Fußumdrehen", und ohne es zu bemerken, zertreten die eifrigen Blumensammler die Nester. Um dem vorzubeugen, gilt das Gebot, den Weg nicht zu verlassen und die Pflanze nicht zu beschädigen.

Richtig viele Maiglöckchen findet man hier allerdings inzwischen nicht mehr. Genauso wenig wie die anderen für Stieleichen-Hainbuchenwälder typischen und im Mai betörenden Duft verbreitenden Spargelgewächse wie Zweiblättige Schattenblume

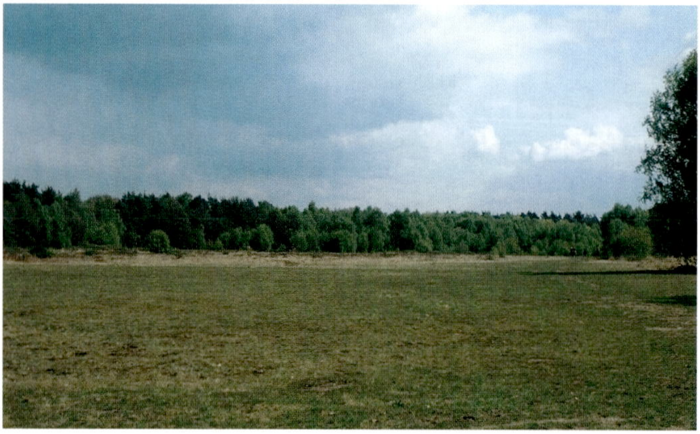

Vor der Verbuschung und dem ICE: Paradeplatz 1996

Maianthemum bifolium oder Vielblütige Weißwurz *Polygonatum multiflorum*. Denn die mittlerweile eingewanderte, aus Nordamerika stammende Spätblühende Traubenkirsche *Prunus serotina* hat die Krautschicht des Waldes weitgehend verdrängt. Wenigstens einige Hainveilchen *Viola rhiviniana* findet man immer noch am Wegesrand. Auch sie sind typisch für Eichen-Hainbuchenwälder und außerdem Futterpflanze des landesweit gefährdeten Kaisermantels *Argynnis pahia*, einer großen, hell rotbraunen, oberseits dunkel gefleckten Schmetterlingsart der Waldränder.

Wir überqueren die Untere Querschneise, links vorbei am Rettungsplatz des ICE-Tunnels, und bleiben auf der Nordschneise.

Der ehemalige Kölner Oberbürgermeister Norbert Burger, Anfang der 1990er gleichzeitig Aufsichtsratsvorsitzender der Flughafen GmbH, soll einmal gesagt haben, der Flughafen lebe von der Gnade seiner frühen Geburt. Die historischen Fakten lassen eher darauf schließen, dass er trotz seiner späten Geburt Gnade erfahren hat.

Am 3.1.1959 wurde eine Betriebsgenehmigung lediglich für die Querwindbahn und die Kleine Parallelbahn, für zwei der insgesamt drei Landebahnen des Flughafens Köln/Bonn, erteilt, und zwar nach dem Luftverkehrsgesetz von 1936. Am 16.3.1961 genehmigte dann der Landesverkehrsminister die Große Parallelbahn in einer Länge von 3.800 Meter „in Ergänzung meines Erlasses ... vom

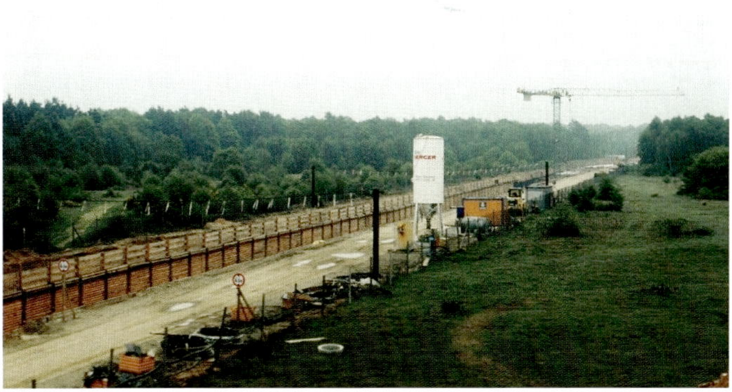

Bau des ICE-Tunnels durch den Paradeplatz im Mai 2002

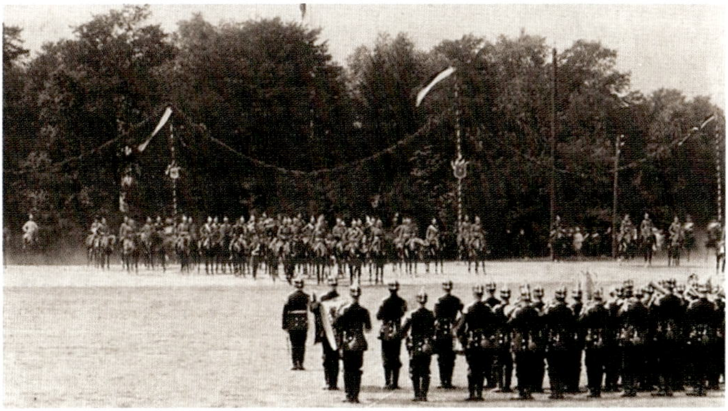

Parade anläßlich des Besuchs von Kaiser Wilhelm II. auf dem Paradeplatz 1906

3.1.1959". Seit dem 10.1.59 war jedoch schon das neue Luftverkehrsgesetz in Kraft, das für die Erweiterung eines Flughafens ein Planfeststellungsverfahren, also Bürgerbeteiligung und Offenlegung der Pläne, zwingend vorsah. Dies wurde allerdings nie durchgeführt, weil man sich noch 1961 auf ein nicht mehr geltendes Recht aus dem Dritten Reich bezog.

Die Übergänge vom Dritten Reich zur Nachkriegszeit waren noch an anderer Stelle eher fließend. Auf dem Flughafengelände gibt es die Heinrich-Steinmann-Straße, benannt nach dem ersten Flughafen-Direktor. Steinmann, geboren 1899, ab 1932 NSDAP-Mitglied, versah ab 1943 in der „Sonderdienststelle Professor Steinmann", die dem Oberkommando der Luftwaffe direkt unterstellt war, seine beratenden Tätigkeiten, zuletzt im Range eines Generalmajors.

Durch die Einflugschneise bahnt sich die Schneise der ICE-Trasse, die wir überqueren müssen, um dann auf der Nordschneise links an dem Rettungsplatz vorbeizukommen.

10.000 Einwendungen wurden allein im Raumordnungsverfahren Mitte der 1990er vorgebracht: Es half nichts, die zweijährigen Bauarbeiten für die mehr als eine Milliarde DM teure ICE-Schleife zum Flughafen begannen auf dem rund 900 Meter langen Streckenabschnitt des Naturschutzgebiets im Juli 2001.

Dabei konnte der Vorhabenträger, die Deutsche Bahn, keinen verkehrlichen oder wirtschaftlichen Bedarfsnachweis liefern, nur einen gesetzlichen. Der Bundestag hatte 1993 die Aufnahme der Flughafenanbindung in das Bundesschienenwegeausbaugesetz zwar abgelehnt, die Anbindung nebenbei aber trotzdem als vordringlich eingestuft – das reichte dem Eisenbahn-Bundesamt. Wenigstens führte die europäische Naturschutzgesetzgebung dazu, dass die Trasse unter Tage verschwinden musste.

Die Nordschneise führt uns zu einer großen offenen Heidefläche. Der Paradeplatz ist ein in den 1890er Jahren angelegter Übungsplatz des preußischen Militärs. Wo einst Parademärsche exerziert wurden, befindet sich heute eine der ältesten Heide- und Magerrasenflächen außerhalb des Flughafengeländes.

„Wie, wie, wie, wie hab ich dich lieb", so übersetzt der Volksmund den Gesang der Goldammer *Emberiza citrinella*. Und diese Interpretation ist gar nicht weit hergeholt, denn zum einen passt es rhythmisch sehr gut, zum anderen dient der Gesang der Männchen ja tatsächlich auch der Brautwerbung. Ein anderer Beweggrund ist die Revierabgrenzung, die Sicherung von Nahrungsgründen für die Jungenaufzucht. Die kann sich bis in den August und auf zwei, ausnahmsweise drei Jahresbruten erstrecken. Und so kann man sich noch über den Gesang der Ammern freuen, wenn die vier Revierinhaber des Paradeplatzes ihrer Weibchen längst relativ sicher sein können.

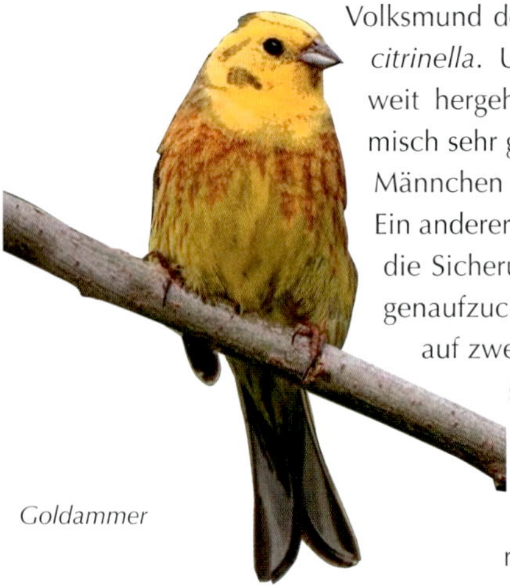

Goldammer

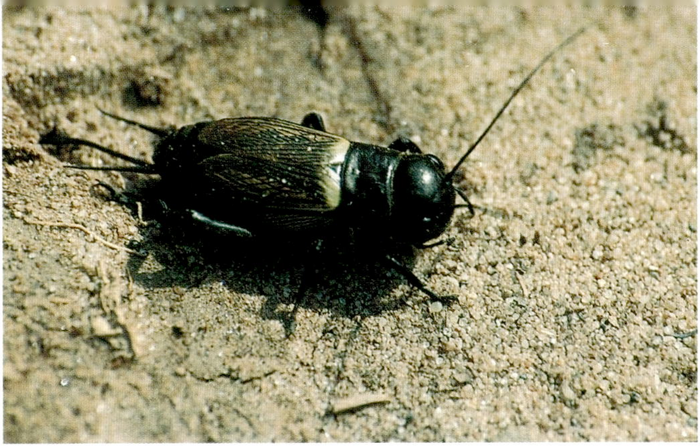

Die Wahner Heide ist ihr letztes Refugium in der Niederrheinischen Bucht: Die Feldgrille

Die Magerrasen beherbergen eines der größten Vorkommen der Feldgrille *Gryllus campestris* im Naturschutzgebiet, und die Wahner Heide beherbergt das größte der gesamten Niederrheinischen Bucht. Die Feldgrille ist auf kurzgrasige, trockene Lebensräume angewiesen. Die Männchen stridulieren bei warmem Wetter oft bis tief in die Nacht vor der etwa 20 Zentimeter schräg hinab führenden Erdröhre. Vor allem im Mai und Juni ertönt ihr anheimelndes Zirpen.

Der in Nordrhein-Westfalen stark gefährdete Kreuzblümchen-Borstgrasrasen ist hier zumindest fragmentarisch ausgebildet, und bietet den von kleinen Insekten, Gräsern und Kräutern lebenden Grillen abwechslungsreiche Kost. Das Borstgras *Nardus stricta* ist nicht mehr bestandsbildend, und auch die nächsten Arnica-Bestände sind ein paar Kilometer entfernt, aber das Quendel-Kreuzblümchen *Polygala serpyllifolia*, das Hundsveilchen *Viola canina* und der Dreizahn *Danthonia decumbens* bilden stellenweise ansehnliche Bestände aus. Sie sind durch die Verbuschung mit Spätblühender Traubenkirsche bedroht, deren Blattaustriebe weite Teile des Magerrasens ab April hellgrün einfärben. Nachdem das Mähen wenig Erfolg brachte sollen es nun die Ziegen richten.

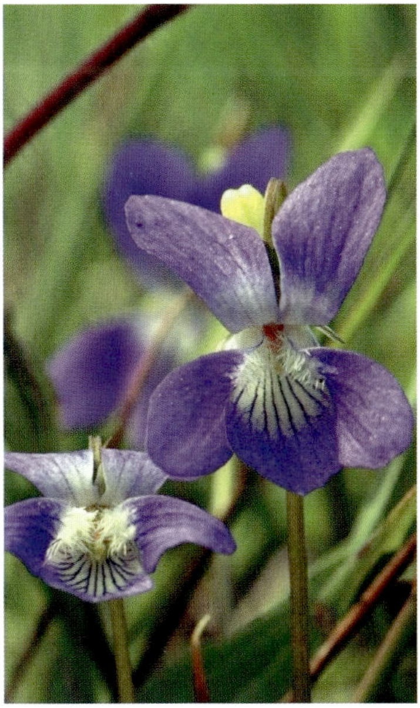

Futterpflanze der Perlmutterfalter: Das gefährdete Hundsveilchen

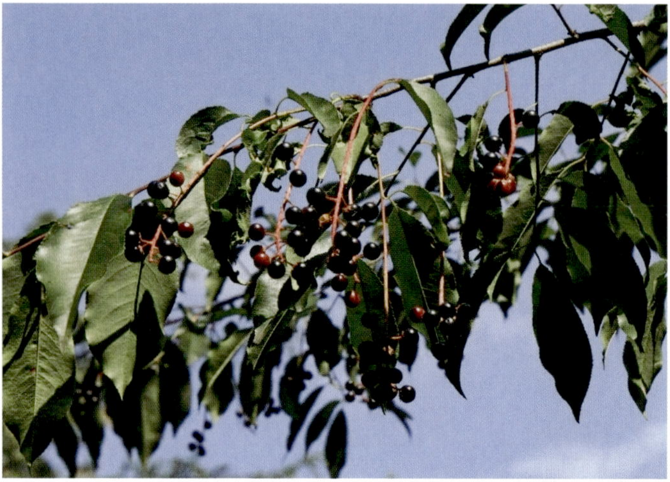

Üppig tragende Späte Traubenkirsche

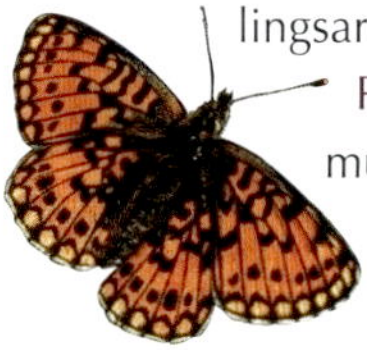

Auch wegen im ganzen Land stark gefährdeter Schmetterlingsarten. Dies sind zum Beispiel der Braunscheckige Perlmutterfalter *Boloria selene* und der Große Perlmutterfalter *Argynnis aglaja*, deren Raupen vor allem das Hundsveilchen als Futterpflanze benötigen.

Die linke, südliche Seite des Paradeplatzes, die von der Flughafen GmbH als „Areal Nord“ bezeichnet wird, ist durch die seit 1995 geplante Norderweiterung des Flughafengeländes bedroht. Da das Gelände zum europäisch geschützten Flora-Fauna-Habitat-Gebiet Wahner Heide gehört und die Flughafen GmbH die notwendigen Bedarfsnachweise für eine bauliche Beanspruchung nicht liefern konnte, wurde dieser erhebliche Eingriff in Natur und Landschaft bisher verhindert. Der Eichenbirkenwald ist einer der gesetzlich geschützten und in Nordrhein-Westfalen gefährdeten Lebensraumtypen, die auf dem südlichen Paradeplatz vorkommen.

Die Nordschneise endet auf der Nordallee, einer still gelegten Zufahrtsstraße. Wir folgen dem Asphalt nach rechts, biegen sofort wieder rechts ab und folgen dann dem markierten Trampelpfad nach links. Auf ihm gelangen wir zurück zum Mauspfad.

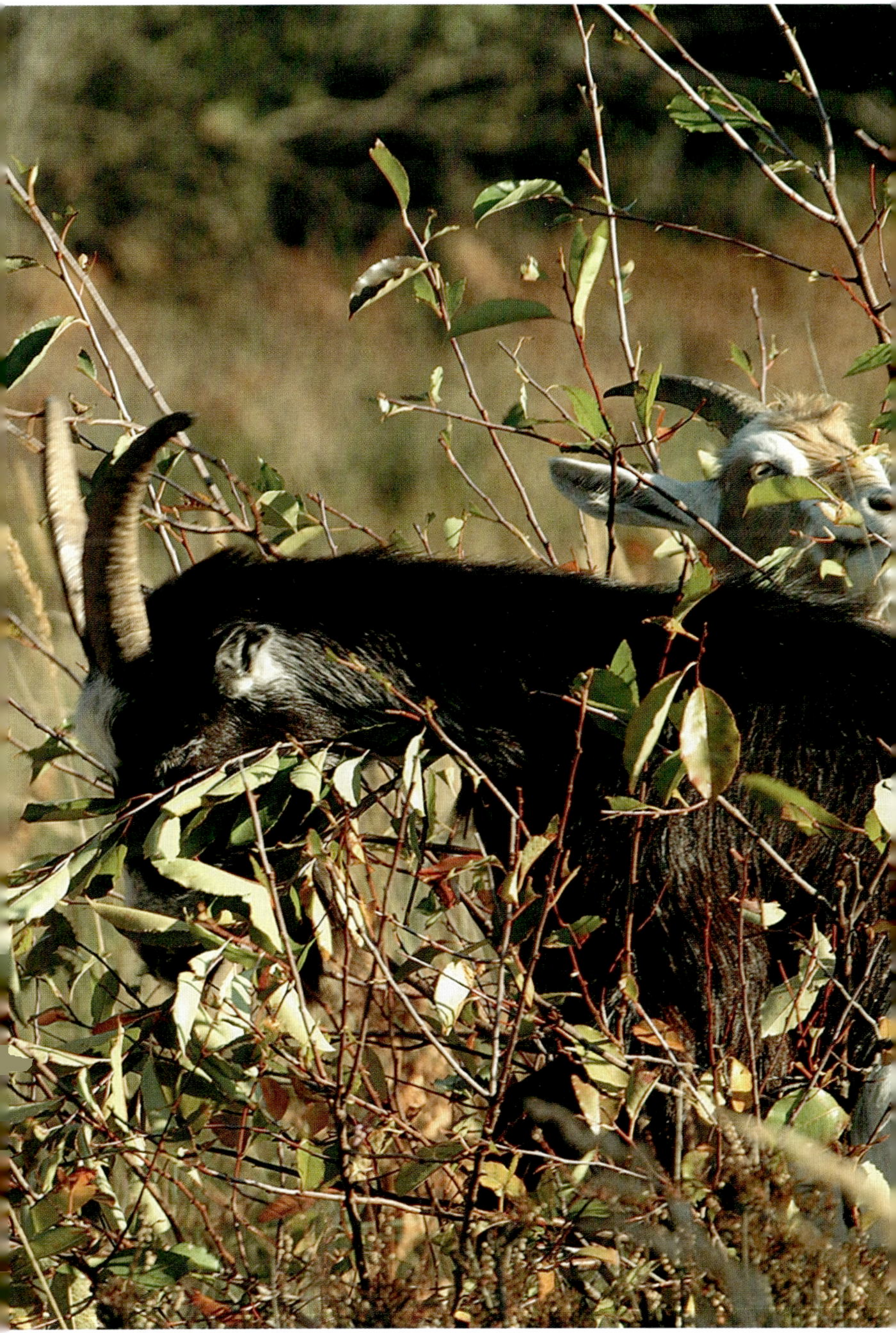

Ziegen haben die Späte Traubenkirsche zum Fressen gern

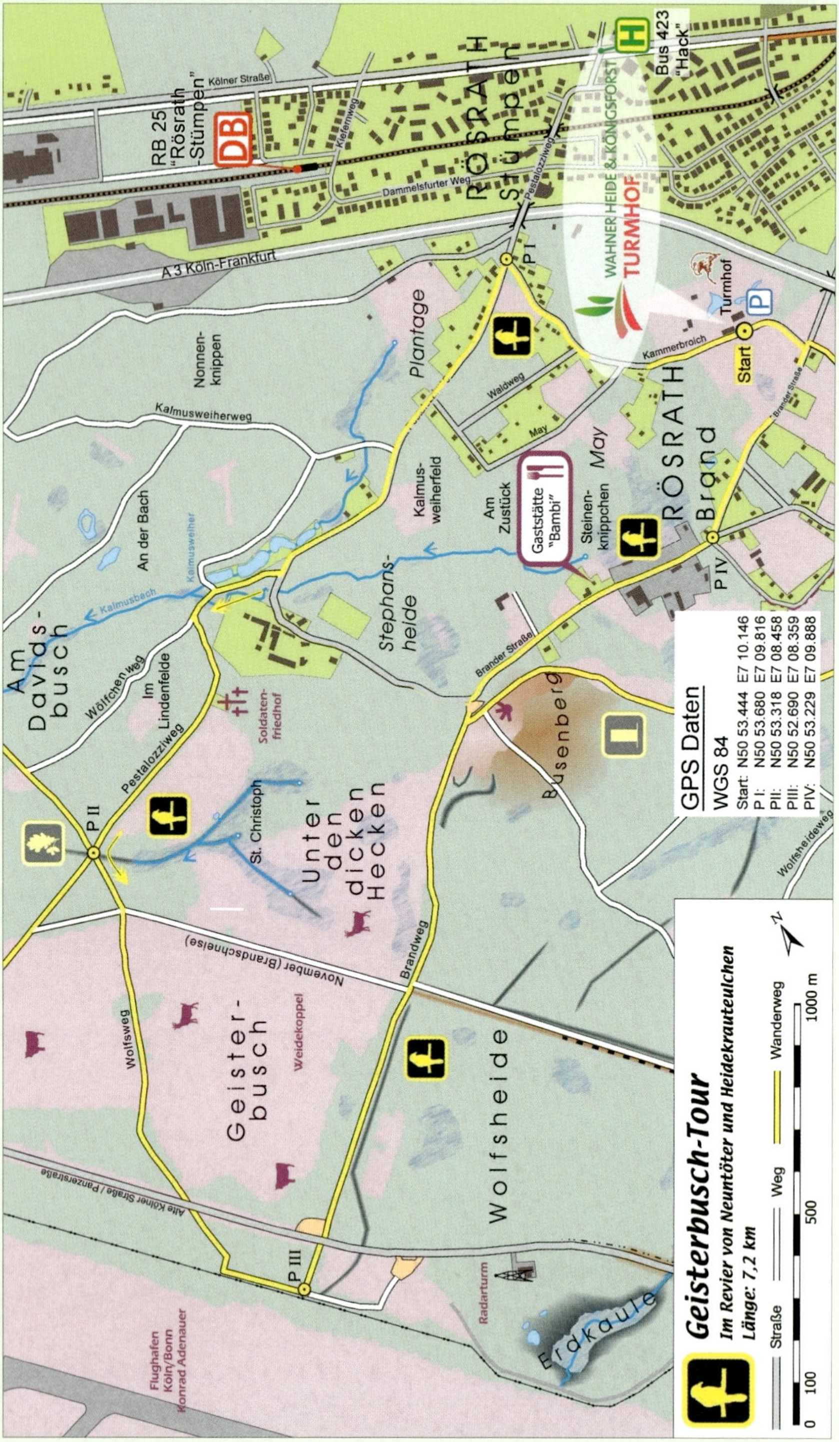
Geisterbusch-Tour
Im Revier von Neuntöter und Heidekrauteulchen
Länge: 7,2 km
Straße
Weg
Wanderweg
0 100 500 1000 m
N
GPS Daten
WGS 84
Start: N50 53.444 E7 10.146
P I: N50 53.680 E7 09.816
PII: N50 53.318 E7 08.458
PIII: N50 52.690 E7 08.359
PIV: N50 53.229 E7 09.888
RB 25
"Rösrath -Stümpen"
DB
Bus 423
"Hack"
H
WAHNER HEIDE & KÖNIGSFORST
TURMHOF
Turmhof
P
Start
Kammerbroich
RÖSRATH
Stümpen
RÖSRATH
Brand
A 3 Köln-Frankfurt
Kölner Straße
Kiefernweg
Dammelsfurter Weg
Pestalozziweg
P I
P II
P III
P IV
Plantage
Nonnen-
knippen
Kalmusweiherweg
An der Bach
Kalmusweiher
Kalmusbach
Am
Davids-
busch
Wölfchenweg
Im
Lindenfelde
Pestalozziweg
Soldaten-
friedhof
Kalmus-
weiherfeld
Am
Zustück
Gaststätte
"Bambi"
Steinen-
knippchen
May
Waldweg
May
Brander Straße
Brander Straße
Stephans-
heide
Busenberg
St. Christoph
Unter
den
dicken
Hecken
November (Brandschneise)
Brandweg
Geister-
busch
Weidekoppel
Wolfsweg
Wolfsheide
Wolfsheideweg
Alte Kölner Straße / Panzerstraße
Radarturm
Erdkaule
Flughafen
Köln/Bonn
Konrad Adenauer

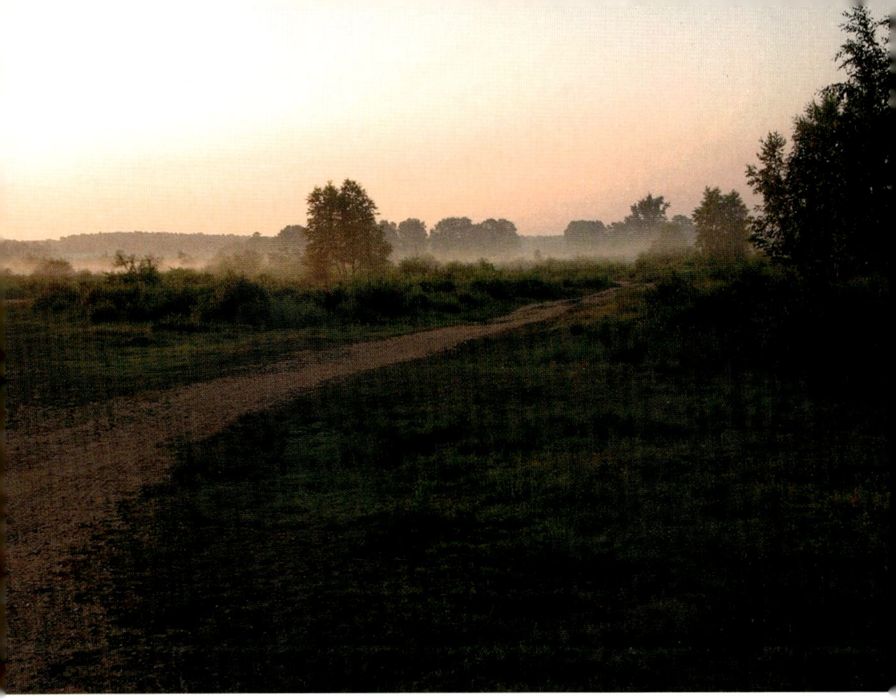

Morgennebel liegt über dem Geisterbusch

Geisterbusch-Tour

Strecke: 6,8 km • Wegezeichen: Vogel

Im Revier von Neuntöter und Heidekrauteulchen

Über die Autobahn und durch die alten Siedlungen **Plantage** und Kalmusweiher führt der Pestalozziweg immer weiter weg von dem Autobahnlärm, tiefer hinein in die Heidelandschaft.

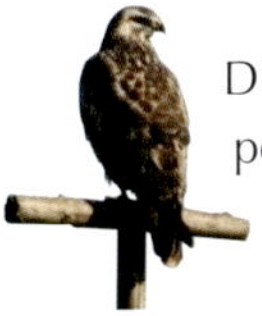

Die A 3 ist im Osten der Heide aufgrund ihres ständigen Lärmpegels schon ein Ärgernis. Auch weil sie mit dem Königsforst und der Wahner Heide zwei großflächige Naturschutzgebiete und einige ihrer Tierpopulationen voneinander trennt, wirkt sie nachhaltig negativ. Ein Blick auf Karten aber verdeutlicht, dass die Autobahn auch einen Vorteil für die Heide hatte. Diese östliche Grenze des Übungsplatzes von 1937 bis 1945, der 5.200 Hektar umfasste, wirkte auch Jahrzehnte danach als Riegel für die Ausdehnung von Industrie, Gewerbe und Wohnbebauung.

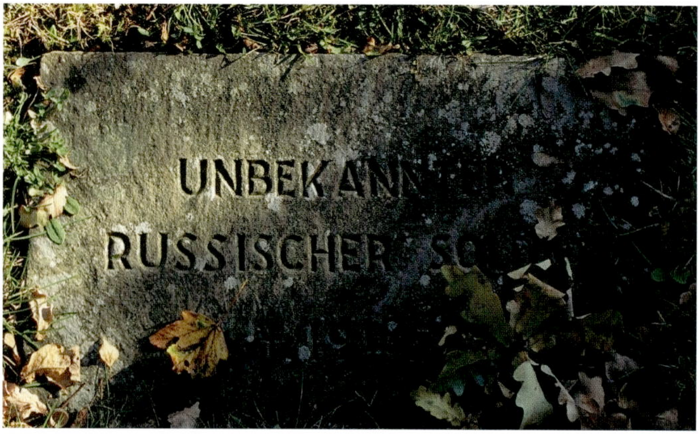

Grabstein auf dem Soldatenfriedhof

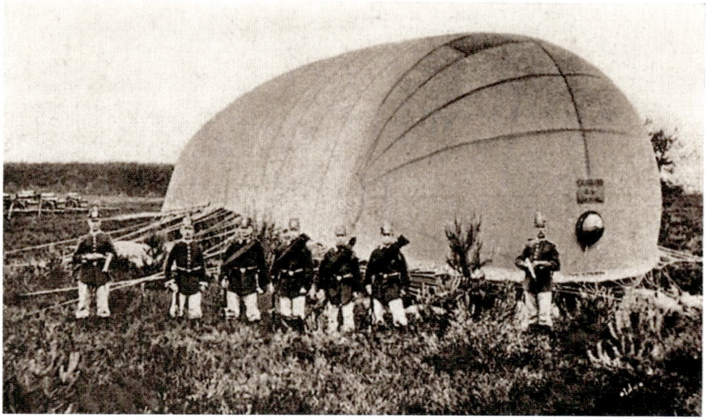

Ballon zur Beobachtung des Artillerieschießens 1904

Aber es ist eben doch immer wieder der **Truppenübungsplatzstatus**, der sich ursächlich als wirksamster Schutzfaktor erweist. Ohne ihn wäre die Autobahn ab 1936 wahrscheinlich mitten durch die Heide gelegt worden.

In Höhe der Teichanlage wird die Straße zum Waldweg und wir betreten das Naturschutzgebiet.

In Nachbarschaft zu der Fischteichanlage wurden während des Ersten Weltkriegs die **Ballonhalle Ost** sowie entsprechende Unterkünfte errichtet. Schon in den Jahren zuvor hatte man zur Beobachtung der Artilleriemanöver auf dem angrenzenden Schießplatz

Ballons eingesetzt. Teile dieser Anlagen dienten Jahrzehnte später als Grundstock für das Lager Hoffnungsthal.

Nachdem wir den Kalmusbach überquert haben halten wir uns an der folgenden Weggabel links. So gelangen wir an die Ehrenanlage Kalmusweiher.

Während des 2. Weltkriegs bestand auf dem Gelände des angrenzenden heutigen Jugendheims Stephansheide das Kriegsgefangenenlager Hoffnungsthal. Den 112 hauptsächlich osteuropäischen Gefangenen, die hier durch Hunger, Krankheit und Folter umgekommen sind, ist diese Ehrenanlage gewidmet. Überliefert ist der Fall eines Häftlings, der bei klirrender Kälte über Nacht an einen Pfahl gebunden und mit Wasser übergossen wurde. „Ihre Leiden und ihr Tod mahnen zum Frieden", steht auf der Eingangstafel.

1940 hatte die Wehrmacht das Lager unter dem Titel „Arbeitskommando 281 des Truppenübungsplatzes Wahn" eingerichtet. Die Gefangenen wurden als Zwangsarbeiter in Betrieben der Umgebung und auf dem Truppenübungsplatz eingesetzt. Am 12. April 1945 befreiten US-Truppen rund 1.500 Gefangene.

Schon kurz nach dem Zweiten Weltkrieg entstand auf dem Gelände des ehemaligen Gefangenenlagers das Kinderdorf Pestalozzi, das Kriegswaisen eine Zuflucht bot. Schließlich stand die Anfang der 1950er Jahre erbaute Stephanuskapelle bei der Umbenennung des neuen Dorfes in „Stephansheide" Pate. Heute betreibt die Diakonie Michaelshoven hier eine Einrichtung für Kinder, Jugendliche und junge Erwachsene in besonderen Lebenslagen. Ein Teil der Gebäude aus der Zeit vor 1945 ist erhalten und steht unter Denkmalschutz. Eine Ausstellung des Geschichtsverein Rösrath informiert über die Zeit des Gefangenenlagers.

Im Anschluss an die Gedenkanlage öffnet sich die Heide. Ein Elektrozaun umgibt das Lindenfeld. Es ist eine Koppel, auf der zwischen Mai und Oktober abwechselnd Esel und Rinder weiden. Sie werden hier gezielt eingesetzt, um offene, also unbewaldete Lebensräume zu erhalten. Damit stellt man ein Element der traditionellen Heidewirtschaft nach, durch welche die Heide in historischer Zeit entstanden war.

Das Lindenfeld war nicht immer offen. Durch die militärische Nutzung war hier die Landwirtschaft zu Anfang der 1960er Jahre verdrängt worden. Ohne Nutzung traten an die Stelle der Äcker und

Wiesen langsam Sandbirken und Adlerfarn. Erst 2007 wurde dieser junge Wald aus Naturschutzgründen wieder weitgehend entfernt. Einzelne Bäume blieben jedoch als Zeugen dieser Waldphase. Von ihnen aus startet der Baumpieper zwischen April und Juni seine spektakulären Singflüge. Erst durch die weitgehende „Entwaldung" konnte er sich hier wieder ansiedeln.

Pieper

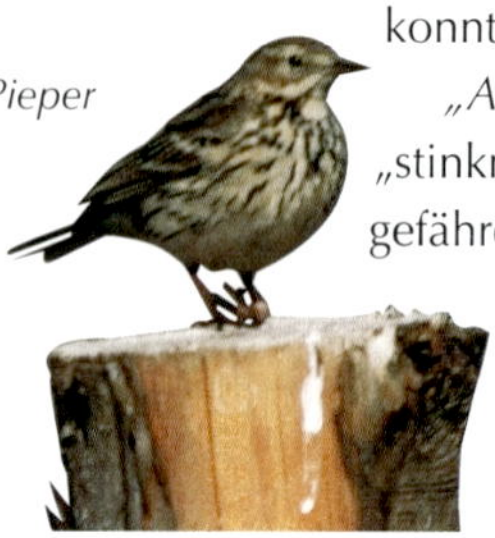

„Anthus trivialis", der im 18. Jahrhundert noch als „stinknormaler Pieper" erstbeschrieben wurde, ist heute gefährdet. Hier aber profitiert der Baumpieper von dem Vegetationsmosaik und dem Nahrungsangebot, das Esel und Rinder mit ihrem jeweils unterschiedlichen Verbiss, Huftritt und Kot schaffen.

An der Kreuzung biegen wir links ab auf den Wolfsweg.

In der Linkskurve ist die alte, durchgewachsene Hainbuchenhecke zu erkennen, welche die Zufahrt zum ehemaligen landwirtschaftlichen Hof St. Christoph – heute ein Reitweg – noch markiert. Wegen des Baus des Zivilflughafens und entsprechender Flächenverluste benötigten die belgischen Streitkräfte zusätzliches Gelände und verdrängten so den Heidehof zu Anfang der 1960er Jahre.

Kein Ziegelstein steht dort mehr auf dem anderen, aber die Hudeeichen, die hier seit weit über hundert Jahren stehen, sind zu imposanter Größe gewachsen.

Der Begriff „Hudeeiche" leitet sich ab vom „Vieh hüten". Hude- oder Hutewälder sind das Ergebnis der Waldweide, einer traditionellen Nutzungsform, bei der Wälder durch jahrzehntelangen Verbiss der bäuerlichen Nutztiere einen lichten, unterholzfreien Charakter erhalten haben. Insbesondere Schweine, die früher von Oktober bis Dezember zur Eichelmast in die Eichenwälder getrieben wurden und die Samen der Bäume fraßen, aber auch andere Vieharten wie Ziegen, die junge Gehölze verbeißen und ihre Rinde schälen, gestalteten diesen parkartigen Bestand. Das Haus Wahn beispielsweise trieb 1757 etwa 500 Stück Vieh auf die Wahner Heide, die Linder Heide, die Elsdorfer Heide, die Wahner Stöck (heute alles Flughafen- bzw. DLR-Gelände) und in die Erdkaule.

In der zweiten Hälfte des 20. Jahrhunderts konnte der Hudewald-Charakter hier nur zufälligerweise durch Biwakierungen, die militärische Nutzung als zeitweiliger Zeltlagerplatz, erhalten werden.

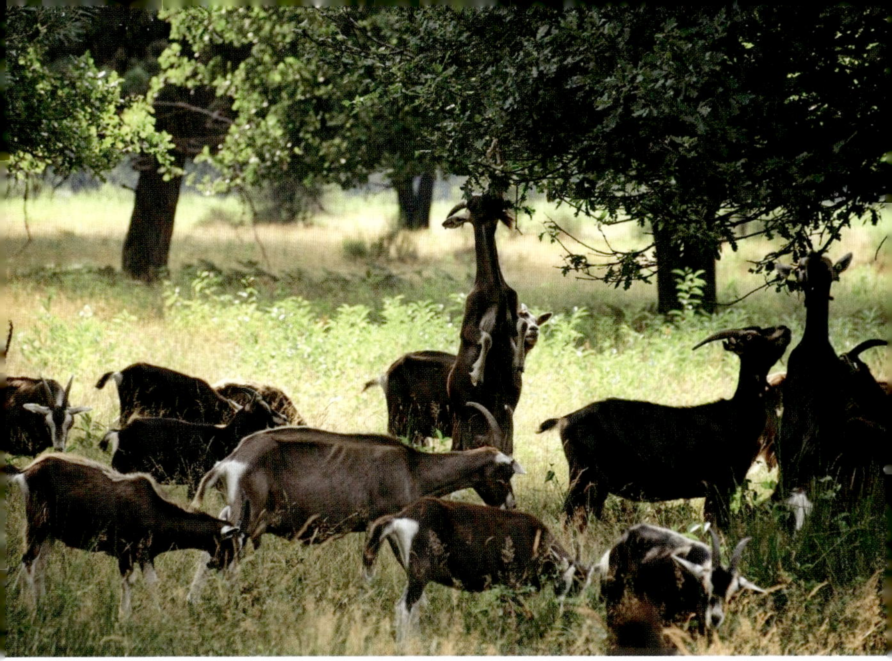

Ziegenherde im Hudewald

Seit Mitte der Neunziger haben Rinder und Ziegen Soldaten und ihre Fahrzeuge wieder abgelöst.

Heute weiß man, dass Hudewälder und unbewaldete Lebensräume auch ohne den Menschen Bestand hätten und ein natürliches Entwicklungsstadium der Landschaft darstellten. Was hier heute Ziegen und Rinder leisten, bewältigten bis ins Mittelalter hinein in ähnlicher Weise Pferd, Ur, Wisent und andere ausgerottete wilde Pflanzenfresser.

Nach ihnen, den großen Pflanzenfressern – von welchen uns nur der Rothirsch geblieben ist –, ist die Megaherbivoren-Theorie benannt. Sie besagt, dass Teile Mitteleuropas heute auch ohne menschlichen Einfluss, aufgrund der großen und artenreichen Bestände von Offenland bewohnenden Pflanzenfressern, waldfrei wären. Zumindest ist sicher, dass die Wälder natürlicherweise oft viel weniger Bäume enthalten würden, als sich dies ein Förster heute wünscht. Dass die Landschaft vielen dynamischen Prozessen unterworfen ist, bei welchen auch der Wald nur ein Stadium darstellt und vom Menschen ausgeschaltete Tierarten einmal eine tragende Rolle spielten, übersah man lange Zeit aufgrund mangelnder wissenschaftlicher Daten, und sicher auch wegen ökonomisch geprägter Ideologien.

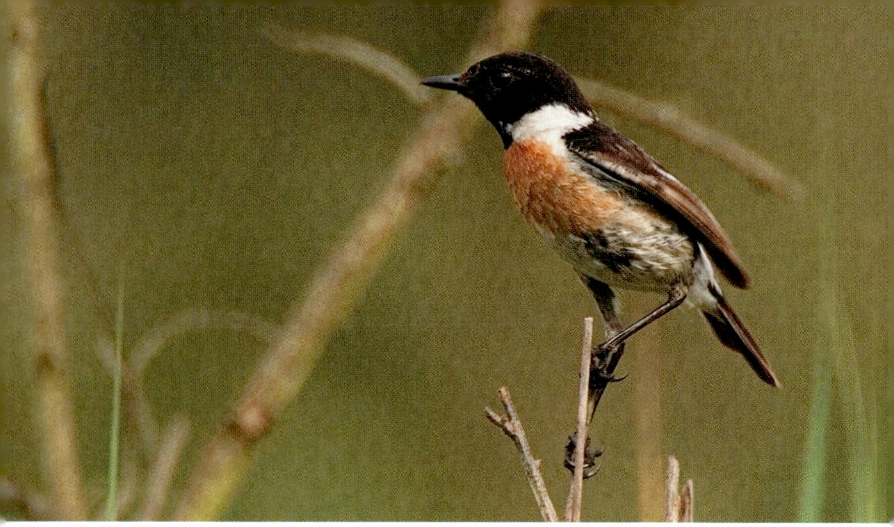

Schwarzkehlchenmännchen

Der Wolfsweg führt uns hinaus in die halboffene Heidelandschaft des **Geisterbusches**.

Wer einmal in Gegenden wie der Lüneburger Heide, in denen der Wacholder noch üppig gedeiht, in der Dämmerung oder im Morgennebel unterwegs gewesen ist, wird erahnen können, wie diese Flur zu ihrem Namen gekommen sein muss. Die mehrere Meter hohen „Gestalten" mit ihren individuell verzweigten Trieben wirken bei schwachem Licht wie Waldschrate oder andere schaurige Wesen. Wie umschrieb dies noch einer der wichtigsten Wahner-Heide-Schützer, **Dr. Hubert Iven** seinerzeit treffend: „…die wie Trupps stumm marschierender Krieger den nächtlichen Wanderer schrecken."

Hier erschreckt sich jetzt niemand mehr, denn der Wacholder ist im Geisterbusch seit langem ausgerottet. Und dennoch ist dieses Gebiet auch heute noch von großer ökologischer Bedeutung. Insbesondere einer Fülle seltener Vogelarten des Offenlandes dient das Heideareal als Refugium. Heidelerche *Lullula arborea*, Neuntöter *Lanius collurio*, **Schwarzkehlchen** *Saxicola torquata*, Feldschwirl *Locustella naevia*, Dorngrasmücke *Sylvia communis*, Wendehals *Jynx torquilla*, teilweise hochgradig gefährdete Arten können hier vom Wegesrand aus beobachtet werden.

Der Elektrozaun dient in erster Linie dazu, die Ziegen- und die Rinderherde, die hier für die Entwicklung von Heidebiotopen grasen und verbeißen, vor uneinsichtigen Hundehaltern zu schützen. Aber die Vögel, unter ihnen insbesondere die auf dem Boden

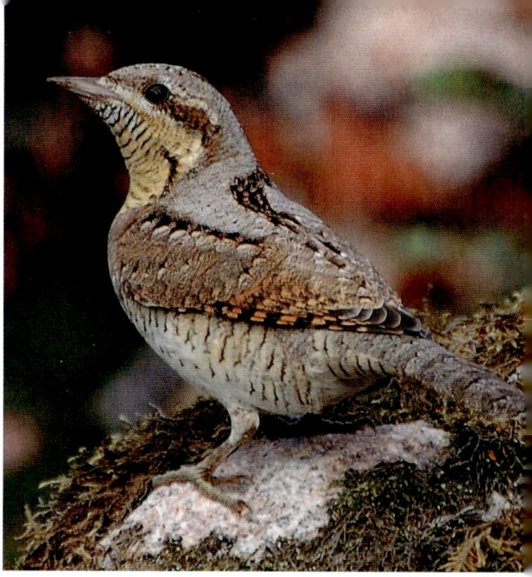
Wendehals

brütenden Arten, haben natürlich auch etwas davon.

Während diese Vögel heute zumindest hier in ihrem Brutgebiet strengsten Schutz genießen, galt die Kleinvogeljagd bis zu ihrem Verbot im Jahre 1908 auch in unserer Region als beliebte Form des Broterwerbs und des Zeitvertreibs. Wegen des für manchen erschwinglichen Pachtzinses, den die adligen Besitzer erhoben, war es auch die einzige Jagd, der das „gemeine Volk“ auf legalem Wege nachgehen konnte.

Krammetsvögeln, also den sechs in Mitteleuropa vorkommenden Drosselarten – keinesfalls nur der damals „Biemer“ genannten Wacholderdrossel *Turdus pilaris* – wurde hier während des Herbst- und des Frühjahrszuges in so genannten Vogelherden aufgelauert. Häufig wurden diese Vogelherde – wie auch hier im Bereich des Geisterbusches im 18. und 19. Jahrhundert, als er zum Urbacher Gemeindebesitz und zum Elsdorfer Kapitelshof gehörte – in Wacholderbeständen angelegt. Alle Drosselarten haben nämlich eine Vorliebe für Wacholderbeeren, die eigentlich Zapfen sind, und praktischerweise führte genau diese Vorliebe zu dem würzigen Geschmack, den man bei den Krammetsvögeln am meisten schätzte.

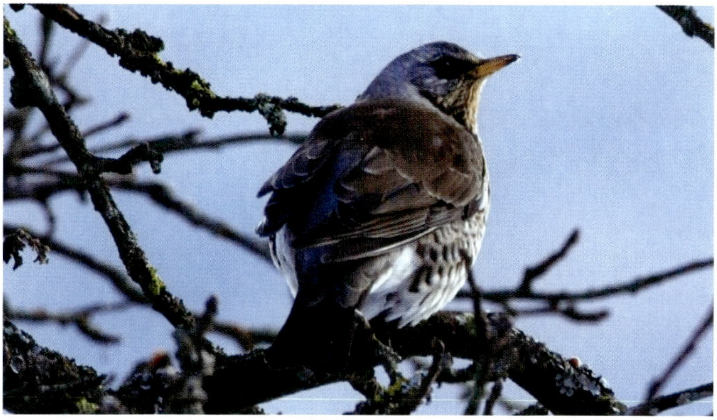
Wacholderdrossel

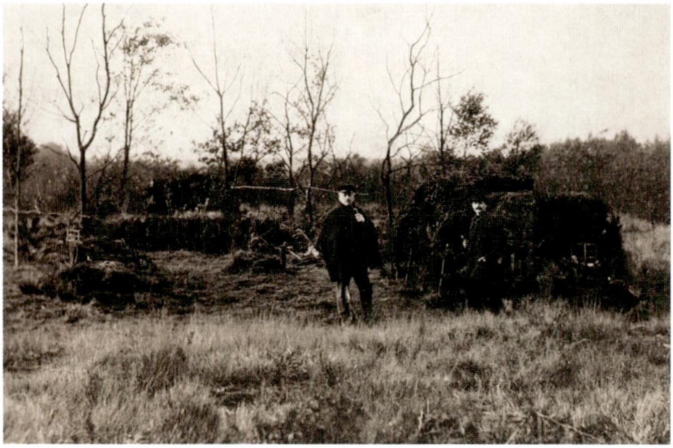

Vogelfänger am Vogelherd

Vor Sonnenaufgang zogen die Vogeljäger auf die Heide, um eine kleine Freifläche mit Wacholderbeeren zu bestücken, Lockvögel anzubinden oder deren Käfige aufzustellen, und die Fangnetze zu präparieren. Der Vogelfänger versteckte sich in einem selbst erbauten, mit Ginster gut getarnten Verschlag und wartete, bis sich ein Drosseltrupp in seiner Reichweite niederließ. Dann riss er an der Leine, die das Netz zuzog, stürmte aus seinem Versteck und drückte den zappelnden Vögeln der Reihe nach die kleinen Schädel ein. An guten Tagen konnte ein Fänger 60 bis 80 Tiere erbeuten, an schlechten Tagen gar keines. Als Gebund, sprich im „Viererpack“ wurden Ring-, Sing-, Rot-, Schwarz-, Wacholder- und Misteldrossel unter anderem auf den Märkten in Köln verkauft.

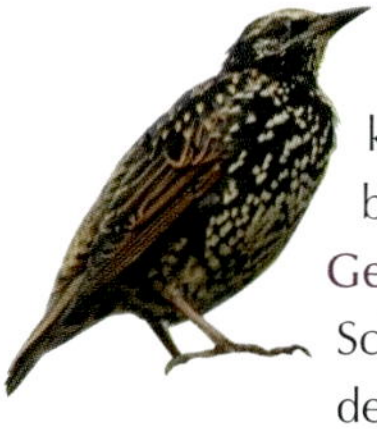

Star

Sicher wird auch der ein oder andere Star *Sturnus vulgaris* dabei gewesen sein. Auch der Fang von den wenige Zentimeter kleineren Lerchen ist dokumentiert. Alles, was kleiner war, ist zumindest für Verzehr und Verkauf einfach unlukrativ gewesen. Genauso wie die Jagd zur Brutzeit, weil die Tiere dann nur einzeln oder paarweise auftreten und sich das frühe Aufstehen nicht gelohnt hätte.

Um die Vorlieben unserer Vorfahren einordnen zu können, muss man sie mit jenen der heutigen Jäger vergleichen. Obwohl das Rebhuhn *Perdix perdix* – im Geisterbusch übrigens seit den 1970er Jahren verschwunden – in Nordrhein-Westfalen seit 1996 als in seinem Bestand stark gefährdet eingestuft ist, schossen Jäger allein in diesem Land in dem Jagdjahr 2008/2009 450 Exemplare

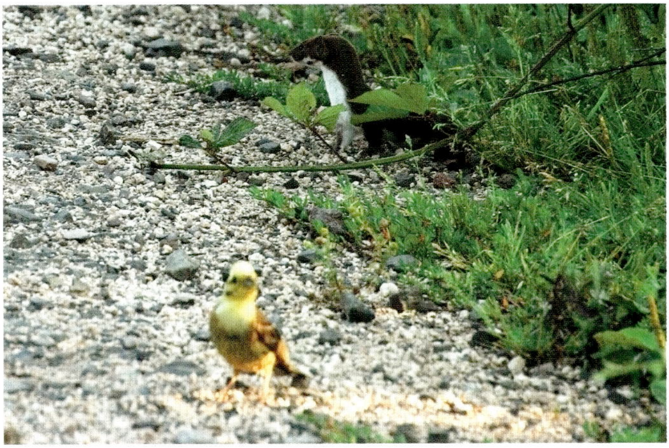

Goldammer stellt sich verletzt, um ein Mauswiesel vom Nest abzulenken

dieser Art – die nicht gemeldeten Abschüsse selbstredend nicht eingerechnet. Mittlerweile gibt es zwar eine ganzjährige Schonzeit, doch die kam zu spät: die Bestände nehmen weiter ab.

Ebenso wie die heutige Jagd stellte der damalige Singvogelfang eher eine Freizeitbeschäftigung dar. Diverse Finkenarten, unter anderem **Blotfinke** – gemeint sind Bluthänflinge *Carduelis cannabina*, die damals noch zahlreich in den Wacholderheiden brüteten – aber auch Nachtigallen *Luscinia megarhynchos* wurden gerne von Kindern und Jugendlichen als singende Haustiere gehalten. Dafür wurden allerdings nicht die Altvögel gefangen, sondern deren Nester aufgespürt und ausgehoben. Bereits 1781 hatte die Herzoglich-Bergische Regierung den **Nachtigallenfang** unter Androhung einer Geldstrafe von zehn Reichstalern oder einer Prügelstrafe untersagt. Nachtigallen brüten im Geisterbusch seit den 1990ern nicht mehr, dafür aber nach wie vor einige Hänflingspaare.

Der Wolfsweg führt uns auf die Alte Kölner Straße. Auf der gegenüberliegenden Straßenseite verspricht ein schmaler Waldpfad willkommene Abwechslung zu den bisher recht breiten Sandpisten, doch führt uns dieser an den großen grünen Zaun des **Flughafengeländes**. Diesem folgen wir nach links.

Das erste Flugzeug landete 1913 in der Wahner Heide. Aber erst ab 1938 bestand auf dem Truppenübungsplatz ein nennenswerter

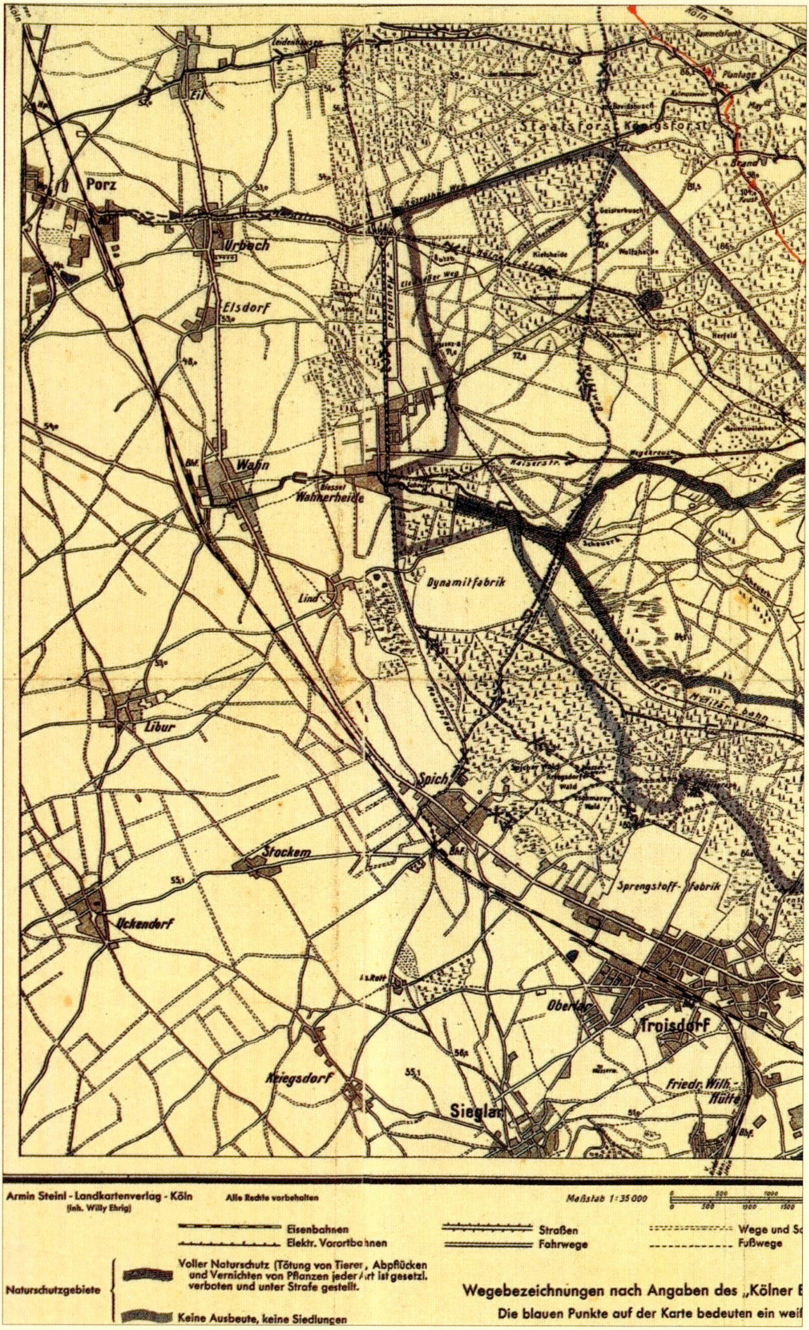
Eil
Porz
Urbach
Elsdorf
Staatsforst Königsforst
Wahn
Wahnerheide
Dynamitfabrik
Lind
Libur
Spich
Stockem
Uckendorf
Sprengstoff-fabrik
Oberlar
Troisdorf
Kriegsdorf
Friedr. Wilh.-Hütte
Sieglar
Armin Steinl - Landkartenverlag - Köln
(Inh. Willy Ehrig)
Alle Rechte vorbehalten
Maßstab 1:35 000
Eisenbahnen
Elektr. Vorortbahnen
Straßen
Fahrwege
Wege und S
Fußwege
Naturschutzgebiete
Voller Naturschutz (Tötung von Tieren, Abpflücken und Vernichten von Pflanzen jeder Art ist gesetzl. verboten und unter Strafe gestellt.
Keine Ausbeute, keine Siedlungen
Wegebezeichnungen nach Angaben des „Kölner E
Die blauen Punkte auf der Karte bedeuten ein weiß

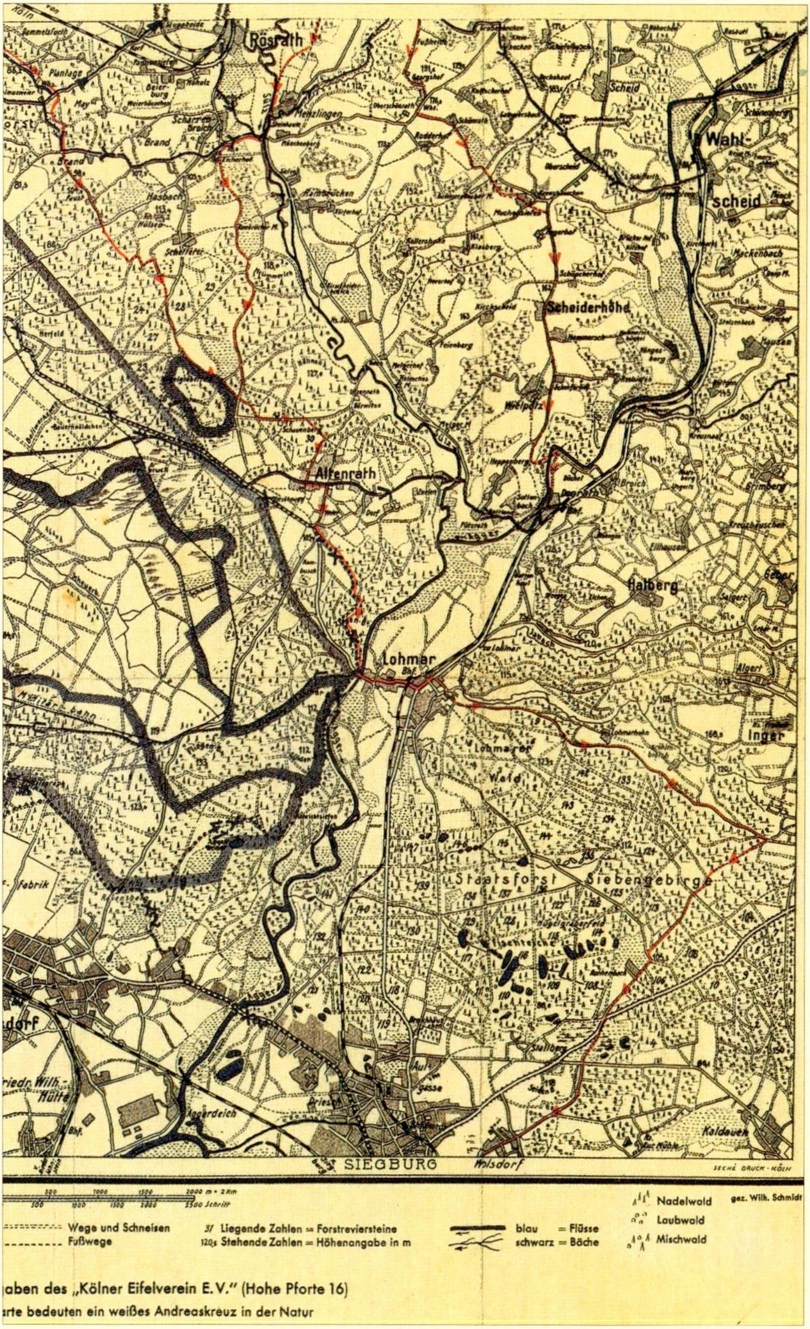

Wanderkarte des Kölner Eifelvereins von 1931/32 mit der ersten Naturschutzgebiets-Abgrenzung • Historisches Archiv Köln

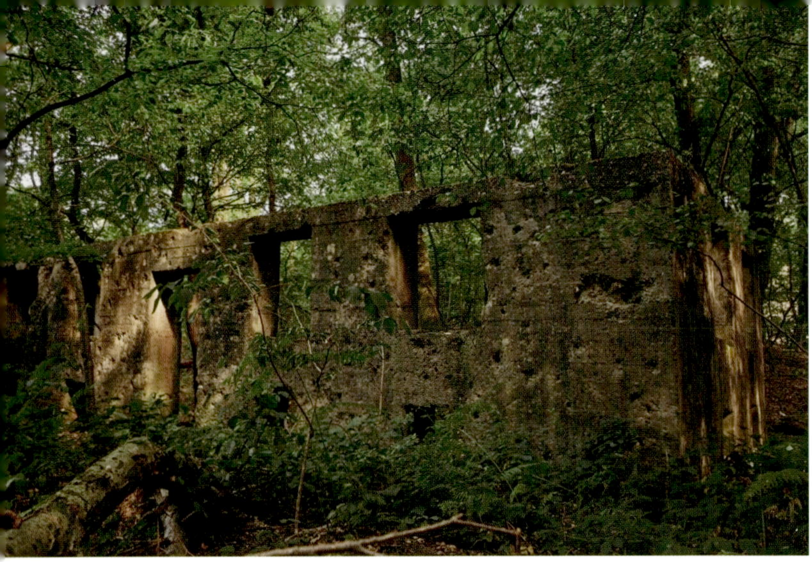

Ruine vor dem Radarturm in der Erdkaule

Feldflughafen, der nach dem Zweiten Weltkrieg durch die Royal Air Force zu einer Militärbasis ausgebaut wurde.

Am 12.12.1958 genehmigte der Landesverkehrsminister mit zehn Zeilen den Ausbauplan für einen zivilen Verkehrsflughafen in der Wahner Heide, den er „Rhein-Ruhr-Flughafen" nannte – so hieß später der in Düsseldorf!

Von 1959 bis 1961 wurde die Große Parallelbahn auf einer Länge von 3,8 Kilometer in die Heide gebaut – der bis dato größte und folgenschwerste Eingriff in der Geschichte der Wahner Heide. Zeitzeuge Günter Käding aus Hasbach erinnert sich: „Da hat man mit den vier größten Landmaschinen, die es damals auf der Welt gab – das waren so richtige Böschungshobel – die Erde platt gemacht, den Torf rausgeholt…".

Dass das Zentrum der Wahner Heide in einer Größe von über 2.500 ha seit 1931 – dank des Engagements hervorragender Naturforscher wie Albert Schumacher und Hubert Iven – unter Naturschutz stand, interessierte keinen der Entscheidungsträger. Erst 1968 wurde das Naturschutzgebiet von Neuem in gleicher Größenordnung festgesetzt, seine Grenze nachträglich um das neu entstandene Flughafengelände herum gelegt – bis auf 71 Hektar.

Den entscheidenden Beitrag dazu lieferte 1966 das vom Regierungspräsidenten bestellte ökologische „Gutachten zur Frage der weiteren Schutzwürdigkeit des Naturschutzgebiets Wahner Heide" von Erz, Zimmermann und Schumacher. Den Naturschutzgebietsteil auf dem Flughafengelände, der – wie alle Gutachten aus

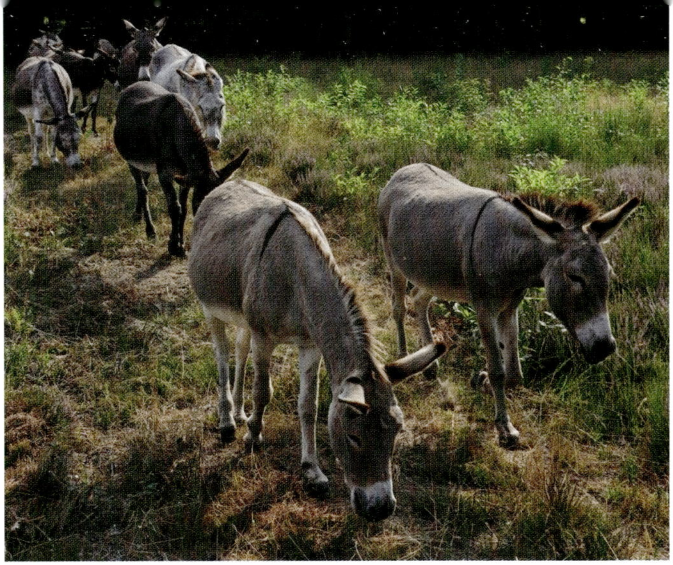

Esel durchstreifen den Geisterbusch

den 1990ern übereinstimmend belegen – nach wie vor zum wertvollsten Kernstück der Landschaft gehört und dennoch bisher nicht als EU-Schutzgebiet nach Brüssel gemeldet worden ist, hoben, bis auf die Fraktion von Bündnis 90/Die Grünen um ihren Sprecher Horst Becker, sämtliche Regionalratspolitiker im Dezember 2003 kurzerhand als Bereich zum Schutze der Natur auf.

Ein Blick durch den Zaun lässt erahnen, warum die Wahner Heide innerhalb des Flughafenzaunes nach wie vor so wertvoll ist. Mehr als die Hälfte des Geländes ist bisher nicht bebaut und besteht aus seltenen Heiden und Magerrasen. Die regelmäßigen Mäharbeiten, die aus Sicherheitsgründen durchgeführt werden müssen, erwiesen sich für einige bedrohte Arten als vorteilhaft.

Im 90-Gradwinkel stößt die Verlängerung des Brandwegs auf den Flughafenzaun und führt uns über die Alte Kölner Straße.

Auf dem Brandweg passiert man zur Linken die Eichen- und Kiefern-Hudewälder des Geisterbusches, und zur Rechten die heute bewaldete Wolfsheide.

Wölfe sind hier leider im 18. Jahrhundert ausgerottet worden, aber offene Heide hatte hier noch bis in die Mitte des 20. Jahrhunderts hinein Bestand. Aufgrund der Aufgabe der traditionellen Landwirtschaft sowie dem hier fehlenden Bedarf, das Gebiet aus militärischen Gründen offen zu halten, wuchs von selbst ein Vorwald aus schnellwüchsigen, dafür aber kurzlebigen Pionierbaumarten

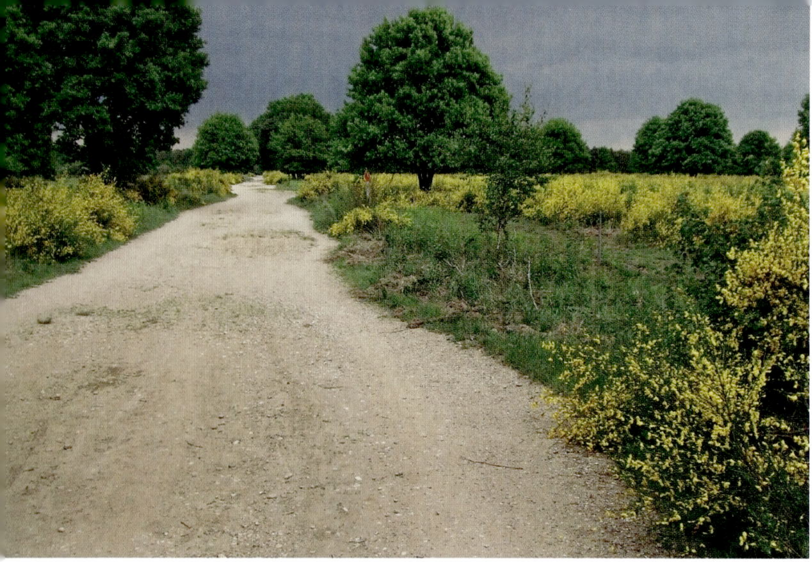

„November" im Mai

wie Birken, Erlen und Espen auf. Ein Vorwald ist sozusagen das „jugendliche" Stadium eines Waldes.

In der letzten Hälfte des 20. Jahrhunderts erwuchs aus solchen Bewaldungen ein Problem, weil sie sich auf mehreren hundert Hektar gleichzeitig vollzogen und dort die artenreiche und seltene Flora und Fauna der Heiden verdrängten. In der Wahner Heide aber muss – und konnte auch in der Vergangenheit – Platz sein für all diese unterschiedlichen Lebensräume.

Nachdem wir die Große Brandschneise, diese vom preußischen Militär erbaute Piste, die die Belgier „November" nannten, überschritten haben, sind wir „**Unter der dicken Hecke**". Das Feuchtgebiet mit seinen zahllosen Weidengebüschen verdient heute wahrlich seinen alten Flurnamen. Es ist aber noch keine vierzig Jahre her, als hier Bekassinen, Kiebitze und Braunkehlchen eine große Feuchtwiese bevölkerten. Jetzt sind es eben **Neuntöter**, die dieses Gelände in kaum zu übertreffender Populationsdichte besiedeln. Dieser lerchengroße Singvogel, dessen Zweitname „Rotrückenwürger" nicht weniger brachialisch klingt, macht hier Jagd auf die zahllosen Großinsekten. Mistkäfer, Heidelibellen oder Heidekrauteulchen spießt er, wenn er seinen akuten Hunger gerade gestillt weiß, in Brombeergebüschen auf. Das brachte ihm diese unsympathischen Namen ein.

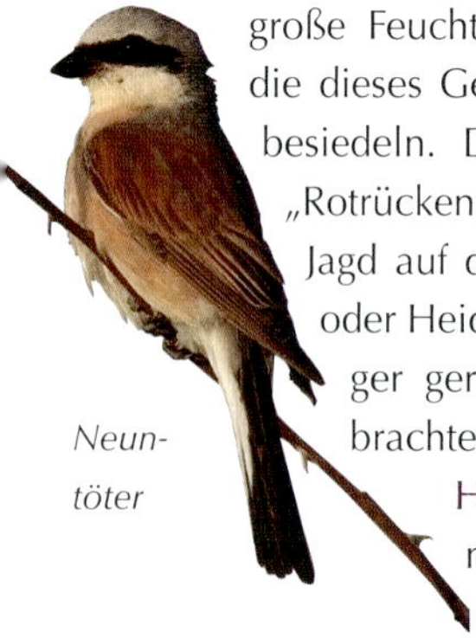

Neuntöter

Heidekrauteulchen *Anarta myrtilli* sind übrigens keine Vögel, sondern tagaktive Eulenfalter, Vertreter einer hauptsächlich nachtaktiven Schmetterlingsfamilie.

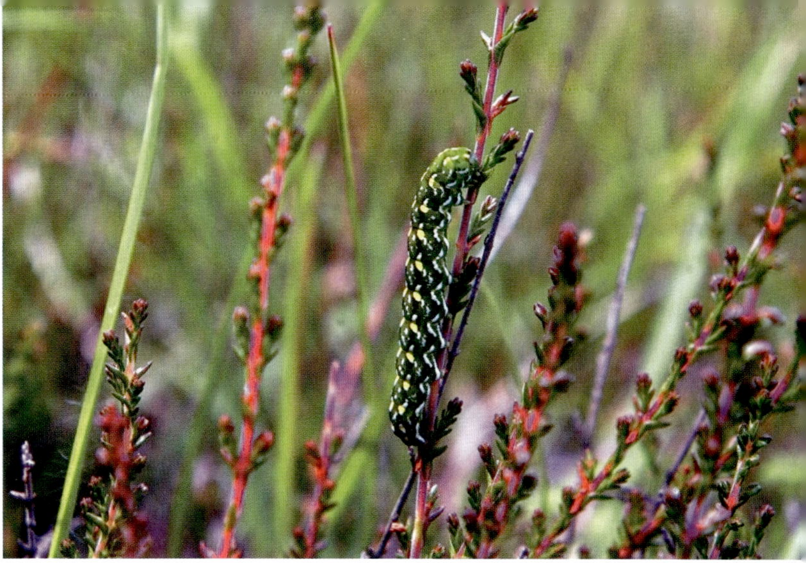

Raupe der Heidekraut-Eule an der Futterpflanze

Die in Nordrhein-Westfalen gefährdeten Heidekrauteulchen sind im Sommer bei gutem Wetter oft zahlreich in großflächigen Heidekrautbeständen zu beobachten. Die Besenheide ist bei uns die einzige Futterpflanze ihrer Raupen.

Im Winter, wenn der Neuntöter aufgrund seiner Ernährungsweise – die Heidekrauteule beispielsweise existiert dann nicht als Schmetterling, sondern nur als in der Heidestreu verborgene Puppe – ins Afrika südlich der Sahara ziehen muss, wird er hier durch einen nahen Verwandten mit einem noch gefährlicher klingenden Namen abgelöst: Durch den Raubwürger. Weil er sich Kleinvögel und -säuger als Beute erschließen konnte, muss er nicht so weit ziehen. Von Oktober bis Februar lauern die amselgroßen, schwarzweiß gefärbten Vögel gut erkennbar auf Baum- und Buschspitzen auf vorbei fliegende Ammern, Meisen oder Pieper.

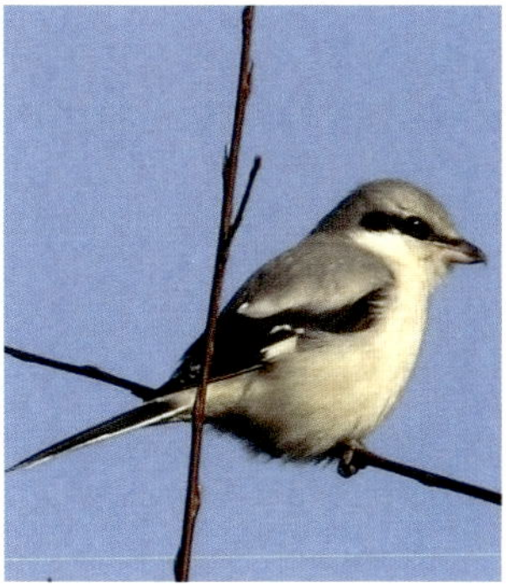

Raubwürger

Zu hundert Prozent gebunden an den hier zahlreich vorkommenden Besenginster *Cytisus scoparius* ist der Ginsterwürger *Orobanche rapum-genistae*. Der ist jedoch kein Vogel, sondern eine Pflanze, ein chlorophyllfreier Vollschmarotzer seiner Wirtsart. Deswegen sieht die blühende Pflanze auch ein bisschen so aus

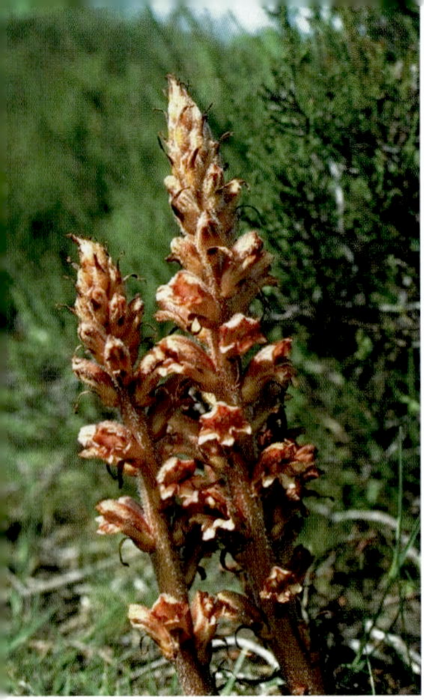

Schmarotzender Würger: Die Ginster-Sommerwurz

wie eine Jahrzehnte in Alkohol eingelegte Orchidee. Die in Nordrhein-Westfalen als gefährdet eingestufte Art hat aber im Gegensatz zu den fliegenden Würgern einen schönen Zweitnamen, nämlich Ginster-Sommerwurz.

Der Brandweg führt bergauf, entlang des Busenberghangs.

Auch wenn man angesichts dieses Namens vielleicht eine andere Hügelform erwarten könnte: Die Aussicht vom **Busenberg**, dieser ersten Anhöhe des Rheinischen Schiefergebirges, hinein in die 30-40 Meter tiefer gelegene Kölner Bucht enttäuscht überhaupt nicht.

Die ehemalige Panzerschneise ist seit 1997 die Brander Viehtrift für einen **Ziegenhof** sowie für die Rinder und Esel des Glanhofs. Das Glanrind – benannt nach dem Fluss im Nordpfälzer Bergland – ist eine alte, vom Aussterben bedrohte Nutztierrasse. Im Gegensatz zu vielen „modernen" Rinderrassen kommen die Glanrinder mit dem nicht sehr üppigen Futterangebot der Heide gut zurecht.

Die Kosten der Beweidung werden auch durch die Vermarktung des Fleisches und Gelder des Flughafen Köln/Bonn getragen. Dieser ist gesetzlich verpflichtet, für erfolgte Eingriffe in die Wahner Heide **Kompensation** zu erbringen. Als Ausgleich für Heideflächen, die an anderer Stelle durch Baumaßnahmen des Flughafens zerstört wurden, sollen traditionelle Landwirtschaftsformen wie diese Beweidung wieder eingesetzt werden, ohne welche die Heide nicht erhalten werden kann. Auf diese Weise versucht man, den durch den Flughafenausbau entstandenen Schaden wieder wettzumachen.

Geradeaus gelangen wir zu einem Parkplatz und folgen der asphaltierten Brander Straße nach rechts. Bitte fortan wieder auf PKW Acht geben!.

Vorbei am berühmten Ausflugslokal „Bambi" und durch das ehemals wilde Gewerbegebiet – in Rösrath als „wilder Westen" noch

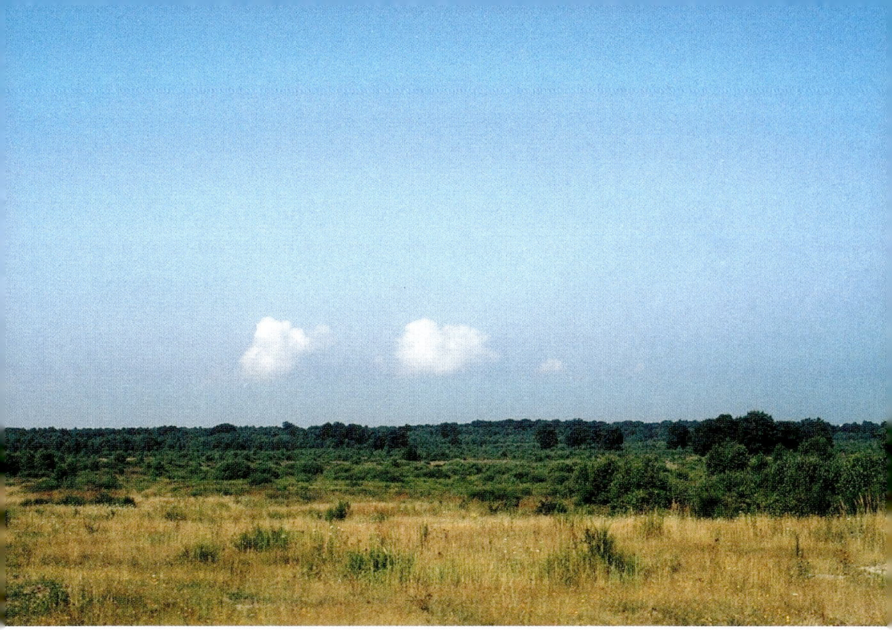

Ausblick vom Busenberg 1995

berüchtigt –, aber auch entlang von Wäldern und Weiden gelangen wir ins Kammerbroich.

Wir biegen links ab in das Sträßchen „Kammerbroich" und gelangen so zum Turmhof.

Am 1. Mai 2012 wurde das Naturschutzzentrum Turmhof feierlich eröffnet. Seitdem können hier die Ausstellung „Landschaft im Wechselspiel der Kräfte" und die Heidebibliothek besucht werden. Im Hofladen bekommt man von Glanrindfleisch und Heidehonig bis hin zu Wanderkarten und Veranstaltungsprogramm alles, was das Heideherz begehrt.

In der Station der Bergischen Greifvogelhilfe werden verletzte Tiere gesund gepflegt. Ihre natürliche Scheu sollen sie behalten, deswegen ist bestenfalls ein flüchtiger Blick durch den Zaun möglich.

Wir folgen weiter dem Kammerbroich und stoßen so auf unseren Ausgangspunkt.

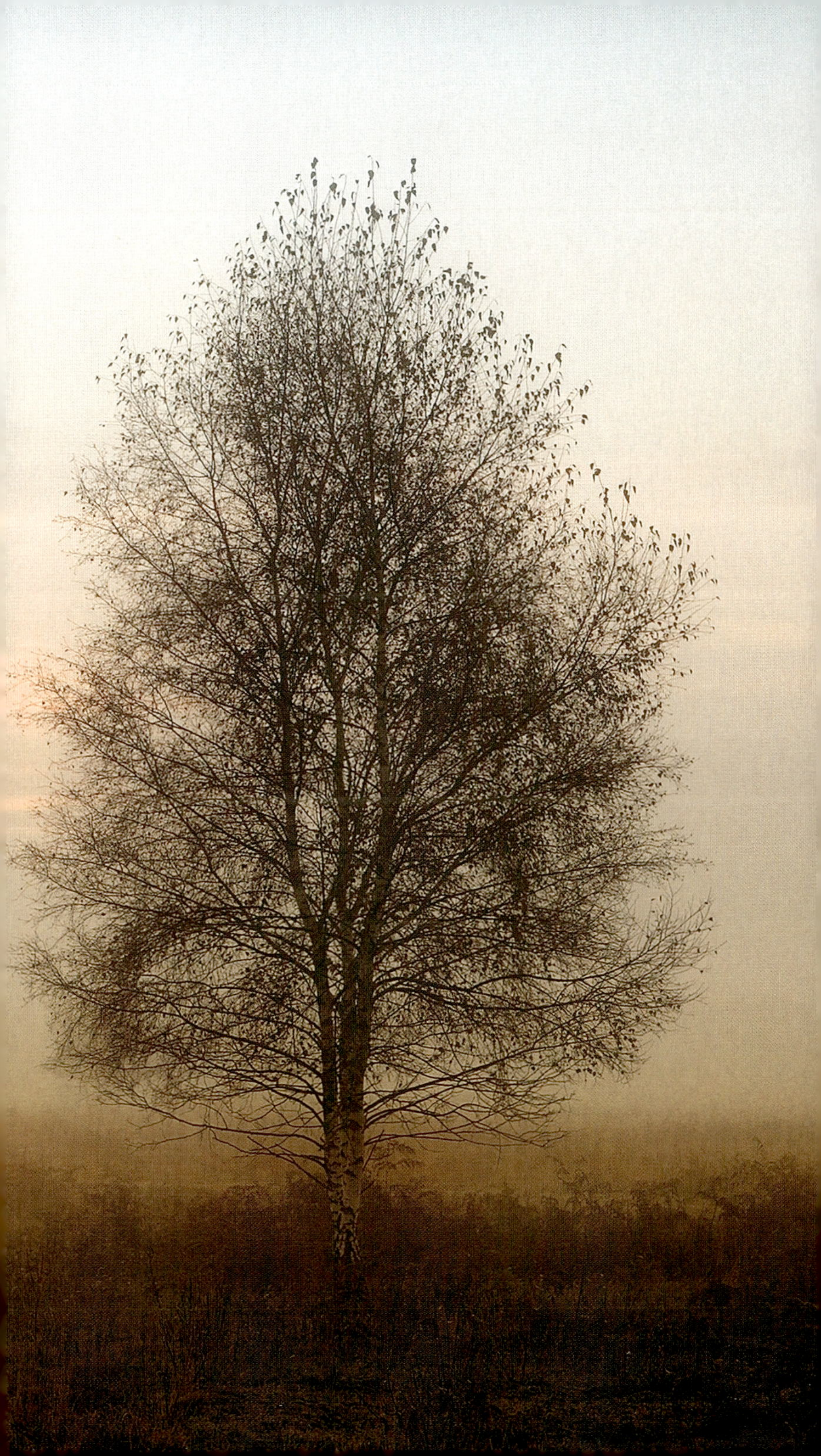

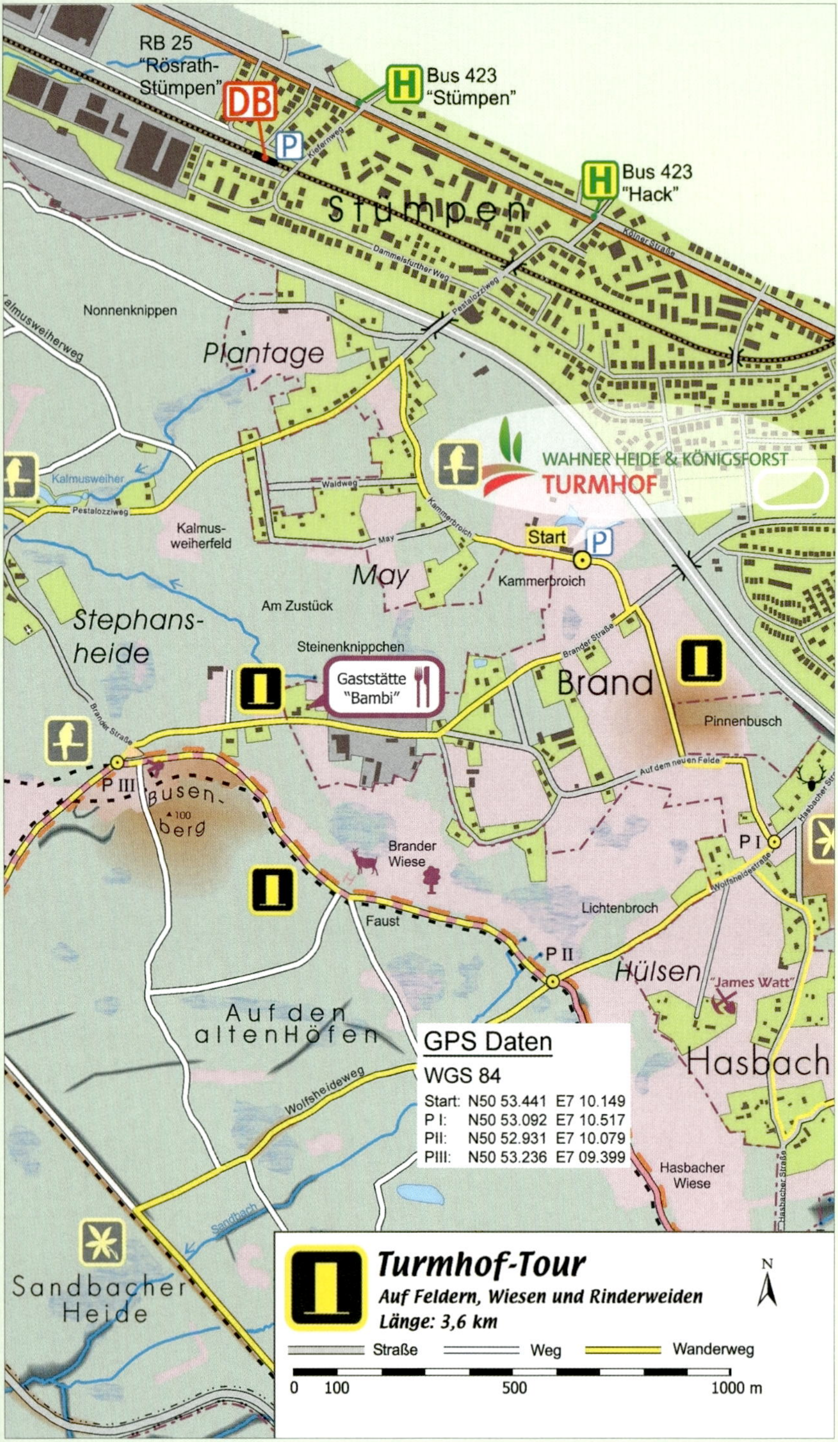

GPS Daten

WGS 84

Start:	N50 53.441	E7 10.149
P I:	N50 53.092	E7 10.517
PII:	N50 52.931	E7 10.079
PIII:	N50 53.236	E7 09.399

Turmhof-Tour

Auf Feldern, Wiesen und Rinderweiden

Länge: 3,6 km

Straße — Weg — Wanderweg

0 100 500 1000 m

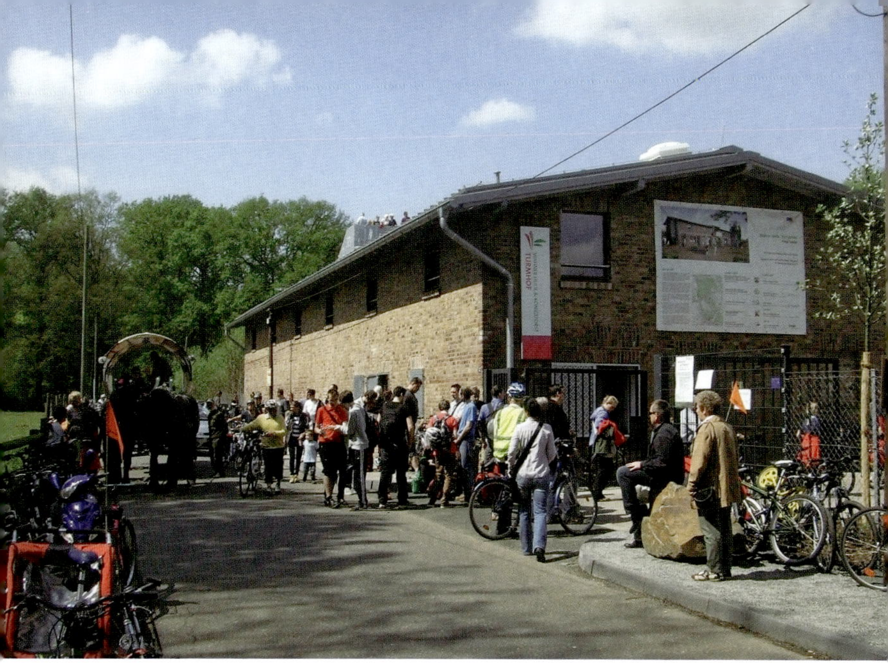

Seit seiner Eröffnung 2012 ist der Turmhof eine beliebte Anlaufstelle

Turmhof Tour

Strecke: 3,6 km • Wegezeichen: Turm

Auf Feldern, Wiesen und Rinderweiden

Die Geschichte des Turmhofs ist so wechselvoll wie die der gesamten Wahner Heide. Der ursprüngliche Standort des hier einst größten landwirtschaftlichen Hofs befand sich neben dem heutigen Deutschen Zentrum für Luft- und Raumfahrt in Porz-Lind. Sein Name entstand aufgrund der Nachbarschaft zu dem Wasserturm auf der Linder Höhe.

Wegen der Wiedereinrichtung des Truppenübungsplatzes zu Beginn des Zweiten Weltkriegs musste Besitzer Eichholz seinen Hof auf den heutigen Standort verlagern und „importierte" damit auch den Namen. Zu dem Gut zählten seinerzeit nicht nur das heutige Naturschutzzentrum, sondern auch umliegende Wälder, Weiden und das westlich anschließende Wohnhaus. Einen Turm gab es allerdings nie.

Als die Übungen der belgischen Streitkräfte eine landwirtschaftliche Nutzung nicht mehr zuließen, gelangte der Turmhof in den 1960er Jahren ins Eigentum der Bundesrepublik Deutschland. Diese verpachtete das Gelände bis 2010 unter anderem an eine private Auto-Werkstatt und eine Dachdecker-Firma.

Im Rahmen des Regionale-2010-Projekts „Wahner Heide – Königsforst“ wurde das Areal vom Rheinisch-Bergischen Kreis gekauft und zu einem Naturschutzzentrum umgebaut. Dabei kam der Turmhof erstmalig zu einem Turm, um über einen Aufzug einen barrierefreien Zugang zum Obergeschoss zu ermöglichen. Die Eröffnung für den Besucherverkehr fand am 1. Mai 2012 statt.

Vom Turmhof ausgehend folgen wir der Straße Kammerbroich erstmal nach links und gelangen so schnell zum Ausgangspunkt an der Kreuzung mit der Brander Straße. Für uns geht es dann geradeaus hoch auf den Feldweg.

Eine junge Allee aus Eichen und Obstbäumen flankiert den Feldweg, der durch großflächige Mähwiesen führt. Hier wird Heu und damit „Winterfutter“ für die Weidetiere der Wahner Heide gemacht.

Hinter der Straße, auf die wir gleich treffen, schließen Weiden an, auf welchen Limousin-Rinder grasen. Sie haben eine ähnliche Färbung wie die Glanrinder, sind aber eine vergleichsweise „moderne“, aus Frankreich stammende Fleischrinderrasse.

Der Feldweg endet am asphaltierten „Auf dem neuen Felde“, dem wir nach links folgen. An einer T-Kreuzung geht es dann

Brombeeren haben vielfach Heidekraut und Fingerhut vertrieben

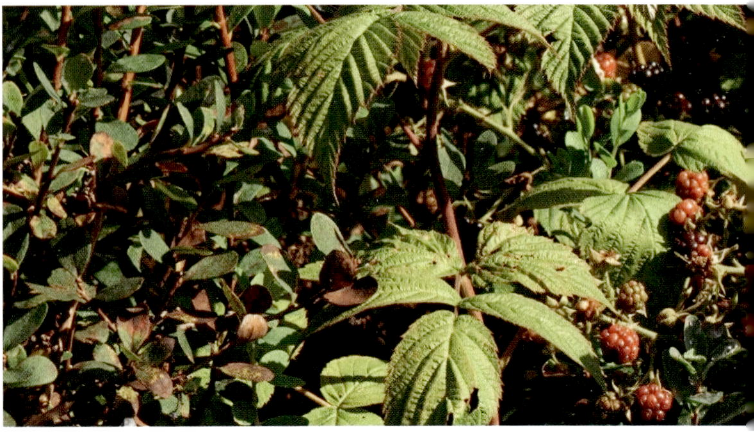

rechts auf den Wolfsheideweg.
Unmittelbar nachdem wir die ehemalige Panzertrasse, die heute eine Koppel von Glanrindern und Wasserbüffeln ist, durchquert haben, geht es an der folgenden Kreuzung rechts.

Zuerst im Wald angelangt lichtet sich die Landschaft schnell wieder, und so gelangen wir zuerst an eine kleine Windwurffläche auf der linken Wegseite. Ein Sturm hatte die hier angebauten Fichten umgeworfen. Es entstand eine natürliche Lichtung, die sich nun langsam wieder bewaldet.

Heidekraut und Roter Fingerhut, welche die neue Lichtung zuerst besiedelt hatten, sind bereits wieder Landreitgras, Adlerfarn und Brombeeren gewichen. Nur der Besenginster hat Dank seiner Größe bislang „durchgehalten". Doch in den kommenden Jahren dürften sie alle erst einmal wieder der zunehmenden Lichtkonkurrenz der bereits eingewanderten Birken, Buchen und Eichen unterliegen.

Auf der gegenüberliegenden Wegseite öffnet sich die Brander Wiese, eine ehemalige Panzertrasse mit der alten, weithin sichtbaren Solitärbuche. Hier weiden heute u.a. die auf uns oft noch exotisch wirkenden Wasserbüffel. Man denkt zuerst an Thailand oder vielleicht noch an den italienischen, aus Büffelmilch hergestellten Mozzarella. Dabei kamen die Büffel in der letzten Zwischeneiszeit vor über 100 000 Jahren auch in Mitteleuropa vor und kommen Dank ihres dichten Fells mit unseren winterlichen Temperaturen

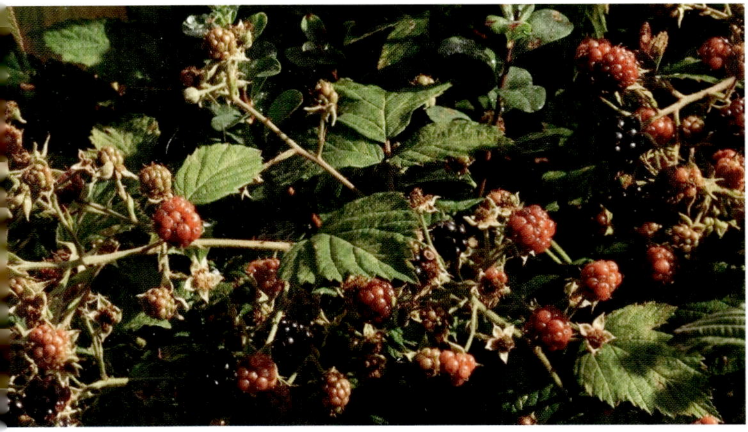

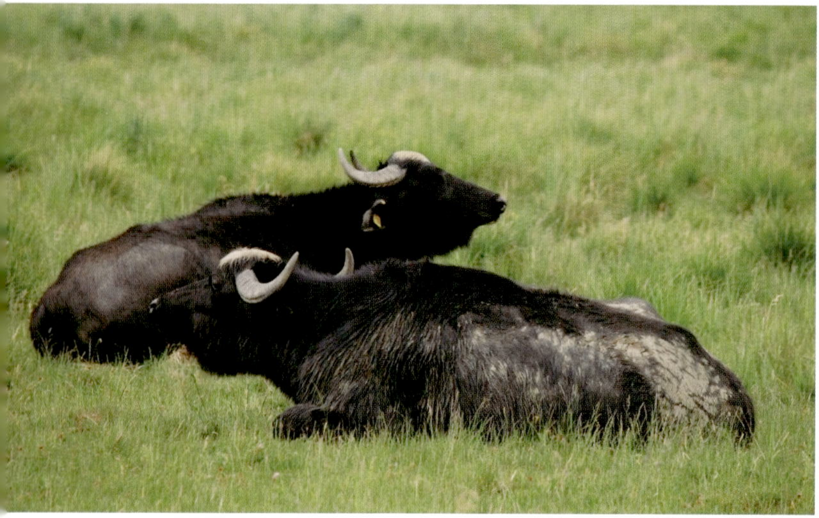

Wasserbüffel

bestens zurecht. Sie haben ein breiteres Nahrungsspektrum als die vom Auerochsen abstammenden Hausrinder, fressen z.B. auch Rinde und Binsen. Außerdem besitzen sie kaum Schweißdrüsen, sodass sie Wasser zur Abkühlung benötigen. Bei dem Wasser- und Schlammbad schaffen sie immer wieder feuchte und nasse Rohbodenstellen, die für zahlreiche Tier- und Pflanzenarten von wesentlicher Bedeutung sind.

Auch ein wilder Paarhufer stattet der „Panzertrassenweide" auf der Suche nach im Boden verborgenen Insektenlarven Besuche ab: das Wildschwein. Was auf uns wie Verwüstung wirkt, ist tatsächlich ökologisch unentbehrlich. Denn durch ihre Wühltätigkeit schaffen Schweine, auf nassen wie auf trockenen Böden, immer wieder neue Bodenverletzungen. Ohne diese unbewachsenen Stellen würde hier beispielsweise kein Ginster und auch keine Wilde Möhre mehr keimen können.

Die ehemalige Panzertrasse und heutige Viehtrift quert nun unseren Wanderweg. Auf dieser Höhe erkennt man auch vom Wegesrand aus die Silhouette Kölns. Wer mehr sehen möchte, kann entlang der roten Pfähle einen kurzen Abstecher zur Aussichtsstelle auf dem 100 Meter hohen Busenberg wagen. Denn hier gelingt ein Ausblick hinein in die Kölner Bucht.

Rund 30 Meter tiefer breitet sich der Geisterbusch aus, durch den wir eben gewandert waren. Er erstreckt sich über die Mittelterrasse

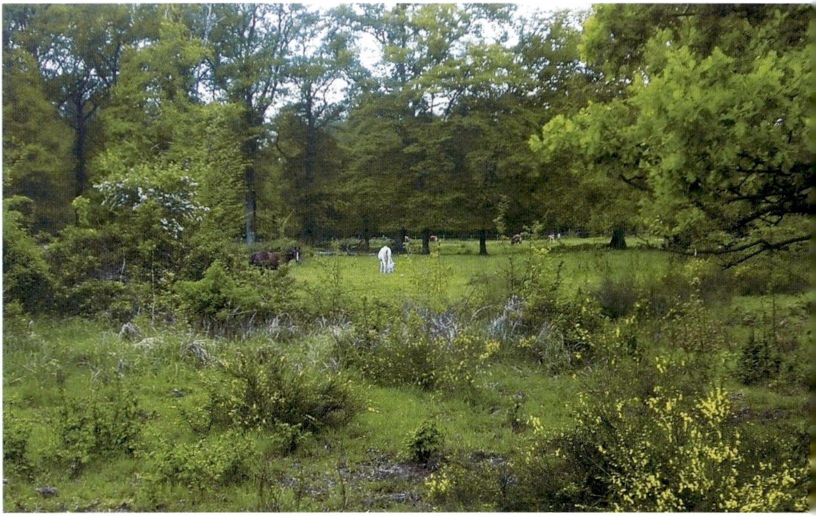

Koppel im Hudewald

des Rheins, auf welcher der Strom vor einigen hundert tausend Jahren floss. Das heutige Stadtgebiet Kölns dagegen liegt noch einmal 10 Meter tiefer, auf der Niederterrasse. Diese würde der Rhein auch heute noch bei Hochwasser stellenweise fluten, wenn man ihn ließe. Die Hauptterrasse, die älteste der Rheinablagerungen, wäre hier oben auf dem Busenberg zu erwarten. Allerdings ist sie an unserem Standort im Laufe der vielen Jahrtausende weg geweht und gespült worden.

Diese vor allem sandigen und kiesigen Sedimente der Mittel- und Hauptterrasse sind das nährstoffarme Ausgangsgestein, das die Vegetation des Naturraums Bergische Heideterrasse prägt und vom Umland unterscheidet.

Die erste Möglichkeit rechts abzubiegen nutzen wir, um auf die Brander Straße zu kommen, der wir nach rechts folgen. Die Brander Straße führt uns geradewegs zum Ausgangspunkt zurück.

Ein äußerst abwechslungsreiches, manchmal skurriles Bild bietet sich dem Wanderer entlang der Brander Straße. Wir starten an einer Obstweide, wo ausrangierte Altglascontainer als Unterschlupf für Schafe eine sinnvolle Wiederverwertung erfahren haben. Im Folgenden wechseln sich Wald und Pferdeweiden mit Hausgärten,

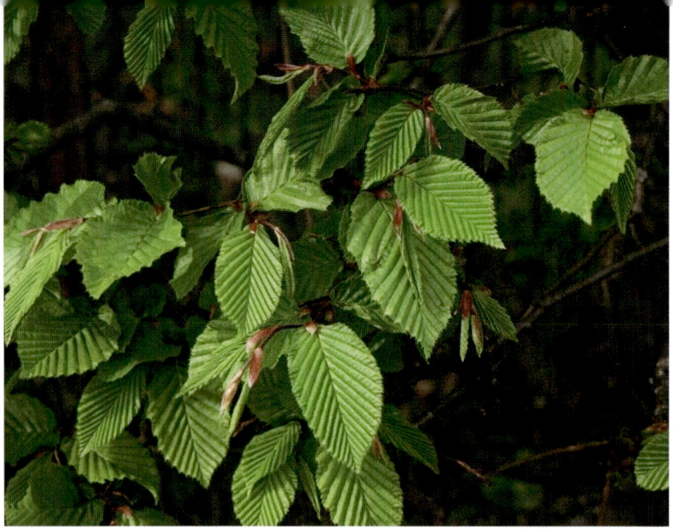

Im Schutz der wehrhaften Brombeeren können auch Hainbuchen wachsen

Gewerbeflächen und –brachen ab. Zwischendrin liegen die wegen ihrer überdimensionalen Koteletts legendäre Ausflugsgaststätte „Zum Bambi“ und die „KuWaHei“, die Kunsthalle Wahner Heide. Im „wilden Westen“, wie die Rösrather den Stadtteil diesseits der Autobahn 3 liebevoll nennen, ist Vieles anders - und auch dynamischer als anderswo.

Im Schatten des Militärs und abseits geregelter Stadtplanung bewahrte sich Einiges und fand gleichzeitig Anderes den nötigen Freiraum. Wir werden gerade Zeugen eines Wandels, in welchem die Wahner Heide als Natur- und Kulturerbe wieder mehr Raum gewinnt.

In Sichtweite des Turmhofs gelangen wir an den ihm vorgelagerten Hudewald. Der Begriff „Hudewald“ leitet sich von „Vieh hüten“ ab und bezeichnet einen Wald, der sich unter dem regelmäßigen Einfluss von Weidetieren entwickelt hat. Wie Waldentwicklung von Natur aus funktioniert, kann man hier am besten studieren.

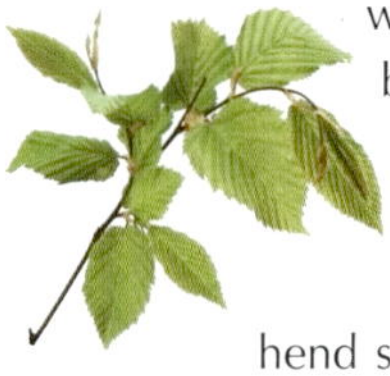

Wo ausreichend Licht hinfällt, können sich Brombeeren entfalten. Mit ihren Dornen haben sie eine Strategie entwickelt, die sie vor Verbiss weitgehend schützt. In ihrem Schutz ist es auch anderen, wie hier den jungen Buchen und Hainbuchen, möglich, erfolgreich aufzuwachsen. Auf diese Weise entsteht Wald selbst auf Weideflächen, die eine unnatürlich hohe Dichte von Pflanzenfressern – hier sind es Pferde und Rinder – aufweisen.

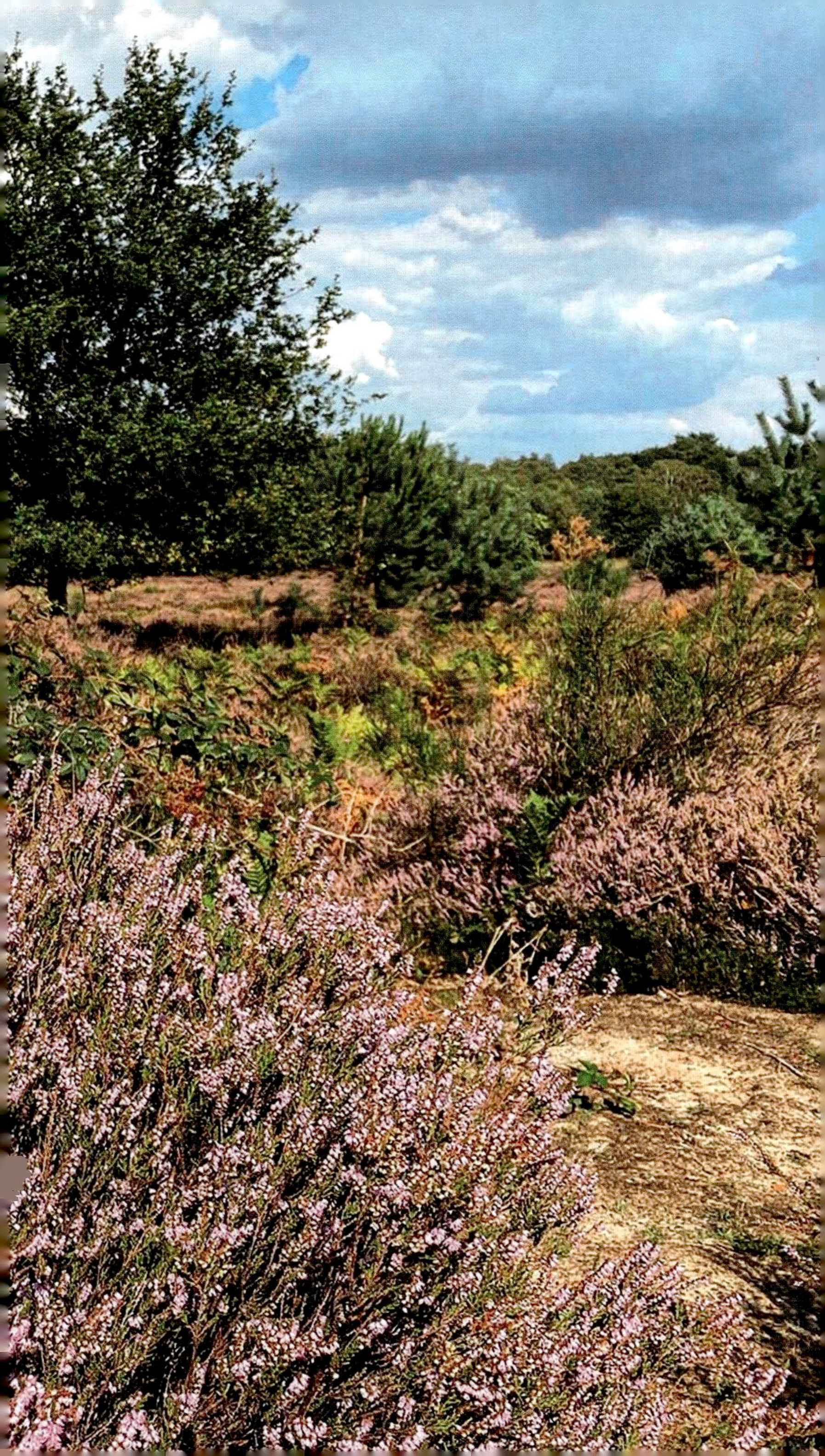

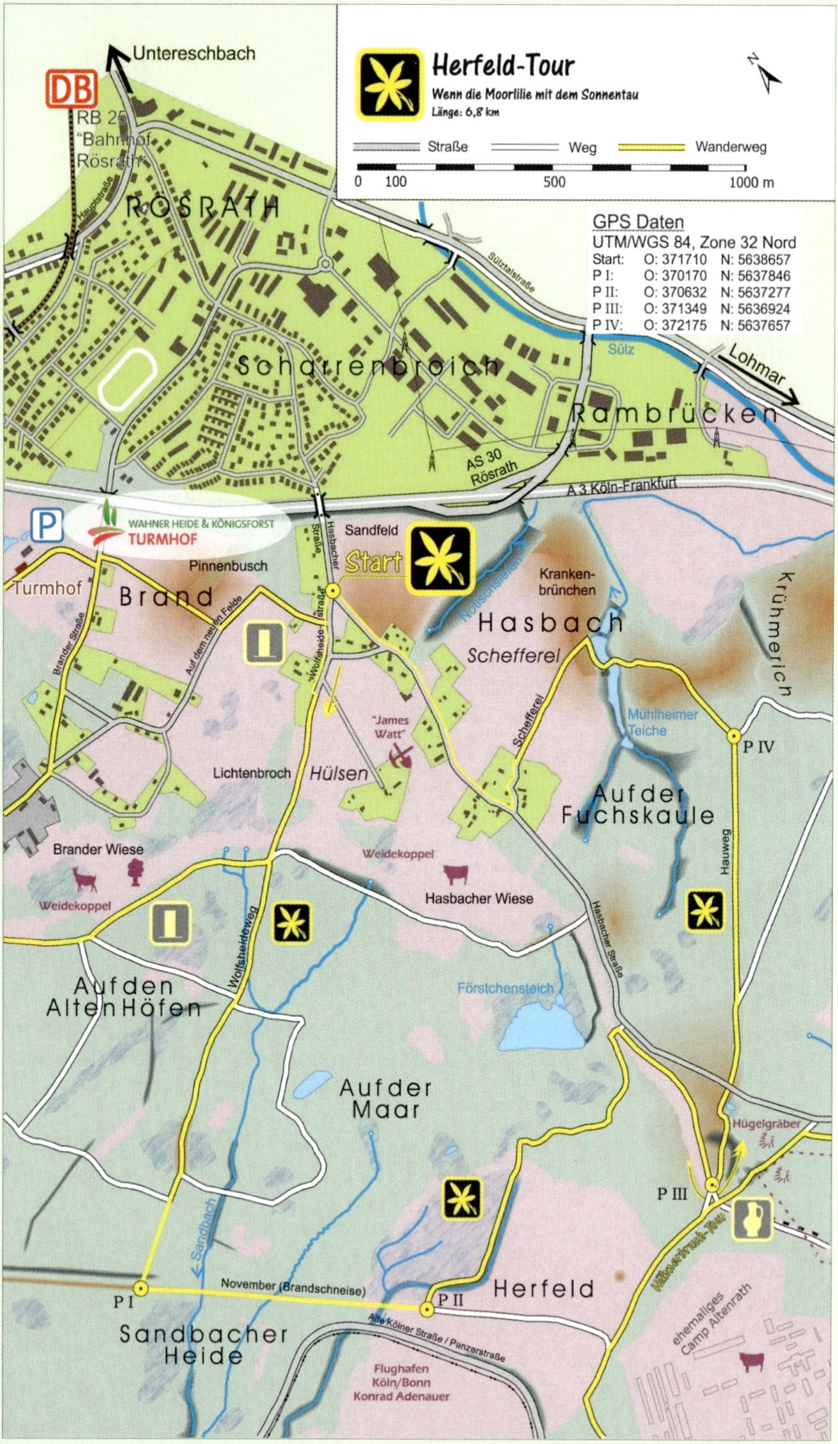
Herfeld-Tour
Wenn die Moorlilie mit dem Sonnentau
Länge: 6,8 km
Straße
Weg
Wanderweg
0 100 500 1000 m
GPS Daten
UTM/WGS 84, Zone 32 Nord
Start: O: 371710 N: 5638657
P I: O: 370170 N: 5637846
P II: O: 370632 N: 5637277
P III: O: 371349 N: 5636924
P IV: O: 372175 N: 5637657
Untereschbach
DB
RB 25 "Bahnhof Rösrath"
RÖSRATH
Scharrenbroich
Rambrücken
Sülztalstraße
Sülz
Lohmar
AS 30 Rösrath
A 3 Köln-Frankfurt
WAHNER HEIDE & KÖNIGSFORST
TURMHOF
Turmhof
Pinnenbusch
Brand
Sandfeld
Start
Hasbacher Straße
Kranken-brünchen
Hasbach
Schefferei
Krühmerich
Mühlheimer Teiche
P IV
"James Watt"
Hülsen
Lichtenbroch
Auf der Fuchskaule
Brander Straße
Auf dem neuen Felde
Wolfsheider Straße
Brander Wiese
Weidekoppel
Hasbacher Wiese
Hauweg
Wolfsheideweg
Auf den Alten Höfen
Förstchensteich
Auf der Maar
Hügelgräber
P III
Sandbach
November (Brandschneise)
P I
P II
Herfeld
Sandbacher Heide
Alte Kölner Straße / Panzerstraße
Flughafen Köln/Bonn Konrad Adenauer
ehemaliges Camp Altenrath

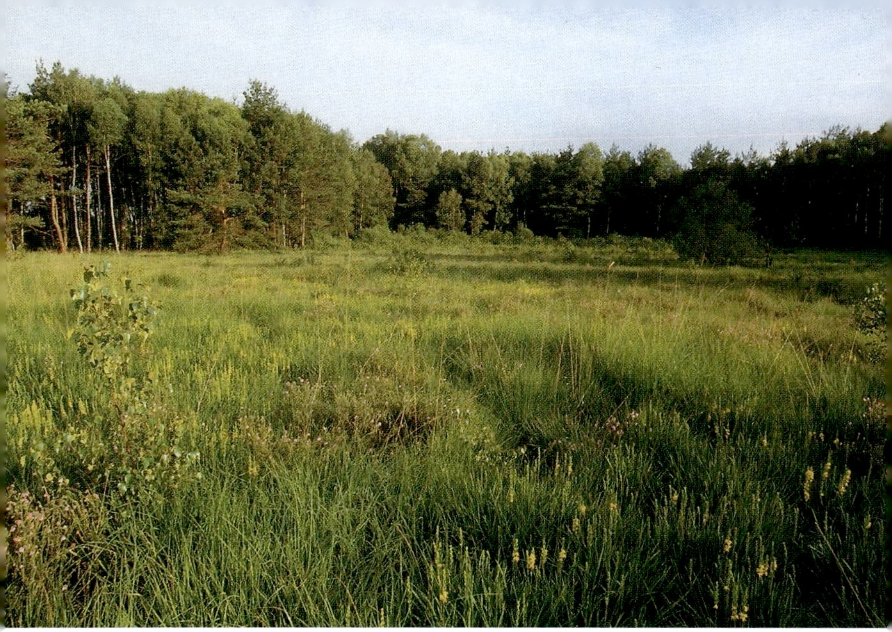

Moorlilienblüte im Heidemoor

Herfeld-Tour

Strecke: 6,8 km • Wegezeichen: Blüte der Moorlilie

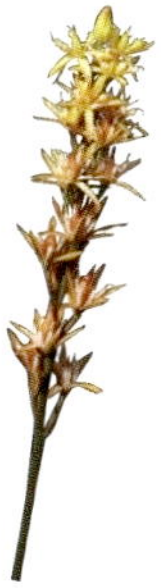

Wenn die Moorlilie mit dem Sonnentau

Wenn man in Rösrath die Autobahn in Richtung Süden überquert, befällt einen das Gefühl, in eine andere Welt einzutauchen. Alte statt neue Häuser, und davon ungleich weniger, spärlich in der wechselweise offenen und bewaldeten Landschaft verteilt – in Hasbach scheinen die Uhren langsamer zu gehen.

Die Hasbacher, und ab der Gabelung die **Wolfsheidestraße** führen geradeaus in Richtung Naturschutzgebiet. Auf dem Weg heraus aus dem Sülztal lässt man den Autobahnlärm mehr und mehr hinter sich.

Auf der anderen Seite des devonischen Rückens geht es hinunter auf die rheinische Mittelterrasse. Eine Übersichtstafel markiert den Eingang zum Naturschutzgebiet und stellt Ge- und Verbote in begründeter Form dar. Wenn man bedenkt, dass es bis 2002 hier noch nicht einmal die bundesweit üblichen, dreieckigen grün-weißen Naturschutzgebietsschilder gab, die den seit 1931 bzw. 1968 bestehenden Natur- schutzgebietsstatus zumindest hätten anzeigen können, sind diese Tafeln schon eine echte Errungenschaft.

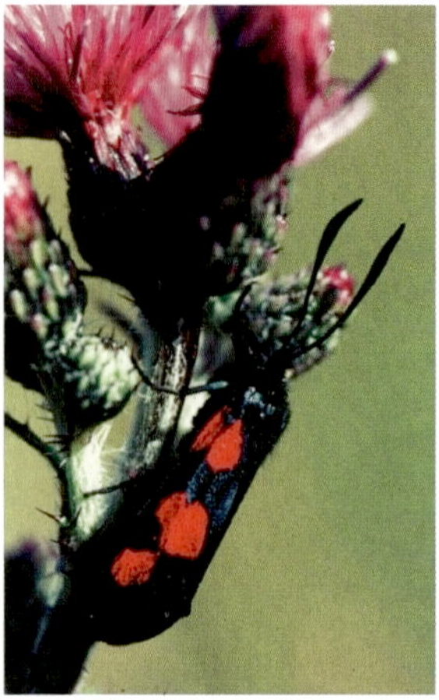

Hasbacher Eingeborener: Das Sumpfhornklee-Widderchen

Und auf dieser Übersichtstafel wird auch ein Kartenausschnitt mit Wegenetz dargestellt, der anzeigt, wo man sich befindet und wohin man sich begeben darf. Rote Pfähle sollen uns offenbar auf den rechten Weg führen. Für den langjährigen Wahner-Heide-Besucher ist das erst einmal etwas gewöhnungsbedürftig, dienten diese roten Pfähle doch lange Jahre ausschließlich dazu, die Rote Zone zu markieren. Das waren solche Gebiete, die selbst an Wochenenden und Feiertagen aus militärischen Gründen nicht betreten werden durften. Aber die Zeiten ändern sich, die Belgier haben uns verlassen und die Wahner Heide ist seit dem 18. Februar 2004 wieder, erstmals nach fast 40 Jahren, für jeden Bürger jeden Tag zugänglich – auf einem neuen, ausgedünnten Wegenetz.

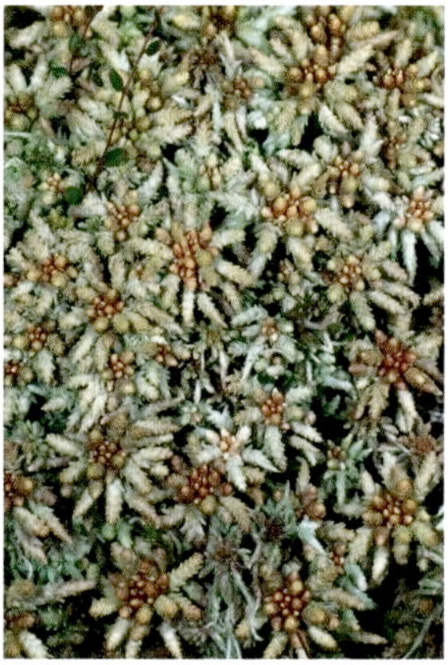

Architekt der Heidemoore und Moorwälder: Das Torfmoos

Über die ehemalige belgische Panzertrasse, auf der sich heute aufgrund der Beweidung mit Wasserbüffeln, Rindern und Heidschnucken gefährdete Feuchtweide-Gesellschaften entwickeln, geht es hinein in das Waldgebiet „Auf der Maar".

Der Name der Flur leitet sich ab von einem stehenden Gewässer oder einem Sumpf. Der Sandbach, der den Wolfsheideweg kreuzt, entspringt unweit von hier im Lichtenbruch. Bis zu seiner Tieferlegung war das Gebiet überwiegend mit Bruch- und Moorwäldern bestanden.

Einige hundert Meter weiter verläuft der Wolfsheideweg in Dammlage durch einen Erlen-Birkenbruch. Solche Bruch- oder

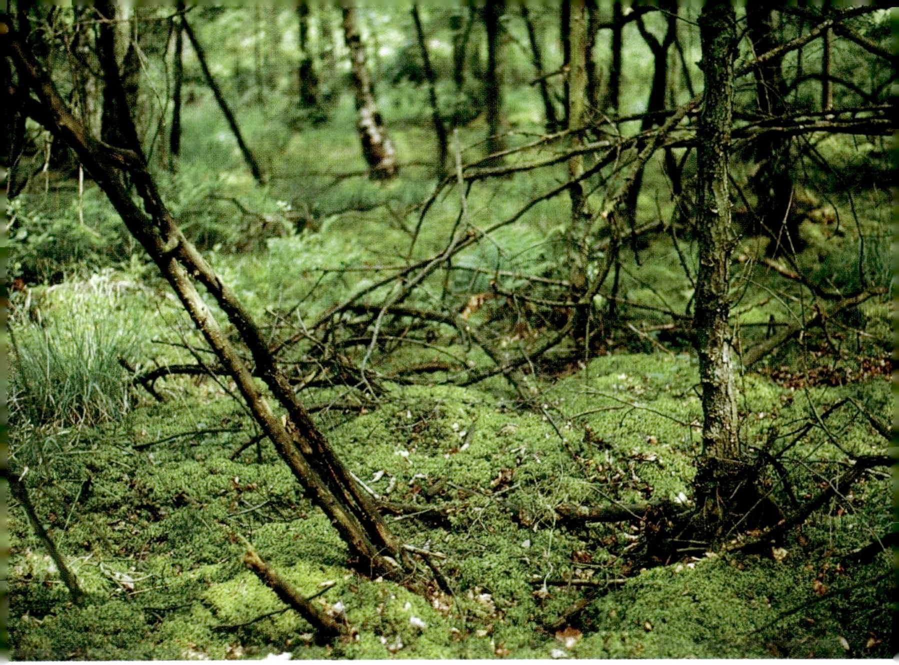

Prioritärer Lebensraumtyp: Der Torfmoos-Erlenwald

Moorwälder entwickeln sich unter nährstoffarmen Bedingungen in staunassen Bereichen, in welchen der Grundwasserspiegel konstant nahe der Oberfläche liegt. Unter diesen extremen Bedingungen können nur Spezialisten wie Schwarzerlen *Alnus glutinosa*, Moorbirken *Betula pubescens* und Faulbäume *Frangula alnus* Fuß fassen. Moose wie das Sumpf-Torfmoos *Sphagnum palustre* überziehen den Boden mit einem dichten Teppich.

Bruchwälder genießen als so genannte prioritäre Lebensraumtypen EU-weit den höchsten Schutzstatus, dürfen unter keinen Umständen beeinträchtigt werden. Denn selbst in der Wahner Heide nehmen sie nur noch einen kleinen Bruchteil ihrer ursprünglichen Standorte ein. Militärisch und forstwirtschaftlich motivierte Entwässerungen hatten sie auch hier stark reduziert. Das Besondere an diesem Bruchwald ist allerdings, dass er eine menschliche Geschichte hat. Denn tatsächlich haben wir es mit einem Teich zu tun, der im Laufe des letzten Jahrhunderts verlandet ist.

Unsere Vorfahren hatten sich im 18. Jahrhundert oder früher die natürliche Staunässe zunutze gemacht und mit Hilfe der immer noch erkennbaren Dämme ein flaches Gewässer aufgestaut. Vermutlich taten sie dies, um Fische wie Karpfen oder Schleien zu halten und sich mittels dieser Teichwirtschaft eine zusätzliche Einkommens- und Nahrungsquelle zu erschließen. Spätestens mit der

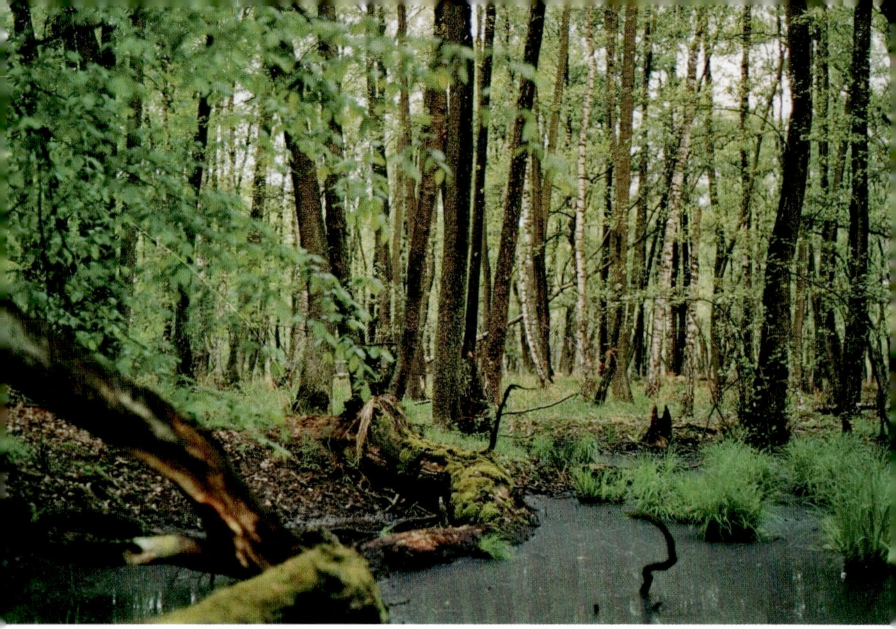

Erlen-Birkenbruchwald

Ausweitung des Truppenübungsplatzes auf dieses Areal im Jahre 1916 fiel diese Nutzung aus. In Folge des Eintrags von Laub und anderen Pflanzenresten, die im Wasser nur unvollständig abgebaut werden, wuchs der Teichboden immer weiter empor. Schließlich konnten sich die genannten Baumarten ansiedeln und repräsentieren nun eine Phase der selbstständigen Renaturierung.

Auf dem November, einer preußischen Piste mit belgischem Militärnamen, endet der Wolfsheideweg heutzutage. Wir folgen dem November in Richtung Südosten durch die **Sandbacher Heide**.

Sie ist allerdings ebenso wie die Wolfsheide in der zweiten Hälfte des 20. Jahrhunderts bewaldet, weil die Heidewirtschaft ausstarb oder durch das Militär verdrängt worden war.

Der vom preußischen Militär angelegte Pistendamm staut den Sandbach, der hier ein zweites Mal unseren Weg kreuzt, im Frühjahr auf und drängt die angepflanzten, nicht standortgerechten Fichtenforste zurück. Ein **Erlenbruch** nährstoffreicherer Ausprägung mit Gelben Schwertlilien *Iris pseudacorus*, Seggen und Binsen erobert sich sein angestammtes Terrain zurück.

Die heutige Waldgrenze markiert den Übergang zum Sagen umwobenen Herfeld. Der Name rührt unter anderem daher, dass das Herfeld im Mittelalter Sammelplatz für die männlichen Einwohner des Umkreises gewesen ist, wenn der Herzog von Berg zur Teilnahme an einem Kriegszug aufforderte. Es war aber auch Austragungsort zahlreicher Schlachten, zum Beispiel während des 30-jährigen Krieges zwischen hessischen und schwedischen Truppen 1636. Wenn man von der südlichen, heute noch frei zugänglichen Anhöhe Richtung Norden auf das offene Herfeld blickt, kann man sehr gut den länglichen Kessel des Herfeldmoores erkennen und sich vors geistige Auge führen, wie sich zwei „säbelrasselnde" Truppen auf den parallel verlaufenden Hügelrücken gegenüberstanden, um im Anschluss daran in der sumpfigen Niederung aufeinander zu stoßen.

Das Herfeld war nicht zufällig Versammlungsplatz der Krieger, denn es ist wohl schon vor dem Mittelalter eine alte Thingstätte, also ein Gerichtsort der umliegenden Dörfer gewesen. Aus allen Himmelsrichtungen strömten die Menschen in die Mitte der Heideterrasse und bildeten für mehrere Tage auf dem Herfeld eine Zeltstadt. Schon damals wusste man, das Nützliche mit dem Angenehmen zu verbinden. Man darf sich das wohl als eine Art Rummelplatz vorstellen, auf welchem es nicht nur Wohnzelte und den Thinghügel gab, vom welchem aus die Rechtssprüche verkündet wurden, sondern auch Verkaufsbuden, sportliche Wettkämpfe und Darbietungen von Gauklern und Barden mit Tanz und feuchter Fröhlichkeit.

Die vom Gericht ausgesprochenen Gottesurteile sollen aber zum Teil weniger lustig gewesen sein, das Eintauchen der Hand in siedendes Wasser beispielsweise, möglichst ohne Wunden davon zu tragen. Alle standen unter dem unmittelbaren „Einfluss der Götter", was auf meditative Fähigkeiten, möglicherweise auch auf regen Drogenkonsum schließen lässt. Dass unsere frühen Vorfahren deutlich mehr über den Umgang mit heimischen Pilzarten wussten als wir, ist ja schon länger bekannt.

War das Thing beendet, wurde alles abgebaut und die Menschen kehrten nach Hause zurück. Der eben noch belebte Platz lag dann für längere Zeit einsam und verlassen dar.

So entstand die Sage von der versunkenen Stadt:
„Vor uralten Zeiten hat am Herfeld auf der Wahner Heide eine Stadt gestanden, die hieß Thing. Sie ist im grundlosen Moor versunken. Aber Sonntagskinder hören an stillen Abenden aus der Tiefe ihre Glocken läuten."

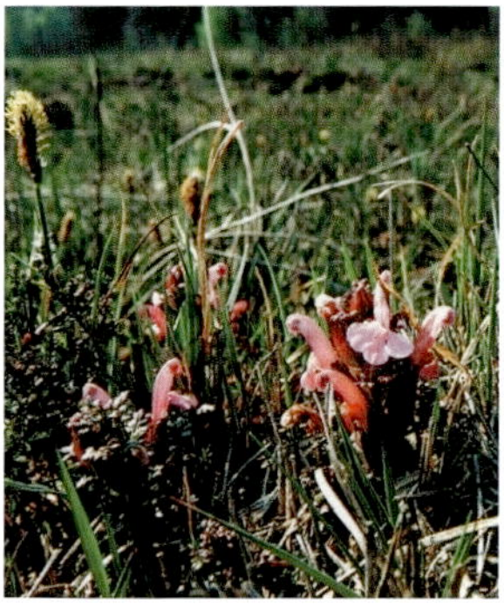

Waldläusekraut, Gruppenbild mit Hirsesegge

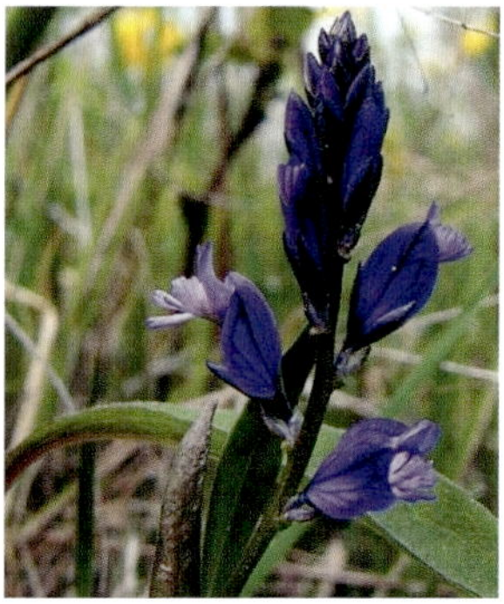

Kreuzblümchen gibt es mit blauen, rosa und weißen Blüten

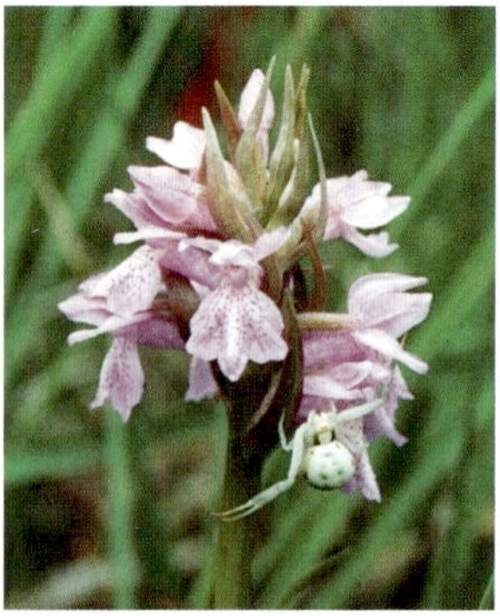

Krabbenspinne lauert auf einem Torfmoos-Knabenkraut

Herfeld ist im 17. Jahrhundert eine kleine Töpfer-Ansiedlung gewesen. Die Erdkaulen, kleine Tongruben, dienten noch im 19. Jahrhundert dem Abbau von Ton für die vor Ort gebrannten Dachziegel. Das Dorf fiel der Schießplatzerweiterung 1895 zum Opfer, die Überreste liegen wahrscheinlich unter der Querwindbahn des Flughafens begraben.

Ein künstlicher Damm führt vom November ab und zwischen dem Herfeld-Restmoor auf der linken und der Anflugbefeuerung der Querwindbahn auf der anderen Seite hindurch.

Hier kann es nicht nur sehr laut, sondern auch – bedingt durch die starken Scheinwerfer – sehr grell werden.

Das Herfeldmoor wurde durch den Bau der Querwindbahn größtenteils zerstört, die Reste werden nach wie vor entwässert. Dazu dient auch der Drainagegraben unter den Scheinwerferreihen. Ausgerechnet an diesem selbstverständlich gut vernässten Graben finden sich noch Reste der Moorvegetation, die im restlichen Moor durch Entwässerungen zum großen Teil verdrängt wurden.

Nur spezialisierte Arten können den niedrigen PH-Wert, die Nährstoffarmut und die zumindest in den Schlenken – den kleinen Rinnen zwischen den Pfeifengrasbulten – stagnierende Nässe vertragen.

Hierzu gehören zum Beispiel Arten der Glockenheide-Gesellschaft wie der Namensgeber *Erica tetralix* und die Moorlilie *Narthecium ossifragum*, Arten der Hochmoorbult-Gesellschaft wie der Rundblättrige Sonnentau *Drosera rotundiflora* und Arten der Borstgrasrasen wie Waldläusekraut *Pedicularis sylvatica* und Quendel-Kreuzblümchen

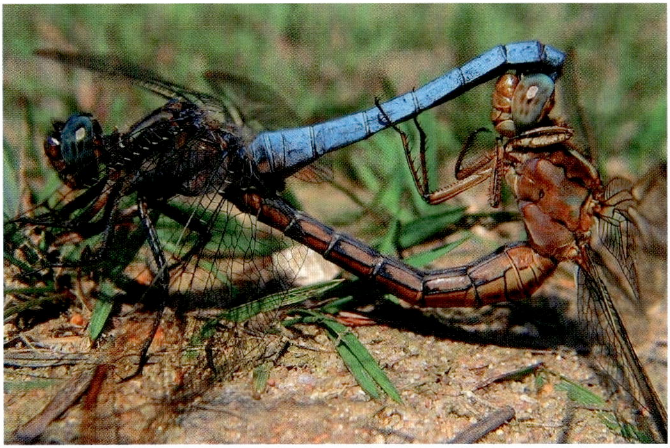

Paarungsrad des Kleinen Blaupfeils

Polygala serpyllifolia. Sie sind in und an dem Entwässerungsgraben auf vergleichsweise schonende Art und Weise zu besichtigen.

Viele Arten der Moorgesellschaften haben sich aber an die Eingriffe nicht anpassen können. Rosmarinheide *Andromeda polifolia* und Torfmoos-Knabenkraut *Dactylorhiza sphagnicola* sind zwar noch in der Wahner Heide, aber nicht mehr im Herfeldmoor vertreten. Letztere wurde in der Wahner Heide 1926 durch Höppner sozusagen „entdeckt". Etwa 70 % des Weltbestandes sollen von dieser endemischen, das heißt von Natur aus sehr gering verbreiteten Orchideenart noch in der Wahner Heide vorkommen. Und auch das sind nur wenige hundert Individuen, die durch Entwässerungen und Flughafenausbaumaßnahmen nach wie vor massiv gefährdet sind.

Bei der Fauna sieht es ähnlich aus. Der Kleine Blaupfeil *Orthetrum coerulescens* ist bundesweit stark gefährdet, besiedelt hier aber als Bewohner schmaler, langsam fließender Gewässer die Entwässerungsgräben.

Birkhuhn *Tetrao tetrix* und wahrscheinlich Großer Brachvogel *Numenius arquata* sind schon in den 1950ern durch Flughafenbaumaßnahmen als Brutvögel verdrängt worden, die Bekassine *Gallinago gallinago* etwa 40 Jahre später. Der Kiebitz *Vanellus vanellus* unternimmt immer wieder Ansiedlungsversuche, wird aber auf dem Flughafengelände bekämpft, weil er aufgrund seiner Aggressivität im Gelegebereich als Gefahr für den Luftverkehr gilt. Bliebe noch der Wiesenpieper *Anthus pratensis*, der zwar kein

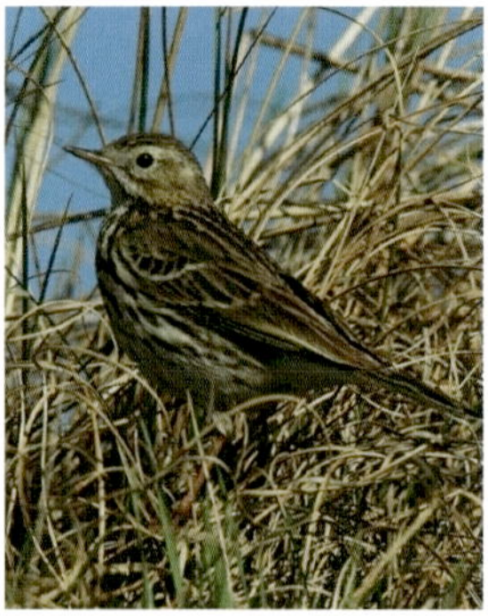

Feuchtheidebewohner in Tarnfarben: Der Wiesenpieper

klassischer Moorvogel ist, in der Wahner Heide aber die großflächig offenen Feuchtheiden besiedelt.

Moore entstehen in staunassen Mulden und Senken, oft in Folge der Verlandung von Weihern und Seen. Bei nährstoffarmen Verhältnissen kann es zur Ansiedlung von Torfmoosen *Sphagnum spec.* kommen. Die unteren Teile dieser wurzellosen Pflanze sterben ab und vertorfen, das heißt, sie werden unter Sauerstoffabschluss im Wasser nicht vollständig zersetzt. Der lebende Teil des Sphagnums aber – und mit ihm der Torfkörper – wächst in äußerst geringem Tempo weiter empor.

Torfmoose besitzen große Wasserspeicherzellen, mit denen sie mehr als das 20-fache ihres Eigengewichtes an Wasser speichern können. Sie bauen quasi ihren eigenen Lebensraum, indem sie aktiv zur Versauerung beitragen und dadurch konkurrenzstärker werden gegenüber großwüchsigen Wasserpflanzen. In der Wahner Heide existiert noch die beachtliche Anzahl von 20 teilweise hochgradig gefährdeten Torfmoosarten.

Das Pflanzenkleid der Heidemoore ähnelt dem der Hochmoore (z. B. im Hohen Venn ursprünglich verbreitet), obwohl die Heidemoore der Wahner Heide keine Hochmoore sind. Bei uns ist es insbesondere im Sommerhalbjahr zu trocken, als dass ein solches, ausschließlich durch Regenwasser gespeistes Hochmoor heranwachsen könnte. Aber das Ausgangsgestein, vor allem der tertiäre Ton, ist in der Wahner Heide so nährstoffarm, dass die Vegetation, und dementsprechend die Tierwelt, hochmoorähnlich werden konnte.

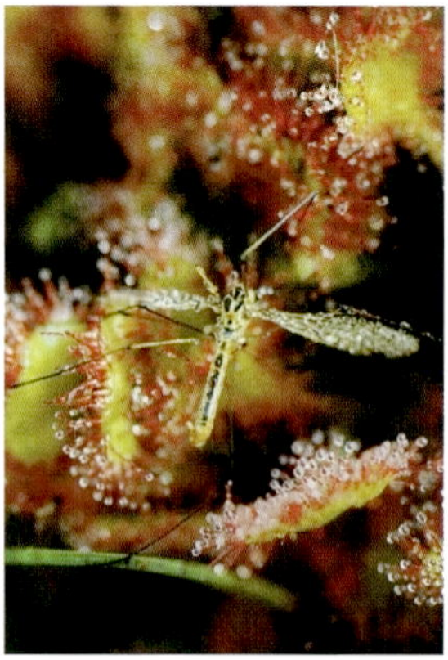

Schnake in den „Fängen" des Rundblättrigen Sonnentaus

Unter anderem wegen seines starken Aufsaugevermögens und seiner Sterilisationsfähigkeit wurde Torfmoos-Torf früher gerne im Hausgebrauch und als Stallstreu eingesetzt. In Altenrath soll Torf im 19. Jahrhundert laut Rademacher der wichtigste Brennstoff gewesen sein. Auch im Herfeld finden sich noch mehrere Kleingewässer, die das Torf stechen früherer Zeiten dokumentieren.

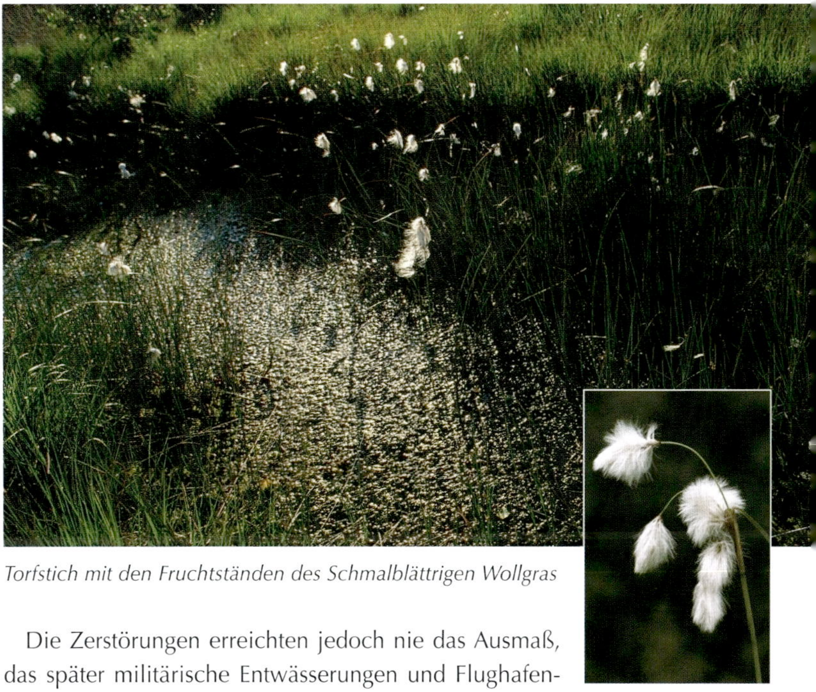

Torfstich mit den Fruchtständen des Schmalblättrigen Wollgras

Die Zerstörungen erreichten jedoch nie das Ausmaß, das später militärische Entwässerungen und Flughafenbau in der Wahner Heide sowie anderswo industrieller Raubbau nach sich zogen. Die Gattung der Wollgräser beweist dies eindrucksvoll: Von den ehemals vier in der Wahner Heide vorkommenden Arten hat nur eine das 20. Jahrhundert überlebt! Das Schmalblättrige Wollgras *Eriophorum angustifolium* fällt im Frühsommer auch im Herfeldmoor schon von weitem durch seine wie weiße Wattebausche im Wind „hängenden“ Fruchtstände auf.

An dem rot-weißen Trafohäuschen vorbei geht es aus der Senke des Herfeldmoores heraus.

Fast an der Hasbacher Straße angelangt markiert das „Betreten verboten“-Schild die Einfahrt zum Förstchensteich. Das Gewässer ist nur für Mitglieder des belgisch-deutschen Angelvereins, des jahrelangen Pächters, zugänglich. Der Name rührt daher, dass der Teich in dem Bereich des 1914 durch das preußische Militär geräumten Hasbacher Weilers „Förstchen“ angelegt wurde. Bei der Verbreiterung der A 3 fiel Mitte der 1960er Bauschutt an, den man hier am Herfeld zu einem Damm aufgeschichtet hat. Dieser Damm staut seitdem die auf die Mittelterasse hinunter fließenden Rinnsale auf.

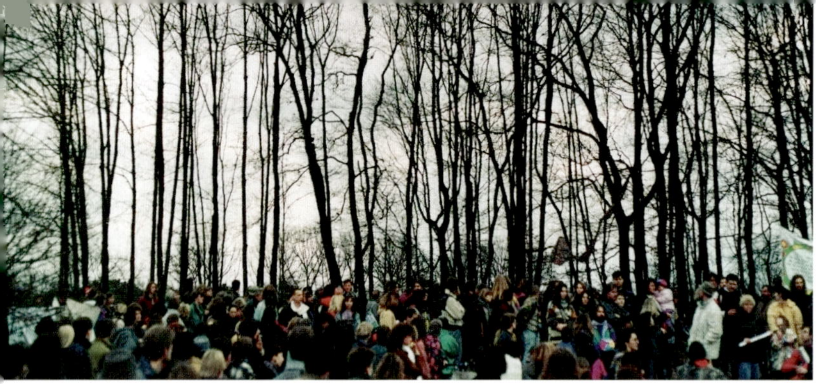

Demonstration an der Besetzungsstelle 1993

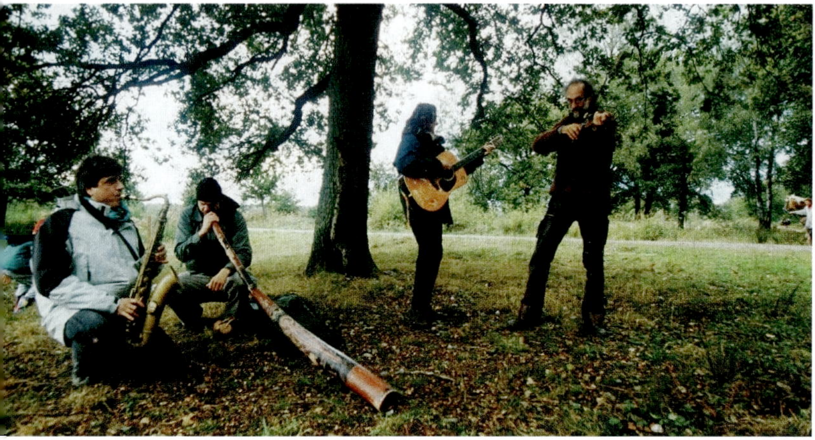

Klaus der Geiger und Freunde im Hudewald

Weiter oberhalb an der Hasbacher Straße, in Sichtweite vom Förstchensteich gab es zwischen 1992 und 1994 drei Winter lang die bis dato größten Protestaktionen zum Schutze der Wahner Heide, die Waldbesetzungen. Bürgerinitiativen, Verbände und Einzelpersonen unter dem Dach der ADAF (Aktionsgemeinschaft der Ausbaugegner des Flughafen Köln/Bonn, später Bündnis Heideterrasse) besetzten den Wald unterhalb der Schefferei an der Hasbacher Straße mit Bauwagen, Zelten und Holzhütten, um auf die aus Gründen der Flughafenexpansion geplanten Abholzungen im Naturschutzgebiet aufmerksam zu machen.

Die erste Besetzung verhinderte die geplanten Einschläge. Die zweite Besetzung startete am 4.12.1992 und endete mit der polizeilichen Räumung am 12.1.1993. 600 Polizisten, inklusive vermummtem Sondereinsatzkommando, wurden aufgefahren, um 30 friedliche Naturschützer von den Bäumen und aus dem Wald zu tragen. Im Winter 1993/94 folgte die dritte und letzte Waldbesetzung. Zwar konnten die Abholzungen letztendlich nicht verhindert werden, doch brachten die Aktionen erstmals bundesweite Aufmerksamkeit für die ökologische Bedeutung und die Problematik der Wahner Heide.

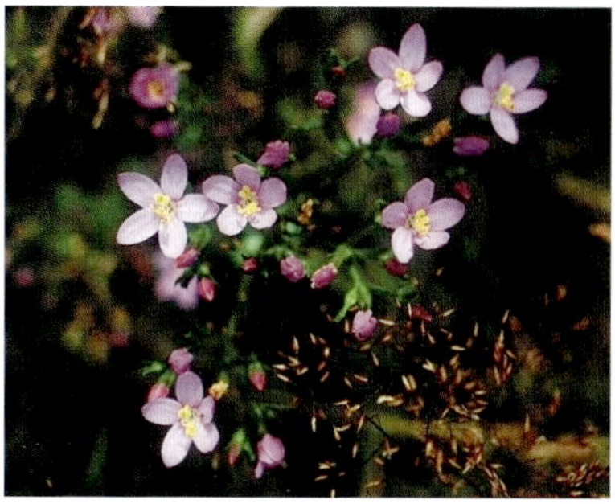

Echtes Tausendgüldenkraut

Klaus der Geiger beteiligte sich an den Aktionen ebenso wie viele andere Kölner Straßenmusiker. In dieser Phase entstand das Lied „Denn die Natur, die braucht den Menschen nicht".

Die Wahner Heide: ein Stück Natur,
in ihrer Art einmalig nur.
Mit Wassertümpeln und Baumgiganten:
fast schon ausgestorbenen Tieren und Pflanzen:
Ein Lebenselixier für Mensch und Tier!
Und in ihrer Mitte ein Krebsgeschwür:
Der Flughafen-Wahn
mit einem gigantischen Ausbauplan!
(Auszug – Text und Musik: Klaus der Geiger)

Der Rundwanderweg führt rechts hoch, auf die durch kleine Erosionsrinnen geprägte ehemalige Panzerpiste.

Das ist der Lebensraum des Echten **Tausendgüldenkraut** *Centaurium erythraea*. Sie ist eine meist zweijährige Halbrosettenpflanze, die frische, offene Ton- und Lehmböden besiedelt. Wie es der Name schon andeutet, dieses Enziangewächs war wegen seiner Bitterstoffe früher ein sehr hoch geschätztes Heilkraut. Auch heute noch findet es Anwendung bei Magen-, Leber- und Gallenleiden. Wilde Pflanzen sind allerdings geschützt, es dürfen nur angebaute verwendet werden.

Auf den Wegen des Herfeldes wächst außerdem das Zierliche Tausendgüldenkraut *Centaurium pulchellum*, das noch etwas anspruchsvoller und deswegen in Nordrhein-Westfalen gefährdet ist.

Von August bis Oktober geben die Fruchtkörper des roten **Fliegenpilzes** *Amanita muscaria* der Heide eine farbliche Bereicherung. Fliegenpilze bevorzugen Birken-Sekundärwälder als

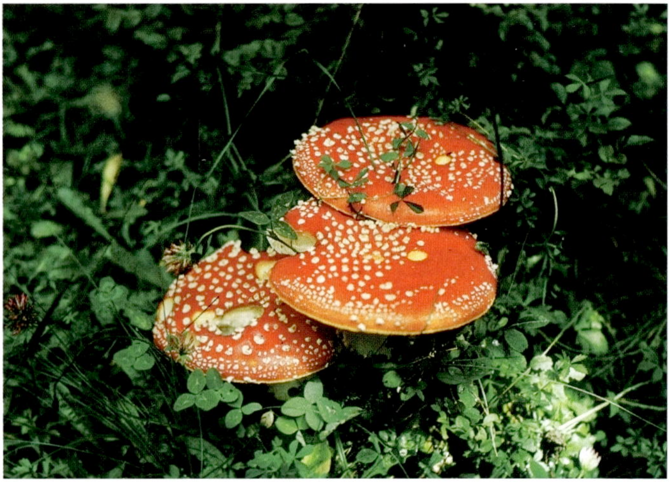

Naturdroge mit üblen Nebenwirkungen: Der Fliegenpilz

Lebensraum, und von denen gibt es sehr viele hier. Das schöne an dem Pilz ist, neben seinem Erscheinungsbild, dass man ihn wirklich nicht mit essbaren Arten verwechseln kann, zumindest nicht in der Region der Heideterrasse. Fliegenpilzvergiftungen äußern sich durch heftige Magenschmerzen und Erbrechen, aber auch durch halluzinogene Zustände. Deswegen ist er seit Jahrtausenden in seinem gesamten eurasischen Verbreitungsgebiet eine Naturdroge.

Der Name rührt daher, dass man früher Fliegenpilzstücke in gezuckerte Milch legte, um die Fliegen, die von der Milch naschten, zu töten.

An der großen Wegekreuzung führt der Rundwanderweg links ab, über die Hasbacher Straße hinweg und verlängert sich in dem Hauweg.

Während der sich langsam aber sicher und schnurgerade talwärts neigt, passiert man die für den Luftverkehr abgeholzten Wälder.

Mitte der 1990er Jahre sind hier am Krühmerich auf einer Fläche von 28 Hektar Wald- und Forstbestände eingeschlagen worden, weil die Querwindbahn, in deren Einflugschneise wir uns hier befinden, besser ausgelastet werden sollte. Zuerst hatten Behörden und Flughafen GmbH behauptet, die Bäume seien so hoch gewachsen, dass sie die landenden Flugzeuge gefährdeten. Doch im Zuge massiver Bürgerproteste musste die Flughafenseite zugeben,

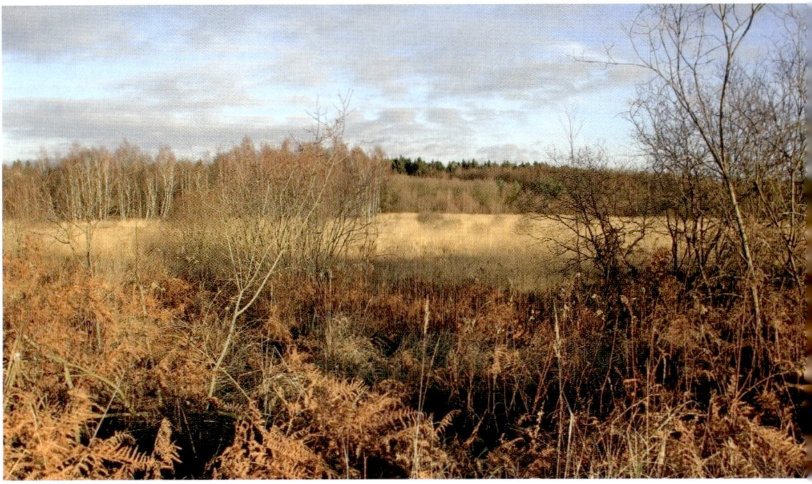

Herfelder Moor

dass die Abholzungen nicht wegen der Aufrechterhaltung der Luftsicherheit, sondern wegen der geplanten Aufhebung von Nutzungsbeschränkungen für die Querwindbahn durchgeführt werden sollten. Die Nutzungsbeschränkungen (unter anderem die Verlagerung des Aufsetzpunktes der Flugzeuge Richtung Westen) gewährleisteten die **Luftsicherheit**, nicht jedoch die hundertprozentige Leistungsfähigkeit der Landebahn.

Der Rundwanderweg führt nach links, hinunter zur Angelteichanlage, lässt den Stichweg hoch zum Krühmerich rechts liegen. Den Gipfel mit dem Luftfeuer darf man heute nicht mehr begehen.

Die Mühlheimer Teiche sind benannt nach dem Angelverein, der diese Fischteichanlage seit Jahrzehnten pachtet.

Von alters her wurde in verlassenen Ton- und Erzgruben, in Torfstichen, oder wie im Falle der Mühlheimer Teiche in aufgestauten Siefen **Teichwirtschaft** betrieben. Diese wurde aber aufgegeben, als einerseits die Selbstversorgung zurückging und andererseits das Militär die entsprechenden Flächen beanspruchte. Heute sind einige Teichanlagen an Angelvereine verpachtet, die die frühere Bewirtschaftung als Freizeitvergnügen betreiben.

Aufgrund mangelnder Verlandungszonen und häufig unverträglicher Bewirtschaftungen wie dem Besatz mit nicht standortgerechten

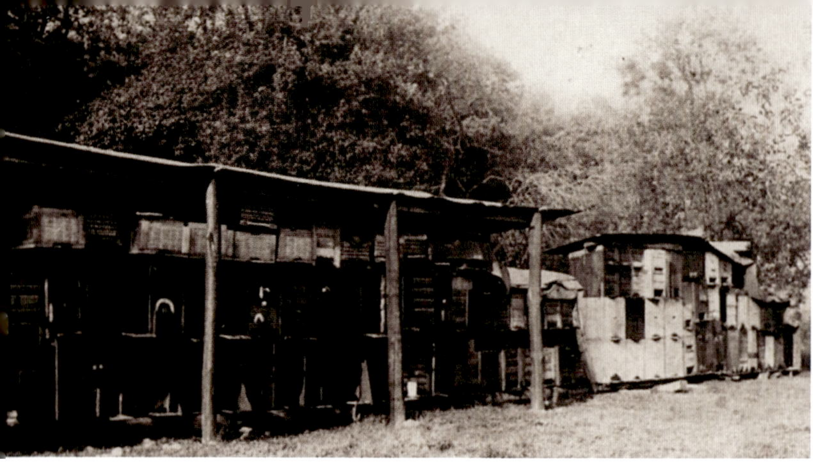

Bienenstand am Forsthaus Schauenberg 1928

Tier- und Pflanzenarten sind solche Teichanlagen meist von geringer ökologischer Bedeutung. Aber hier pflanzt sich immerhin eine Libellenart fort, die landesweit als gefährdet eingestuft ist: Die Glänzende Smaragdlibelle *Somatochlora metallica*. Diese Art zeigt eine Vorliebe für Teiche mit bewaldeten Ufern.

Ein Feldweg, der denselben Namen trägt wie das vor uns liegende Dörfchen, führt uns aus dem Sülztal hinauf auf den devonischen Rücken Hasbachs.

Ein Blick auf die Tranchot-Karte von 1820 dokumentiert, wie der Name des Jahrhunderte alten Weilers „Schefferei“ entstanden ist. In dieser preußischen Uraufnahme wird er nämlich als „Schäferey“ bezeichnet.

Eine Schäferei gibt es hier heute nicht mehr, aber den einen oder anderen Hobby-Imker. Wie zum Beispiel den leider im Jahr 2016 verstorbenen Günter Käding, der den Großteil seines Lebens hier verbracht hatte.

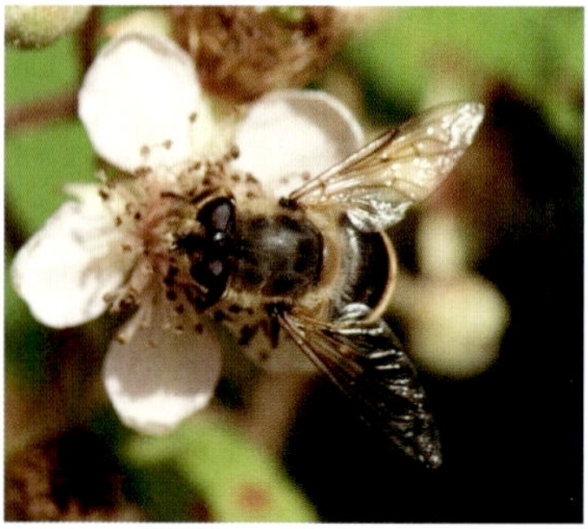

Die Bienenwirtschaft war neben anderen traditionellen Bewirtschaftungsformen wie Viehwirtschaft oder Schiffelwirtschaft eine der wichtigsten Erwerbszweige der Heideregion. Im Dorf Rath im Norden der Heide brachte die Imkerei bis ins 19. Jahrhundert hinein die meiste Beschäftigung. 1811 waren in der Gemeinde Rösrath 648 eigene und 103 fremde

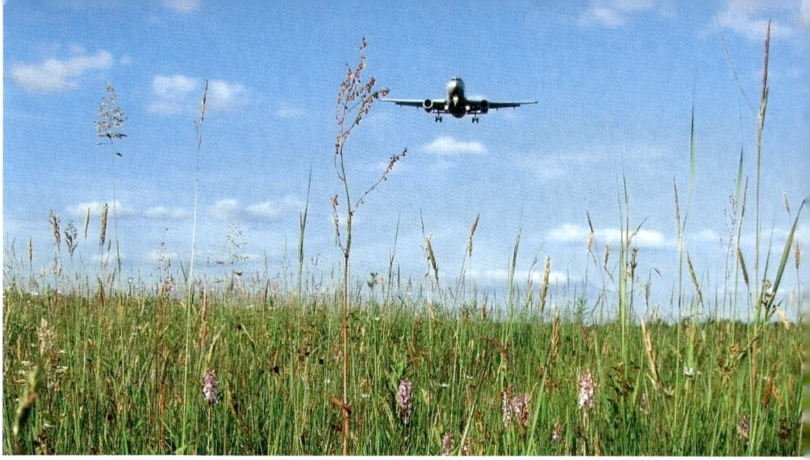

Herfeld – Landeanflug auf Orchideen

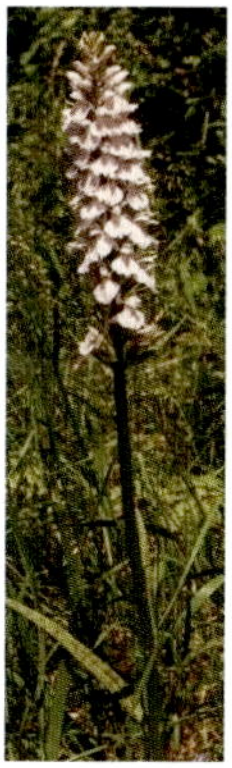

Knabenkraut

Bienenstöcke bekannt. Die Tatsache, dass nicht ortsansässige Imker ihre Stöcke aus anderen Gegenden vor allem während der Heideblüte gerne auf die Heide brachten, führte immer wieder zu Streitigkeiten und Beschwerden.

Bienenwachs wurde zur Herstellung von Kerzen, der seinerzeit einzigen Möglichkeit der Beleuchtung, verwandt, und Honig war eine wichtige Zucker- und Heilmittelquelle. Außerdem steigerte die Bestäubung durch Bienenvölker den Ernteertrag der angebauten Pflanzen beträchtlich.

Ursprünglich gewann man **Honig** und Wachs nur von wilden Honigbienen. Bis in die frühe Neuzeit hinein war die Waldbienenwirtschaft, für die sich die sogenannten Zeidler verantwortlich zeichneten, bei uns verbreitet. Durch das Angebot von für die Bienenköniginnen attraktiven Körben fing man die Bienenstaaten nach und nach ein. Heute ist die **Honigbiene** *Apis mellifera* vollständig domestiziert, wilde Populationen sind ausgestorben.

Mit dem Aufkommen der Zuckerindustrie in den 1820er Jahren ist die Imkerei auch im Gebiet der Heideterrasse in der Folgezeit als Gewerbe verdrängt worden. Parasiten wie die südostasiatische **Milbe** *Varroa destructor*, die durch den weltweiten Bienenhandel in den 1980er Jahren auch in unseren Raum gelangte, gefährden heute die Existenz selbst nicht gewerblicher Imkereien.

Die Hasbacher Straße, die auch von Autos genutzt wird und daher mit gewisser Vorsicht zu genießen ist, führt uns zum Ausgangspunkt zurück. Zum Beispiel zum Turmhof, wo ebenfalls Bienenstöcke Heidehonig produzieren.

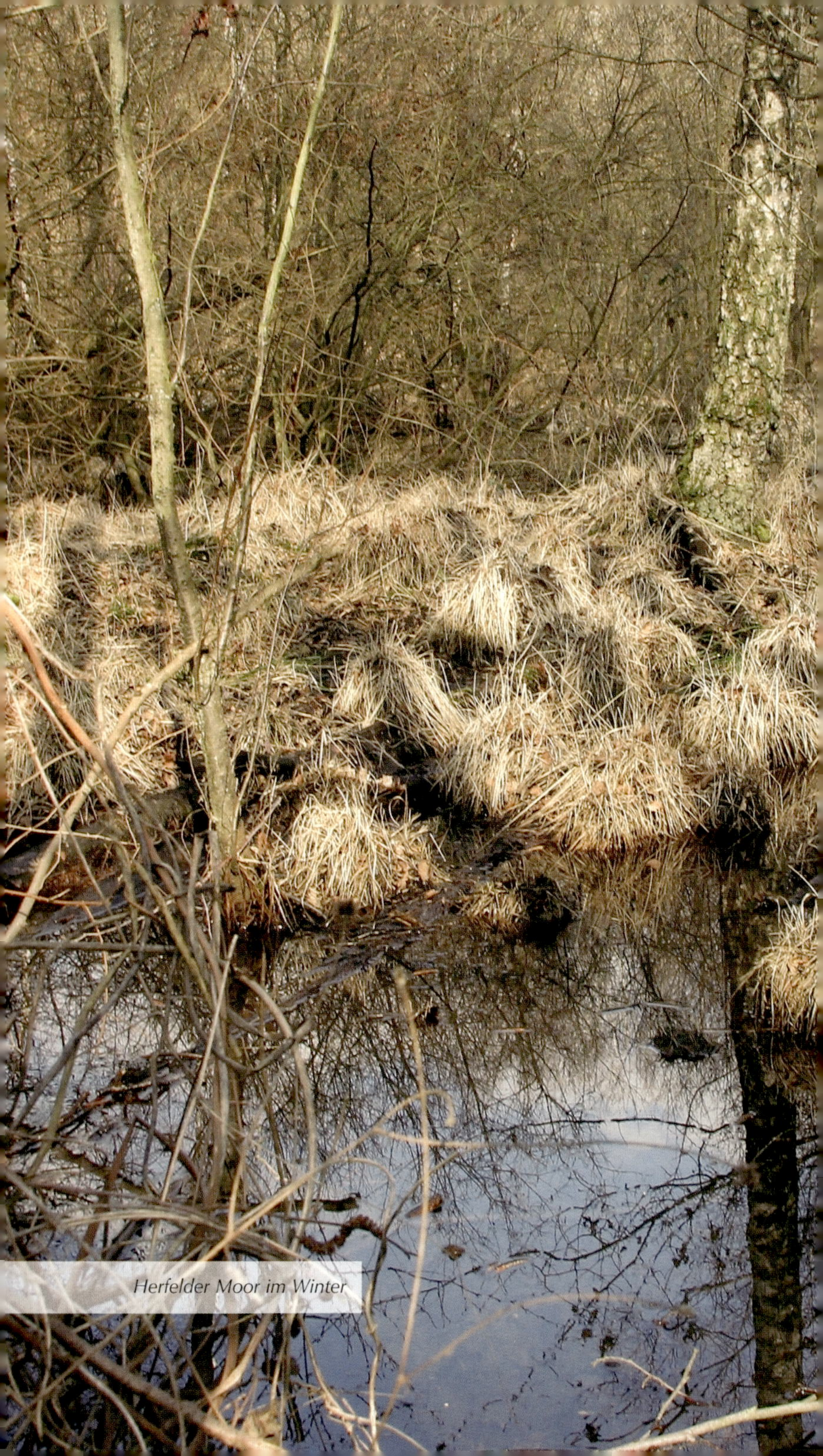

Herfelder Moor im Winter

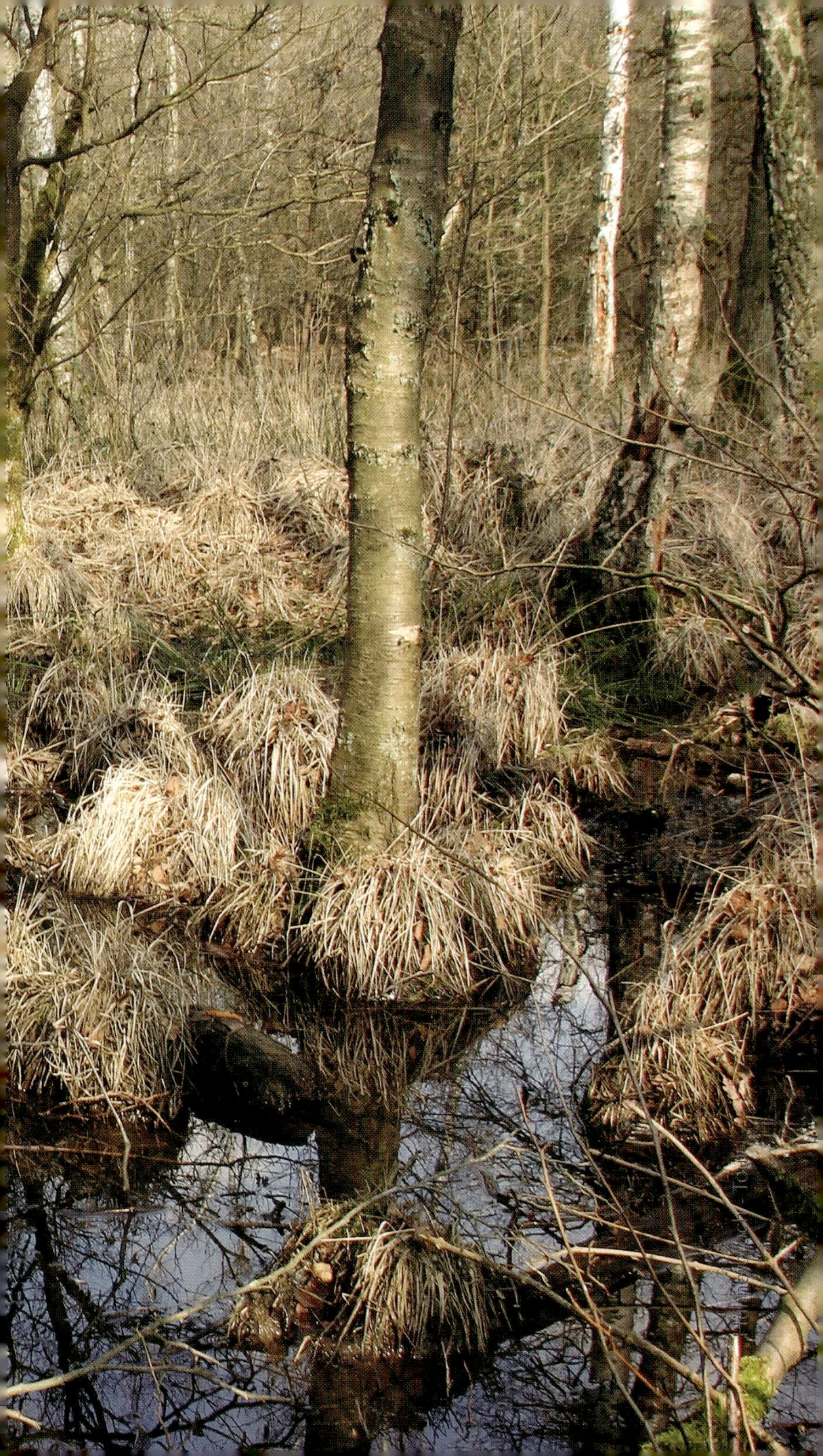

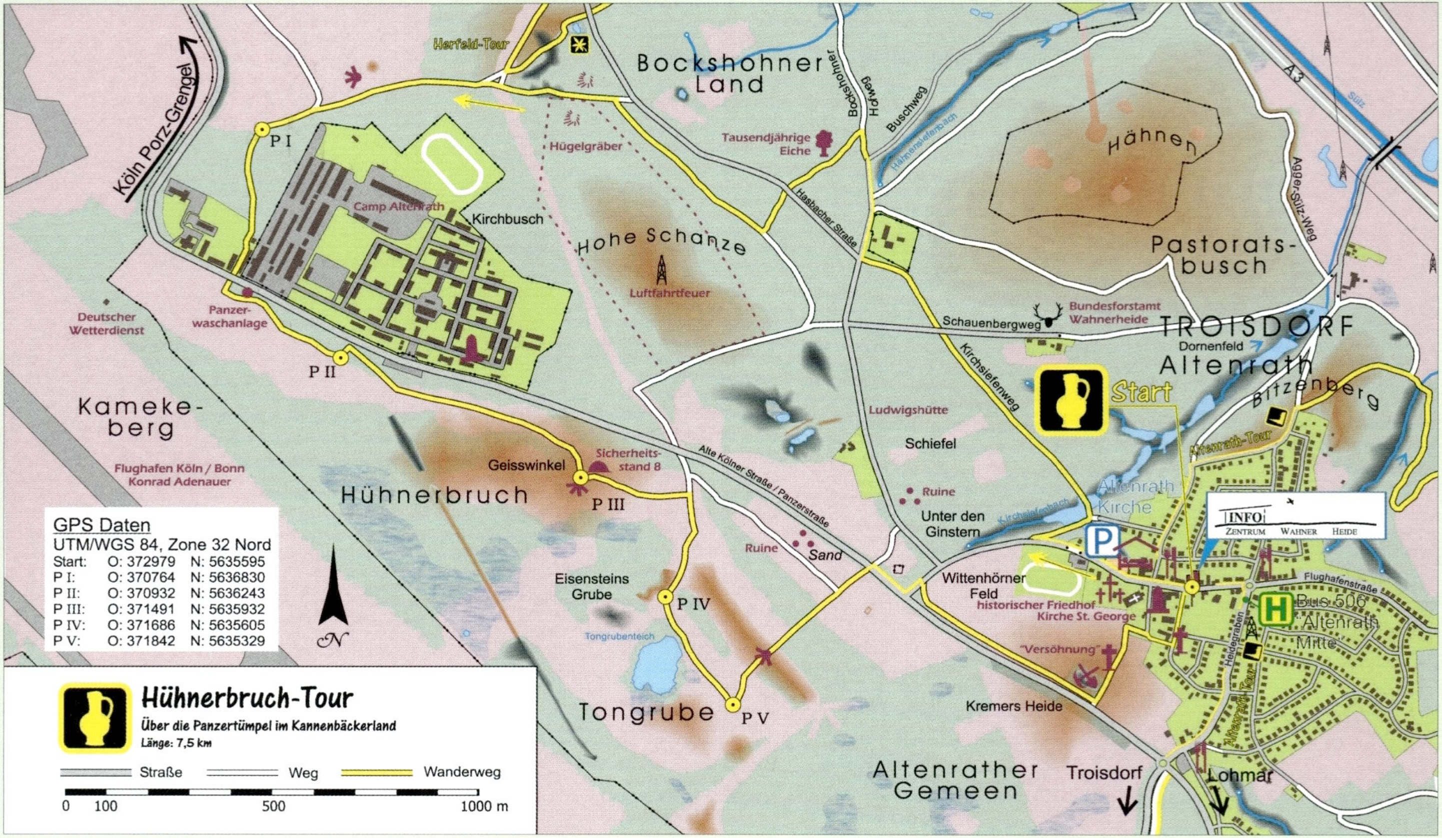
Hühnerbruch-Tour
Über die Panzertümpel im Kannenbäckerland
Länge: 7,5 km
Straße
Weg
Wanderweg
0 100 500 1000 m
GPS Daten
UTM/WGS 84, Zone 32 Nord
Start: O: 372979 N: 5635595
P I: O: 370764 N: 5636830
P II: O: 370932 N: 5636243
P III: O: 371491 N: 5635932
P IV: O: 371686 N: 5635605
P V: O: 371842 N: 5635329
Köln Porz-Grengel
Herfeld-Tour
Bockshohner Land
Bockshohner Hofweg
Buschweg
Hähnen
A3
Sülz
Agger-Sülz-Weg
Pastorats-busch
Tausendjährige Eiche
Hügelgräber
Hasbacher Straße
P I
Camp Altenrath
Kirchbusch
Hohe Schanze
Luftfahrtfeuer
Bundesforstamt Wahnerheide
Schauenbergweg
TROISDORF
Dornenfeld
Altenrath
Bitzenberg
Start
Kirchsiefenweg
Deutscher Wetterdienst
Panzer-waschanlage
P II
Kameke-berg
Flughafen Köln / Bonn Konrad Adenauer
Ludwigshütte
Schiefel
Altenrath-Tour
Altenrath Kirche
INFO ZENTRUM WAHNER HEIDE
Geisswinkel
Sicherheits-stand 8
Hühnerbruch
P III
Alte Kölner Straße / Panzerstraße
Ruine
Unter den Ginstern
Sand
Eisensteins Grube
P IV
Tongrubenteich
Wittenhörner Feld
historischer Friedhof
Kirche St. George
Flughafenstraße
Bus 506 Altenrath Mitte
Heidegraben
"Versöhnung"
Tongrube
P V
Kremers Heide
Altenrather Gemeen
Troisdorf
Lohmar

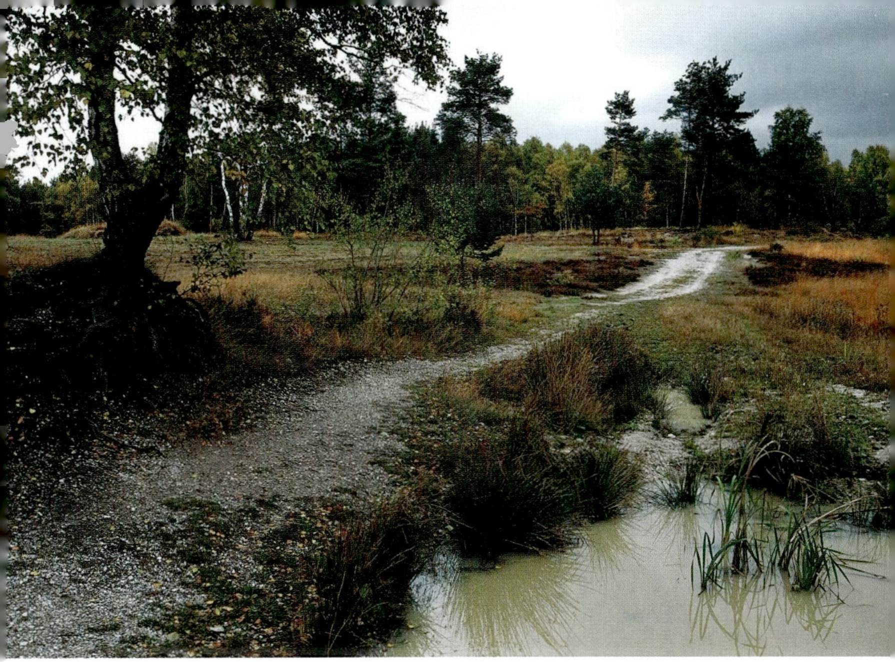

Einblicke im Hühnerbruch

Hühnerbruch-Tour

Strecke: 7,5 km • Wegezeichen: Kanne

Über die Panzertümpel im Kannenbäckerland

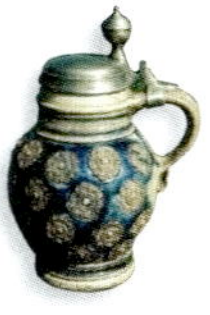

Altenrather Kunsthandwerk aus dem 17. Jahrhundert

Der historische Ortskern Altenraths, und hier das heutige Gelände des Informationszentrums Wahner Heide neben der Kirche, ist der Ausgangspunkt dieser Wanderung. Hier gibt es alles, was das Heideherz begehrt. Dazu gehören auch Informationen zu den **Altenrather Kannenbäckern**, die hier von 1635 bis etwa 1683 sehr qualitäts- und kunstvolle Keramik produzierten. Das Steinzeug war seinerzeit in ganz Europa und sogar darüber hinaus hoch geschätzt, doch erst ab 1984 wurden Überreste dieses **Kunsthandwerks** im Rahmen der Neubauerschließung und entsprechender Erdarbeiten wiederentdeckt.

Die Altenrather Kannenbäcker sinterten den in der Heide abgebauten hellen Tertiärton vollständig durch. Sie erzielten die für damalige Verhältnisse beachtliche Leistung, bei über 1.200 Grad

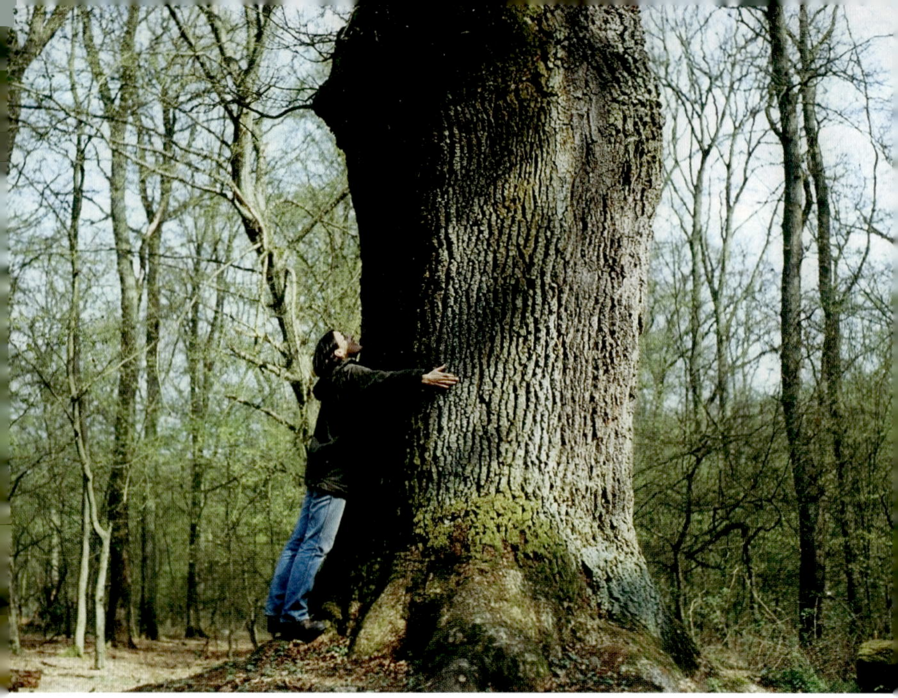

Einst ältester Baum der Wahner Heide: die 1000jährige Eiche 1997

zu brennen. Erst durch diese hohen Temperaturen wird der Ton vollständig wasserdicht. Die Kannen, Becher und Krüge wurden mit naturalistischen Pflanzenornamenten sowie mit Kobalt- oder Manganbemalung und einer Salzglasur versehen.

Wahrscheinlich aufgrund der Konkurrenz zu den viel größeren Westerwälder Töpfereien, aber auch aufgrund der Abgeschiedenheit von großen Handelswegen starb hier das Kunsthandwerk Ende des 17. Jahrhunderts aus.

Zwei prächtige alte Rosskastanien bewachen den Eingang zu der romanischen Mittelpunktkirche Sankt Georg. und dem vorgelagerten historischen Friedhof mit Grabsteinen aus der Zeit der Kannenbäcker.

Seit ihrer letzten Renovierung präsentiert sich Sankt Georg in weiß. Sie lässt aufgrund der zahlreichen Baumaßnahmen in den Jahrhunderten zuvor, insbesondere jener der 1860er Jahre, von ihren Ursprüngen aus dem Zeitraum um 1150 von außen nichts mehr erkennen.

Die ehemalige Kirchstraße, die seit 1970 „Flughafenstraße" heißt, führt uns am Sportplatz vorbei. Bald geht es scharf rechts hinunter in den Kirchsiefen und seine Fischteichanlage.

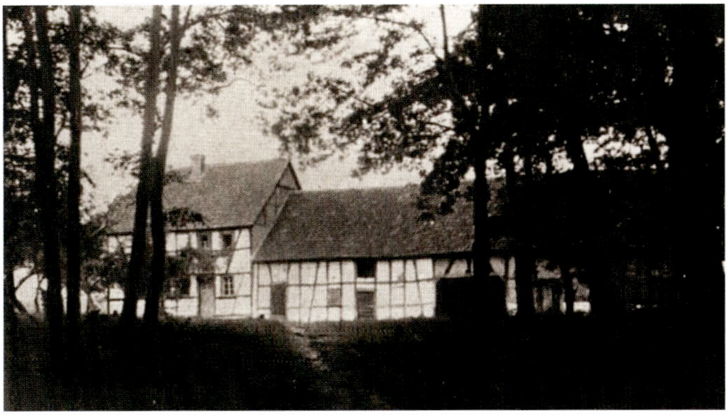

Dickshaus am Boxhohn, 1917 abgebrochen

Der Kirchsiefenweg streift in einer Entfernung, die der damaligen Sichtweite über die offene Heide entsprochen haben muss, das bis 1915 existierende Industriegelände der Ludwigshütte, führt heute aber durch einen Forst, der eher an eine Baumschule erinnert, weniger ein Naturschutzgebiet erahnen lässt. Auch der asphaltierte Schauenbergweg zum Forstamt, den es zu überqueren gilt, und die wenig später folgende Tanklager-Station wirken deplatziert. Zu erklären sind diese ortsuntypischen „Errungenschaften" vielleicht damit, dass das Gebiet östlich der Hasbacher Straße in Höhe Altenraths erst im 21. Jahrhundert unter Naturschutz gestellt wurde.

> Vorbei an der umzäunten Station folgen wir der Straße nach rechts. Dann verlassen wir den Asphalt und folgen dem Weg geradeaus in den Wald, um dort bei nächster Gelegenheit links abzubiegen und schnell an dem Standort der **1000jährigen Eiche** zu stehen.

Leider ist sie im Januar 2019 fast vollständig zusammen gebrochen, sodass man inzwischen nur noch ihre wertvollen Totholzreste besichtigen kann. Aber sie hatte in ihrem Umfeld für zahlreiche Nachfolger sorgen können. Bereits im August 2011 hatte die Eiche ihren Betonkern verloren. Das Bündnis Heideterrasse schrieb damals:

„Den Betonkern samt Armierung mit Feldbahnschienen, der in den 1960ern nach einem Blitzschlag zu ihrer Sicherung eingebaut worden war, hat die Tausendjährige Eiche locker überlebt. Eigentlich hatte der Baum in den letzten Jahren eher den Beton zusammengehalten. Doch nun war es ihr genug: im Zuge der vielen Regenfälle

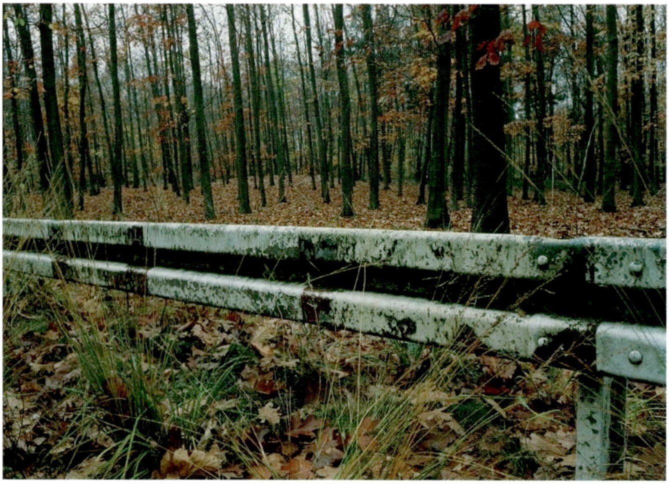

Hügelgrab im Roteichenforst, bis 2003 durch eine Leitplanke vor Panzern geschützt

bröckelte das Korsett in sich zusammen und fiel auf den Wanderweg. Der in der Eiche wohnende Waldkauz muss jetzt leider umziehen und die Wanderer einen Bogen um den Baum machen."

Als nächstes ist die Hasbacher Straße zu überqueren, um danach dem Waldpfad nach rechts zu folgen.

Während wir das Boxhohner Land durchqueren, erinnern wir uns der alten Sage vom General Boxhohn:

„Als Bonifatius den Heiden auf der Altenforster Heide das Evangelium predigte, weigerte sich ein mächtiger Franke, in gebückter Stellung die Taufe zu empfangen. Er verließ seine Stammesbrüder und gründete mitten auf der Heide ein Gehöft und nannte es Boxhohn. Er wurde später ein mächtiger General und verrichtete große Heldentaten. Als er starb, legte man seinen Leichnam in einen goldenen Sarg unter dem mächtigen Hügel der Hohen Schanze. Den goldenen Sarg setzte man in einen silbernen und beide in einen eisernen. Schon viele haben versucht, das Grab zu finden, aber vergebens."

Den Ort Boxhohn hat es unweit von hier an der Hasbacher Straße tatsächlich bis etwa 1917 gegeben. Die Entstehungsgeschichte der Sage wird einige hundert Meter weiter an der **Hohen Schanze** deutlich.

Nachdem uns die Piktogramme in einen Abzweig nach links lotsen, stoßen wir recht bald auf einen kleinen Hügel, der in den Wanderweg hineinragt.

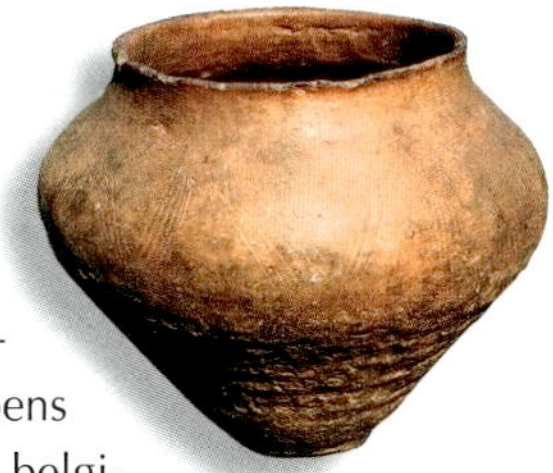

Hallstatturne, 500-350 v. Chr.

Vor 2003 war das **Hügelgräberfeld** der Hohen Schanze am besten an der sie umgebenden Leitplanke zu erkennen – was die Bäume, die sich im Laufe ihres Wachstums um das Metall herum wanden, als gezeichnete Zeugen noch Zeit ihres Lebens dokumentieren werden. Diese Planken hatten die belgischen Streitkräfte Mitte der 1960er um diesen historischen Friedhof herum errichtet, um Hügelgräber vor querfeldein fahrenden Panzern zu schützen. Denn besonders auffällig sind die meisten mit einer heutigen Höhe von weniger als einem halben Meter nicht mehr. Leider schützten die Leitplanken nicht vor forstwirtschaftlichen Eingriffen. Hubert Iven beklagte schon 1933, dass Grabhügel bei Aufforstungen eingeebnet werden.

Der Altenrather Lehrer **Joseph Rademacher** erkannte als erster die Bedeutung der Grabhügel, und startete um 1880 die ersten systematischen Grabungen. Mit dabei war schon damals sein Sohn Carl, der später die Kölner Anthropologische Gesellschaft und das Museum für Vor- und Frühgeschichte gründete und damit einer der Väter des Römisch-Germanischen Museums in Köln ist. Dort werden auch einige der Funde aus der Wahner Heide ausgestellt.

Die etwa 700 Hügelgräber mit rund 1.000 Bestattungen stammen überwiegend aus der **Hallstattzeit**. Dies ist eine nach den Funden in der oberösterreichischen Stadt benannte, eisenzeitliche Kulturepoche, die den Zeitraum von 750 bis 500 v. Chr. umfasst. Seinerzeit siedelten hier keltische Volksgruppen, die aus Südosteuropa eingewandert waren. Sie lebten nicht nur von der Jagd und der Viehwirtschaft, mit der eisernen Pflugschar waren sie auch zu einer bis dahin bei uns nicht bekannten Ackerwirtschaft befähigt. Und sie besaßen einen typischen Bestattungskult: Sie verbrannten ihre Leichen, setzten sie mit Grabbeilagen in Urnengräbern bei und errichteten Hügel über diesen Gräbern.

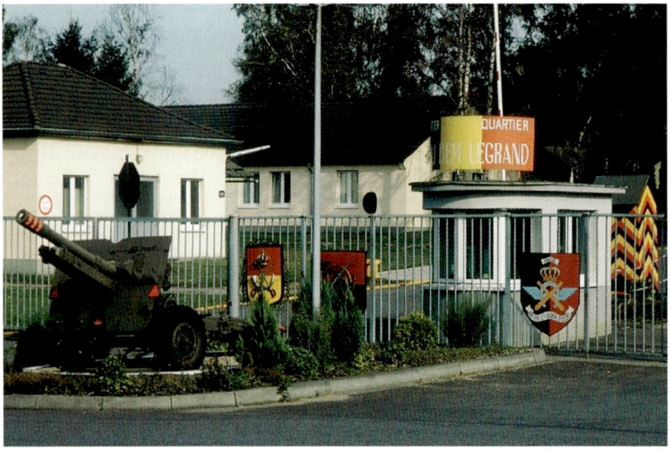

Camp Altenrath 2001

Keine dreihundert Meter vom Hügelgräberfeld entfernt öffnet sich die große Freifläche des Herfelds. Heute liegt das Herfeld – wie an der Aussicht auf den Frachtbereich unschwer zu erkennen ist – auf dem Flughafengelände, teilweise auch außerhalb in der Einflugschneise der Querwindbahn. Hier wird aus Gründen der Hindernisfreihaltung für den Flugbetrieb eine Art Niederwaldwirtschaft betrieben, bei der der natürliche Baumaufwuchs regelmäßig abgeholzt wird.

Dieselben Volksstämme, die die Hügelgräberkultur mit sich brachten, müssen auch landwirtschaftliche Methoden wie die Niederwaldwirtschaft bei uns eingeführt haben. Die ersten Niederwälder sind für das nahe Siegerland aus der Frühen Eisenzeit (um 1.000 v. Chr.) nachweisbar.

Durch eine mit Birken bewaldete Heide und einen anschließenden Roteichenforst führt der Weg vorbei am ehemaligen Camp Altenrath.

Die in den 1950er Jahren durch die belgischen Streitkräfte erbaute Kaserne verfiel nach dem Abzug 2004 zusehends. Im Rahmen von Ersatzmaßnahmen des Bundes sind sämtliche Gebäude zwischen 2011 und 2014 zurück gebaut und das Gelände in das Naturschutzgebiet reintegriert worden – zum großen Vorteil all der seltenen Heidebewohner, die hier einst Lebensraum verloren hatten, zum Nachteil der Schwalben und Schleiereulen, die sich

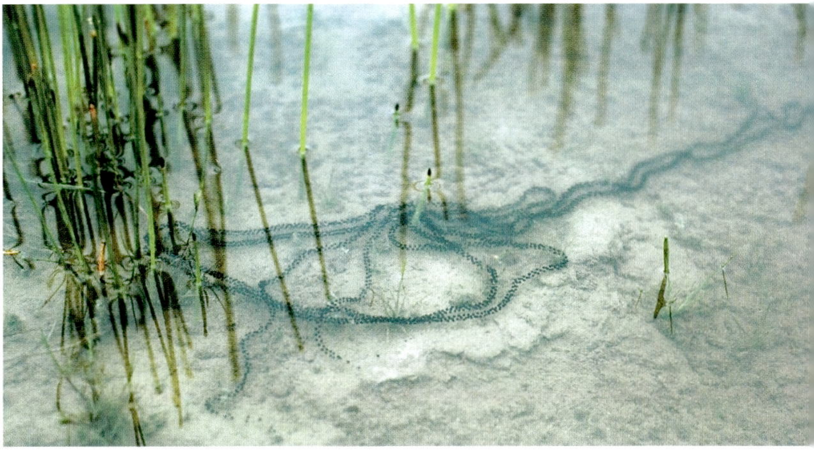

Kreuzkrötenlaich zwischen Österreichischer Sumpfsimse

zwischenzeitlich angesiedelt hatten. Die Zaunanlage, die früher nicht autorisierte Zivilisten abhielt, ist ersetzt worden durch einen Weidezaun – der denselben Effekt hat.

> Wir stoßen auf die Alte Kölner Straße, folgen dieser wenige Meter nach links und überqueren diese dann in Höhe einer gegenüberliegenden befestigten Fläche. Der Wanderweg passiert ein überwuchertes Betonbassin, an das aufgereihte Metallquader, einer überdimensionalen Panzerkette gleich, anschließen.

Die Panzer mussten hier erst einmal den in der Heide gesammelten Sand und Schlamm „abschütteln" und ein kurzes Bad durchlaufen, bevor sie die gegenüberliegende Kaserneneinfahrt passierten.

Das Erstaunliche an dieser – bei ihrem Bau zerstörerischen, und angesichts der im Verlauf ihres Betriebs eingebrachten Ölrückstände – nicht gerade umweltverträglichen Panzerwaschanlage ist, dass sie durch einige seltene Arten angenommen worden ist. Hier beobachtet man nicht nur die größtmögliche Anzahl von Teichfröschen *Rana lessonae*, sondern auch die in Nordrhein-Westfalen stark gefährdete Gesellschaft des Südlichen Wasserschlauchs *Utricularietum australis*. Drei Arten der Gattung *Utricularia*, allesamt wurzellose und „fleischfressende" Unterwasserpflanzen, kommen in der Wahner Heide vor. Der Südliche Wasserschlauch ist normalerweise spezialisiert auf flache Gewässer mit sandigem Boden. Diese

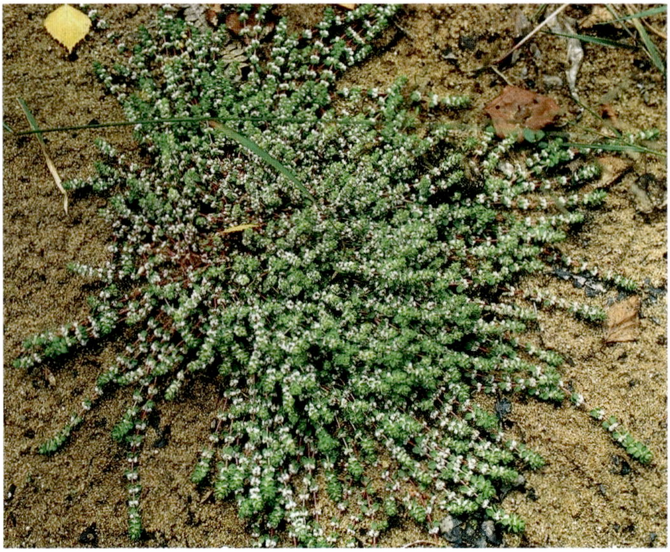

Kulturfolger der Panzertrasse: Die Knorpelmiere

besiedelt er in der Wahner Heide hauptsächlich, fand aber auch in dieser Waschanlage ein zusätzliches Habitat.

Diese sandigen, meist nährstoffarmen flachen Kleingewässer, die nach dem Verursacherprinzip „Panzertümpel" genannt werden, liegen gehäuft auf dem folgenden Kilometer des Wanderwegs, allerdings häufig ohne Wasserschläuche. Denn im Gegensatz zur Panzerwaschanlage trocknen die meisten dieser Temporär, also nur zeitweise Wasser führenden Gewässer im Sommerhalbjahr mindestens einmal aus. Das fördert andere, an diese extremen Verhältnisse angepasste Pflanzen- und Tiergemeinschaften, die aber nicht weniger selten sind.

Zu ihnen zählt die gefährdete Knorpelmieren-Gesellschaft mit dem Namen gebenden Nelkengewächs *Illecebrum verticillatum*, das aus Stengelbruchstücken neue Pflanzen bilden kann, der Roten Schuppenmiere *Spergularia rubra*, der Krötenbinse *Juncus bufonius* und dem Sumpf-Ruhrkraut *Gnaphalium uliginosum*. Sie alle sind Pionierarten offener feuchter Sandböden, die von Natur aus zeitweise überschwemmte Ufer besiedeln. Dieser natürliche Lebensraum ist aber heute noch seltener als ihr Zweitlebensraum, die Panzerpiste der Truppenübungsplätze. Tatsächlich ist der Wanderweg im Hühnerbruch in der zweiten Hälfte des 20. Jahrhunderts als Panzerpiste entstanden und genutzt worden.

So kann man die Knorpelmiere – auch wenn dies im ersten Moment verrückt klingen mag – als Kulturfolger der Panzernutzung bezeichnen. Wird der Rohboden nicht immer mal wieder an verschiedenen Stellen geöffnet, wird zum Beispiel die Knorpelmieren-Gesellschaft im Hühnerbruch aussterben. Möglicherweise wird der Huftritt der Weidetiere die Panzerketten zukünftig ersetzen können. Auch die Erosion insbesondere nach starken Regenfällen fördert die Entstehung offener Böden, aber vielleicht wird das für einige nicht reichen. So wird bei nahezu jeder Exkursion aufs Neue von unvoreingenommenen Teilnehmern die ketzerische und nicht ganz ernst gemeinte Idee geboren, einen „Ausflugspanzer" mit Besucherplattform anzuschaffen, mit dem man – natürlich auf streng festgelegten Routen und zu stark eingegrenzten Zeiten im Winterhalbjahr – alte Panzertrassen befährt. Dabei ließe sich nicht nur Biotopoptimierung be-, sondern gleichzeitig auch einiges an Eintrittsgeldern für den Landschaftsschutz eintreiben; vom militärisch-musealen Aspekt ganz zu schweigen. Vielleicht bedarf es auch im Naturschutz manchmal eher unkonventioneller Ideen und weniger fest gefahrener Denkweisen.

In jedem Falle muss man sich in der Wahner Heide, im Hühnerbruch im Besonderen, von der Vorstellung verabschieden, man dürfe grundsätzlich nicht auf gefährdete Arten treten. Unser Wanderweg ist ein mal nasser, dann wieder extrem trockener Ersatzlebensraum für zahlreiche Arten der Roten Liste. Sie sind davon abhängig, dass der Boden stellenweise immer wieder geöffnet wird.

In schlammigeren und damit nährstoffreicheren Tümpeln und Pfützen geht die Knorpelmierengesellschaft in eine andere Pflanzengesellschaft über, in der Schlammling *Limosella aquatica* und der Sumpfquendel *Peplis portula* vorherrschen.

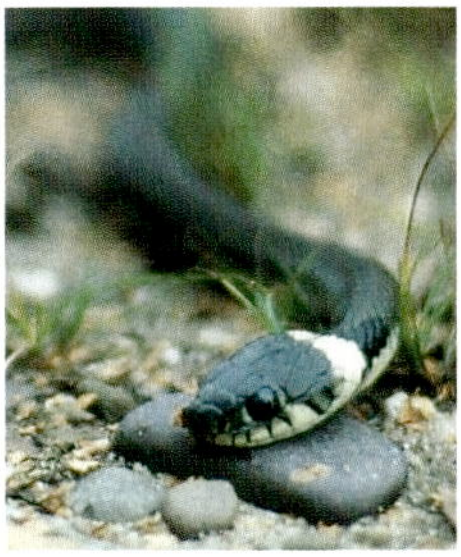

Macht Jagd auf die zahlreichen Grünfrösche: Die Ringelnatter

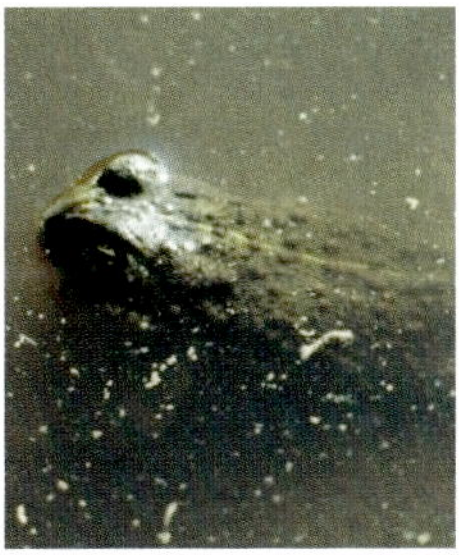

Vermehrt sich in austrocknenden Tümpeln: Die Kreuzkröte

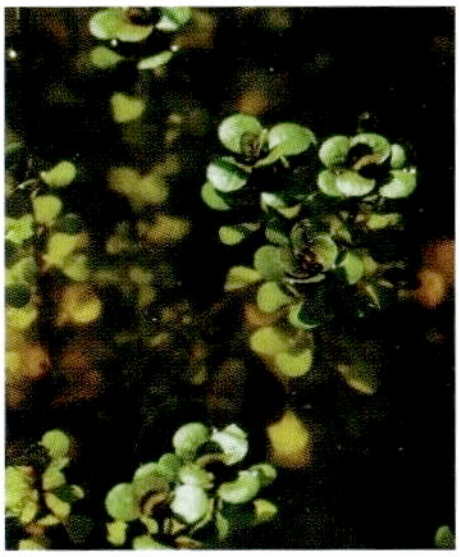

Sumpfquendel

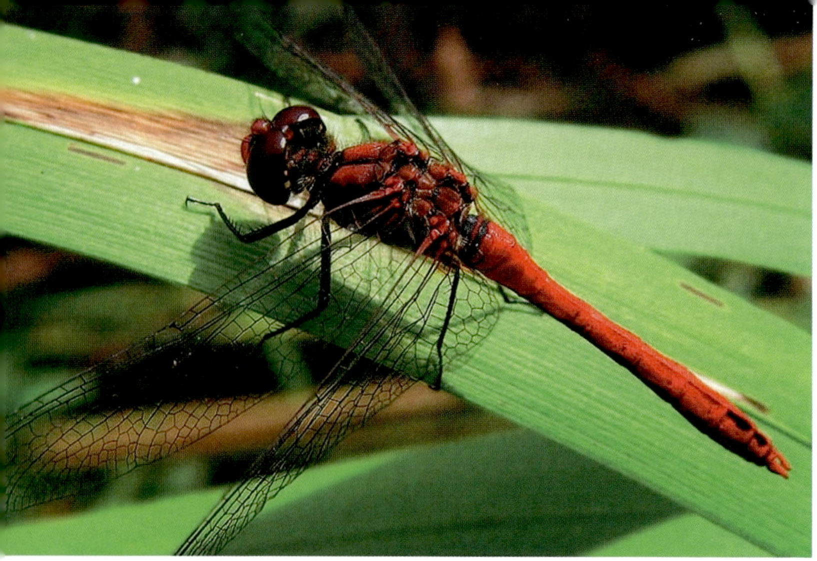

Einer der besten Flieger der Heideterrasse: Die Blutrote Heidelibelle

Einzig und allein am Sumpfquendel ernährt und vermehrt sich der Schwarzschenklige Zwergstirnaugen-Rüssler *Nanophyes globulus*, eine winzig kleine Rüsselkäferart. Ein Vorteil solch einer extremen Spezialisierung ist die geringe Konkurrenz, ein Nachteil ist die fehlende Anpassungsfähigkeit bei sich ändernden Umweltbedingungen. Und so ist der kleine Rüsselkäfer heute in seinem Bestand bundesweit stark gefährdet.

Gerade die Lebensräume, die dem Unkundigen am unwirtlichsten erscheinen, sind Laichgewässer großer Amphibienpopulationen. Die bundesweit gefährdete Kreuzkröte *Bufo calamita* ist als ursprüngliches Steppentier angewiesen auf vegetationsarme oder -lose Kleingewässer. Mit ihrer Nachkommenschaft von etwa 1.000 Eiern pro Jahr und ihrer langen Laichzeit sind sie an das Austrocknen der Tümpel – und damit auch an die Verluste durch Fahrzeugübungen – angepasst. Ihre größte Gefahr droht ihnen durch gut gemeinte, jedoch folgenschwere „Hilfe" von Menschen, die meinen, sie müssten die Tiere oder ihre Kaulquappen aus ihren Laichgewässern „retten" und woanders – womöglich im eigenen, meist vollkommen ungeeigneten Garten – aussetzen. Wer einmal so eine „gute Tat" beobachten sollte, möge bitte auf die Naturschutzverordnungen hinweisen und den „Wohltäter" fragen, warum gerade hier so viele Amphibien vorkommen.

Ähnliches gilt auch für den Echten Kiemenfuß *Branchipus schaefferi*. Diesem kleinen Krebs, der wie ein U-Boot durch den Tümpel gleitet, hilft jeder Rettungsversuch nicht, denn er überlebt

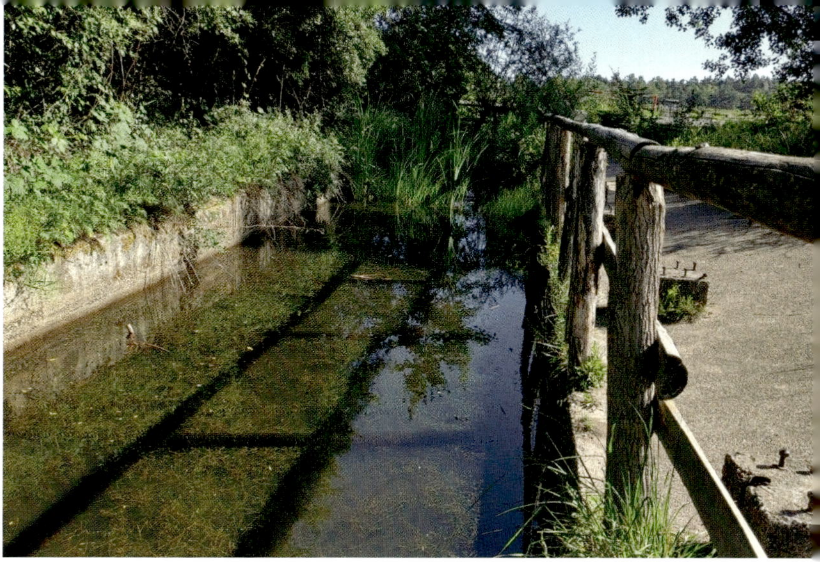

Durch das Bündnis Heideterrasse gerettet und betreut: Panzerwaschanlage

nicht lange in dauerhaften Gewässern. Seine Strategie besteht unter anderem darin, sich in Tümpeln schneller fortzupflanzen als räuberisch lebende Insekten. Trocknet der Tümpel aus, stirbt die Elterngeneration, doch die Eier können Jahrzehnte der Trockenheit überdauern. *Branchipus*, durch die Bundesartenschutzverordnung streng geschützt, galt in Nordrhein-Westfalen als ausgestorben, als er in der Wahner Heide 1990 wiederentdeckt wurde.

Die Larven der Heidelibellen, zum Beispiel der Blutroten Heidelibelle *Sympetrum sanguineum* sind es, die dem Branchipus auf Dauer gefährlich werden können. Die Art überwintert als Ei, lebt als Larve bis in den Sommer hinein im Tümpel und schlüpft dann als fertige Libelle. Die Flugzeit reicht von Juni/Juli bis Oktober, danach wiederholt sich das Spiel. Die Entwicklungszeit der Larven von vier Monaten ist in Anpassung an das Austrocknen des Gewässers kurz.

Benannt ist der Hühnerbruch nach dem Birkhuhn. Von dieser in Deutschland inzwischen vom Aussterben bedrohten Rauhfußhuhnart, bei der die Männchen immerhin eine Länge von 55 Zentimeter erreichen, waren in den 30er Jahren des 20. Jahrhunderts noch über 100 balzende Hähne festgestellt worden. Seit dem Bau des Zivilflughafens Ende der 50er ist dieser charakteristische Moor- und Heidebewohner verschwunden.

Vom Sicherheitsstand Nr. 8, der freien, kiesigen Plattform mit dem pflastersteingroßen Gipfelpunkt, hat man die beste Übersicht über den heute überwiegend mit Birken-Sekundärwald bestandenen Hühnerbruch. Das preußische Militär hat hier Anfang

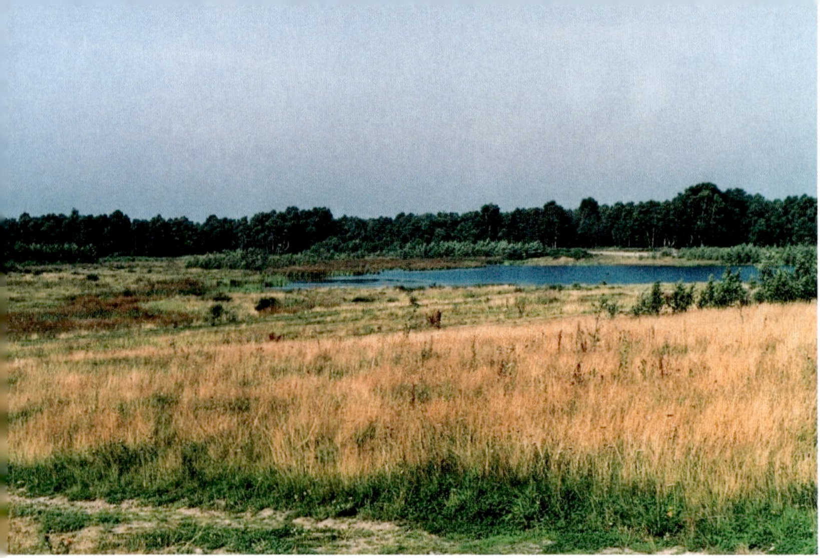

Die Altenrather Tongrube 1987

der 1890iger Jahre auf einem bestehenden natürlichen Tertiärhügel noch einige Meter Kies aufgeschüttet, um Manöver besser beobachten zu können.

Während der Hühnerbruch von der preußischen Armee bis 1918 als Zielgebiet für Artillerie-Schießübungen genutzt wurde, übte das belgische Militär hier rund 50 Jahre lang bis 2002 mit Panzern.

Die eine oder andere Heidelerche *Lullula arborea* scheucht man gezwungenermaßen auf, wenn man einen Wanderweg über die offene Heide wählt. Die in ganz Mitteleuropa gefährdeten, in der Heide aber mit etwa 60 Revieren gut vertretenen Vögel sind daran gewöhnt. Sie halten sich, der besseren Tarnung und Übersicht wegen, auch am liebsten auf den offenen Sandwegen auf. Wohl tönend fliegen die Lerchen auf, um sich hinter uns wieder auf dem Weg niederzulassen.

Im Hühnerbruch werden die ehemaligen Panzertrassen durch unzählige matt weiße Kiesel hell erleuchtet. Die Böden der zentralen und südlichen Wahner Heide sind geprägt durch diese 17 bis 27 Millionen Jahre alten, aus den tertiären Epochen des Oligozän und Miozän stammenden Ablagerungen. Während der Meeresvorstöße, die den heutigen Rand der Kölner Bucht phasenweise überfluteten, wurden Tone, Sande und eben diese Kiese abgelagert. Die tropischen Schachtelhalmwälder von damals sind die Braunkohleflöze von heute, und die sind früher bei Panzerübungen bisweilen zu Tage gefördert worden. Im 19. Jahrhundert wurden die Bodenschätze gezielt, wenn auch sehr kleinflächig abgebaut.

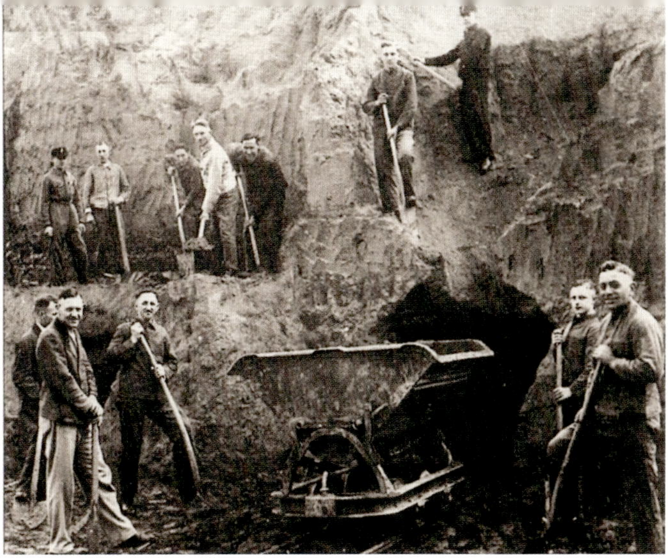

Tagebau in den 1920ern

An der folgenden Kreuzung halten wir uns rechts und wandern so hinab in die Tongrube.

Das mit Birken bewaldete Gelände, das kurz vor der Rechtskurve zur Tongrube auf der rechten Seite erkennbar wird, wurde bisher nicht in die Maßnahmen zur Wiederherstellung der Offenlandbiotope einbezogen. Es ist die Eisensteins Grube, nicht benannt nach ihrem Betreiber, sondern nach den Lagerstätten, den Raseneisenstein-Vorkommen, die hier im 19. Jahrhundert ausgebeutet wurden.

Seit 1857 hatte ein konsolidiertes Bergwerk „Wahner Heide" Bestand, in dessen Einzugsgebiet die Bergwerksrechte für 55 Braunkohlen-, Eisen- und Manganerzgruben vergeben wurden. Es waren alles sehr kleinflächige Tagebaue, die zum Teil heute noch im Gelände zu erkennen sind. Viele Abbaurechte wurden aber gar nicht erst wahr genommen, und angesichts der heute unrentablen Vorkommen – die Braunkohleflöze sind hier im Vergleich zur linken Rheinseite sehr geringmächtig – und der Naturschutzauflagen werden sie auch nicht mehr wahrgenommen werden können.

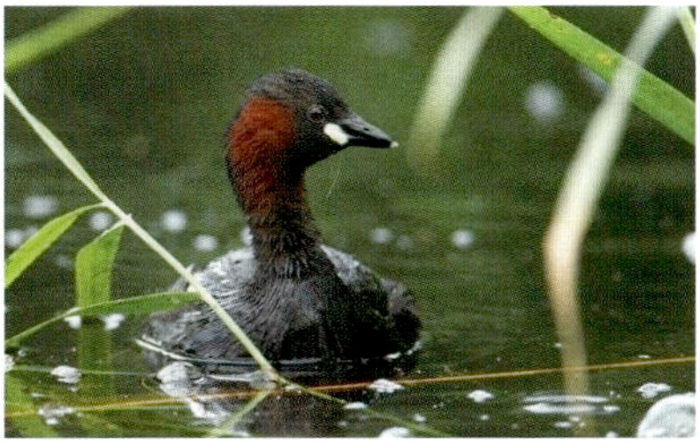

Zwergtaucher, leider verschwunden

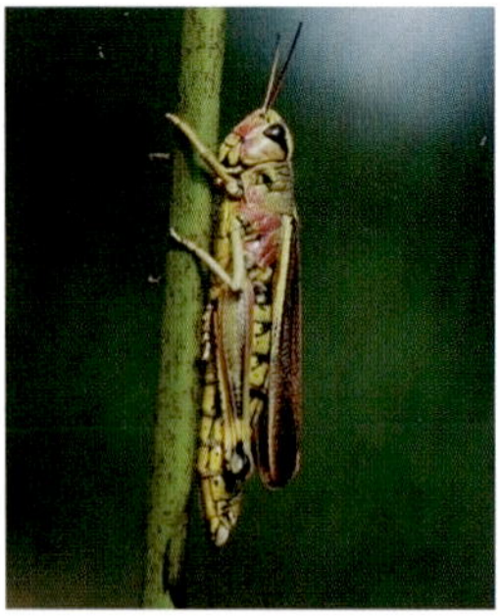

Stark gefährdete Art der Feuchtheiden: Die Sumpfschrecke

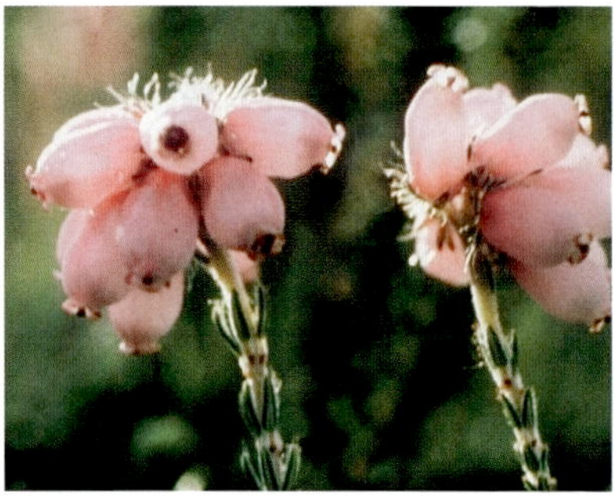

Charakterart der Feuchtheiden und Heidemoore: Die Erica

Erst unmittelbar vor dem schon von weitem sichtbaren Teich biegen wir links ab.

Auf dem Wanderweg in der Tongrube tritt der helle Tertiärton, der seit Jahrhunderten das Objekt menschlicher Begierde ist, noch gut sichtbar zu Tage. Im 20. Jahrhundert erreichte die Ausbeutung nie gekannte Ausmaße und markierte den Start einer Zerstörungswelle, die ihres Gleichen sucht. Nur die Versiegelung durch die in den 1960/70er Jahren geplante dritte Parallelbahn des Flughafens hätte dem ganzen noch die Krone aufsetzen können.

Am 21. November 1968, als die erste Naturschutzverordnung für die Wahner Heide der Nachkriegszeit in Kraft trat, unterzeichnete ein Siegburger Tiefbauunternehmer mit dem Bundesforstamt Wahnerheide einen Vertrag über den Abbau von Ton am Roonhügel. Mit der Abgrabung wurde unverzüglich begonnen, mehrere Teilmoore und Feuchtheiden dadurch zerstört. Dies war gleich doppelt unzulässig, denn laut Truppenstatuten durften die belgischen Streitkräfte, die nach eigener Aussage als Gegenleistung von diesem Bauunternehmer eine Panzerpiste gebaut bekamen, keinen kommerziellen Abbau von Bodenschätzen betreiben. Auch aufgrund massiver Bürgerproteste – allein in Troisdorf wurden 10.000 Unterschriften gegen den Abbau gesammelt – wurde der illegale Betrieb nach 14 Jahren (!) eingestellt.

Doch damit war es noch nicht getan. Seltene Arten hatten die Tongrube schnell wieder erobert. So zerstörten die nachfolgende Verkippung mit Bauschutt und die Rekultivierungen des Bundesforstamts mit standortfremden Gehölzen wie der Grauerle *Alnus incana* unter anderem das Massenvorkommen des vom Aussterben bedrohten Fadenenzians *Cicendia filiformis*.

Wenigstens der Teich konnte durch eine Besetzungsaktion der Aktionsgemeinschaft „Naturpark Wahner Heide“ – unter der Führung des damaligen RBN-Vorsitzenden Josef Meegers hatten sich Bürger und mehr als 30 Verbände zusammengeschlossen – bewahrt werden. Doch das Gewässer zog fortan immer mehr Badelustige an, und damit eine Konkurrenz zu den hier inzwischen siedelnden seltenen Wasservogelarten Wasserralle *Rallus aquaticus* und Zwergtaucher *Tachybaptus ruficollis*.

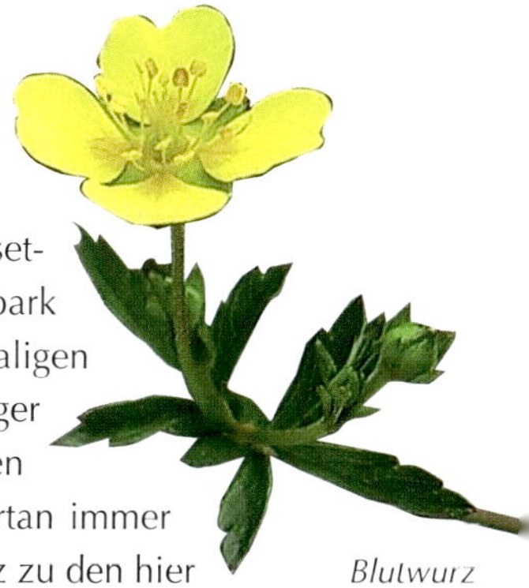

Blutwurz

Durch Verbotsschilder, eine provisorische Umzäunung und häufigere Kontrollen, auch aufgrund der natürlichen Entwicklung von Röhrichten, Schwimmblatt- und Unterwasservegetation ließ die Erholungsnutzung nach, doch der Zwergtaucher verschwand wenige Jahre später trotzdem. Denn unter anderem im Mai, mitten in der Brutzeit, führten Jäger und Förster alljährlich Jagdhundeausbildungen an dem Teich durch, bei welchen zahlreiche Hunde und Menschen kreuz und quer durchs Röhricht stapften. 2004 sollen diese Ausbildungen eingestellt worden sein.

Dort, wo kein Bauschutt abgelagert oder dieser mit dem standörtlichen Ton abgedeckt wurde, entwickeln sich aufgrund des sehr kleinräumigen Wechsels von Feucht- und Trockenstandorten Vertreter unterschiedlicher, kaum trennbarer Pflanzengesellschaften, vor allem von Feuchtheiden. Arten der Borstgrasrasen, der

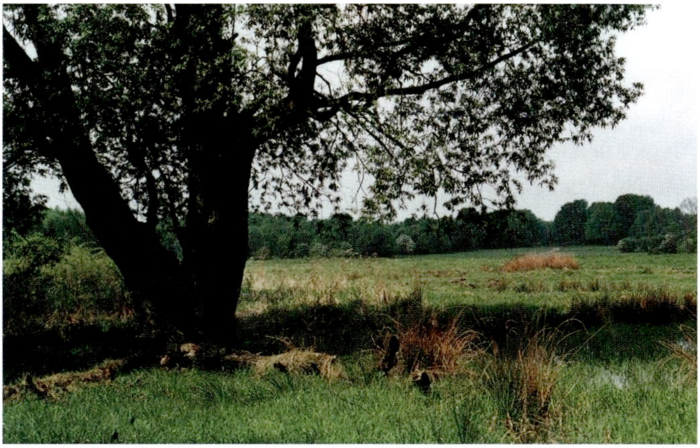

Blick von Krämers Heide auf Sand 1990

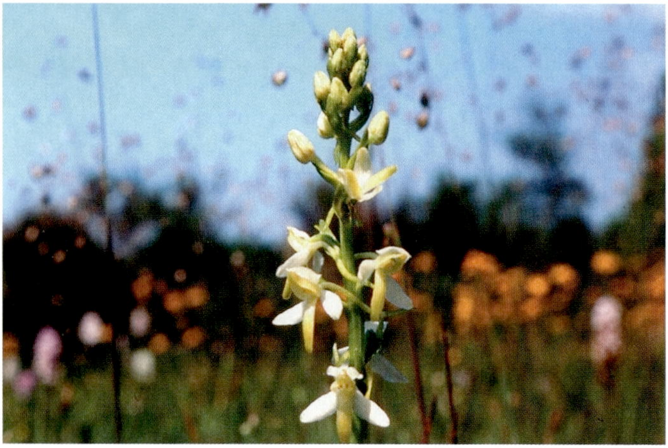

Magerrasen mit Kuckucksstendel

Zwischenmoore und der Sandheiden wechseln wild mit einander ab, die ehemaligen Zwergsträucher *Erica* und *Calluna* stehen unmittelbar nebeneinander, Schild-Ehrenpreis *Veronica scutellata*, Blutwurz *Potentilla erecta* und Englischer Ginster *Genista anglica* wachsen am Wegesrand.

Der Wanderweg geleitet uns aus der Grube heraus und überwindet die Anhöhe der ehemaligen „Panzerautobahn".

Langsam aber sicher wird diese früher regelmäßig befahrene Verbindungstraße zwischen den ehemaligen belgischen Kasernen Camp Altenrath und Camp Spich durch ein zusammenhängendes Grün erobert. Was uns spontan versöhnlich stimmt – symbolisiert es doch das Ende des Kalten Krieges und die Wiederkehr der Natur – könnte in naher Zukunft zur Verdrängung der einen oder anderen Rote-Liste-Art führen.

Wenn man aus dem Waldmantel der Tongrube wieder heraustritt, steht man auf den Altenrather Wiesen, dem ehemaligen Altenrather Ortsteil „Sand". Unmittelbar an der Alten Kölner Straße, wo Weißdornsträucher in die Wiese ragen, befinden sich noch wenige Fundamentreste der ehemals über 50 Fachwerkhäuser, die 1914/15 der Erweiterung des Truppenübungsplatzes weichen mussten.

Auf den einstigen Äckern, Viehweiden und Bauerngärten der Sander ist eine vom Aussterben bedrohte Pflanzengesellschaft erhalten geblieben: Der Heidenelken-Sandtrockenrasen. Er entwickelt

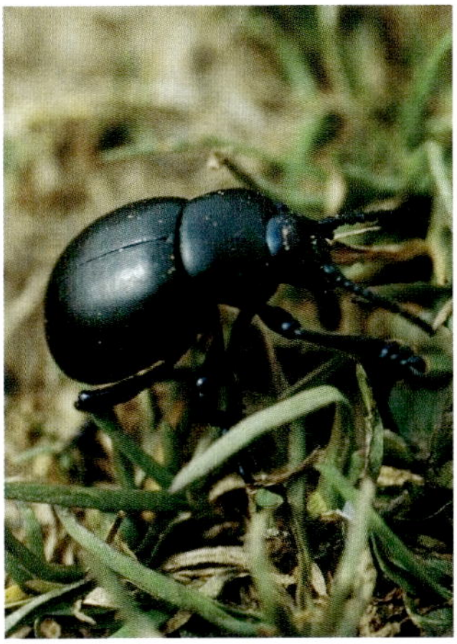

Bundesweit gefährdet, trotz ausgefallener Abwehrstrategie: Der Tatzenkäfer

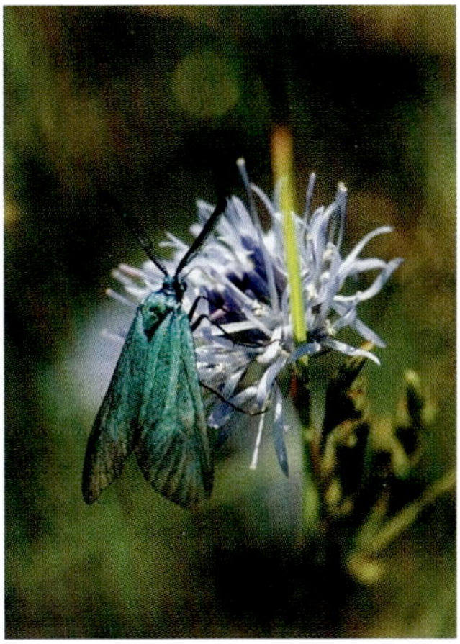

Eine Rote-Liste-Art auf der anderen: Ampfer-Grünwidderchen auf Berg-Sandglöckchen

sich auf besser basenversorgten Sandböden mit geringer Humusauflage. Extensive Beweidung und eine einschürige (einmal jährlich stattfindende) Mahd sollen den Rasen heute fördern.

Beim Heidenelken-Sandtrockenrasen kann man die Artenvielfalt so sehr wie bei kaum einer anderen Pflanzengesellschaft sehen, denn alle Bewohner bilden vor allem im Hochsommer und insbesondere in niederschlagsarmen Sommern ein unvergesslich buntes Farbenmeer.

Bezeichnende Pflanzenarten dieser Gesellschaft sind neben der leuchtend violett blühenden **Heidenelke** *Dianthus deltoides* zum Beispiel auch der Feld-Thymian *Thymus pulegioides*, den die Heidebauern früher ebenso genutzt haben wie das Echte Labkraut *Galium verum*, das als einzige Art der Gattung nicht weiß, sondern gelb blüht. Es wurde früher zur Käseherstellung verwandt, weil es – daher auch der Name – ein Labenzym enthält. Heute laben sich vor allem die Larven des **Tatzenkäfers** *Timarcha tenebricosa*, mit 2 Zentimeter Länge der größte deutsche Blattkäfer, daran. Bei Gefahr würgt er einen orangefarbigen Safttropfen hervor. Eine recht unkonventionelle Art mitzuteilen: Macht besser einen größeren Bogen um mich!

Eine Färbung der Wiese in ein dunkleres Rot verursachen im Hochsommer die zahllosen Samenstände des Kleinen Ampfers *Rumex acetosella*, die Futterpflanze der Raupen des **Ampfer-Grünwidderchens** *Procris statices*.

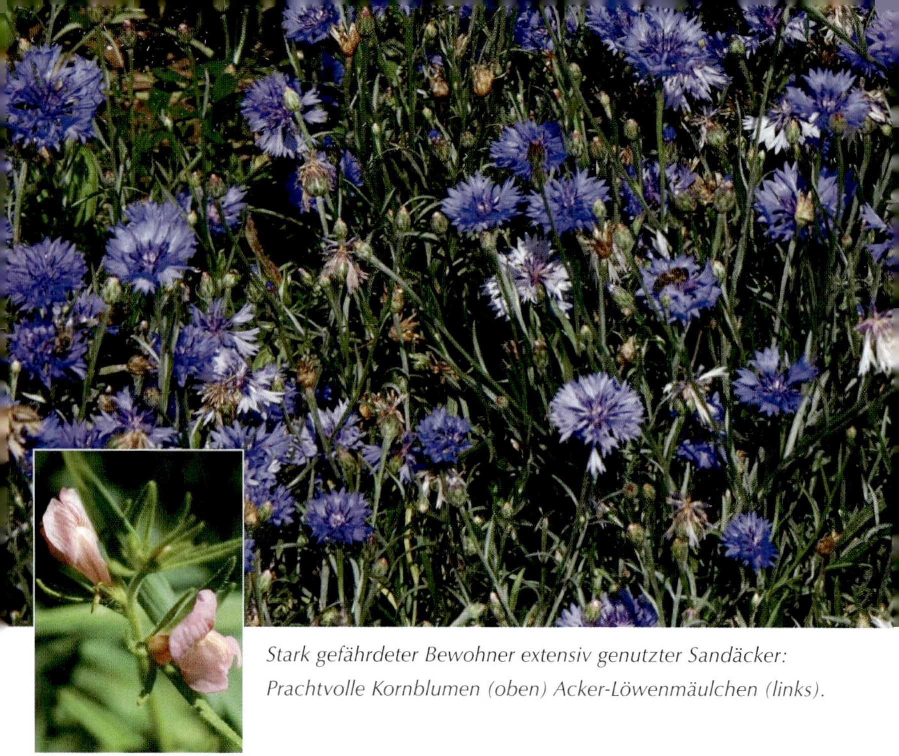

Stark gefährdeter Bewohner extensiv genutzter Sandäcker: Prachtvolle Kornblumen (oben) Acker-Löwenmäulchen (links).

Einige wenige Meter müssen wir uns entlang der Alten Kölner Straße und der Flughafenstraße bewegen, dann bekommen wir auf der Feldflur Altenraths wieder weicheren Boden unter die Füße.

Schon von weitem ist das Wäldchen auf der Anhöhe zu erkennen, das heute die Grube Versöhnung markiert. In zwei kurzen Betriebsperioden, von 1853 bis 1858 und von 1867 bis 1869 sind hier Bleierz, Zinkblende, Kupfererz und Nickelerz unter Tage abgebaut worden.

Zu jener Zeit stiegen die Bergleute in Lederkleidung an Leitern in die tiefen Schächte. Die Förderung des Gesteins erfolgte mit Eimern, die über eine – durch Menschen- oder Pferdekraft betätigte – Haspel (Förderwelle) hochgezogen wurden.

Im Jahre 1868 waren auf der Grube Versöhnung 66 Arbeiter beschäftigt. Der Grubenbetrieb machte sich auch an dem damaligen Bevölkerungswachstum Altenraths bemerkbar.

Unter anderem wegen häufiger Wassereinbrüche und der Konkurrenz zur größeren Grube am Lüderich (bei Rösrath-Hoffnungsthal) rentierte sich der Bergbau hier nicht mehr und wurde 1869 eingestellt. Die Grubengebäude wurden allerdings noch durch

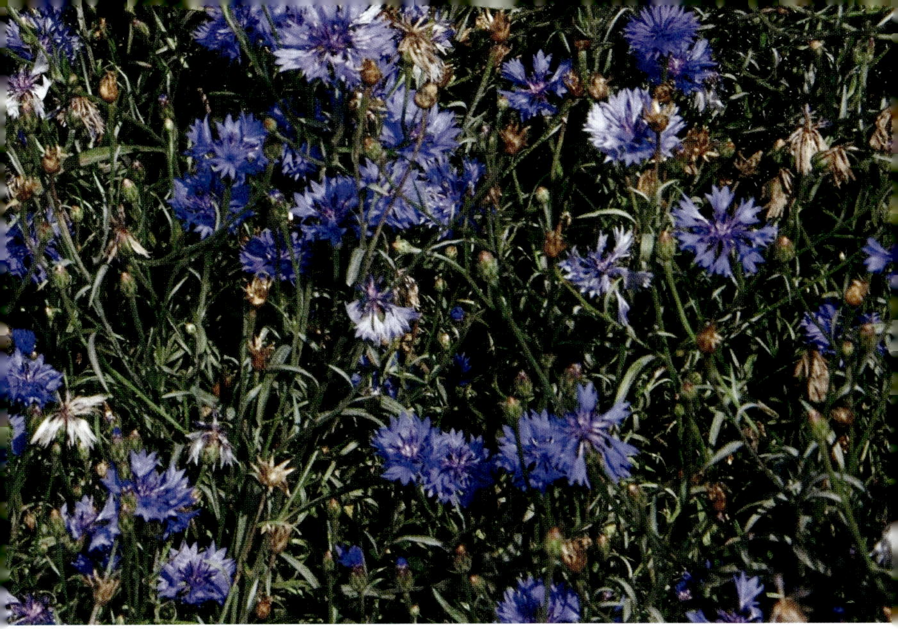

Nachfolger weiter genutzt und erst 1915, als der preußische Staat die Fläche aufkaufte, abgerissen. Heute sind nur noch die Halden des zu Tage geförderten Gesteins erkennbar.

Auf Höhe des Altenrather „Gipfelkreuzes" bietet sich einem der schönste Blick auf die in der Senke eingebettete Siedlung.

Die Kirchturmspitzen Sankt Georgs und das geschieferte alte Pfarrhaus ragen hinter den Äckern und Wiesen hervor.

Um die Wahner Heide herum lässt sich die artenarme Agrarlandschaft überall in Augenschein nehmen, hier aber blühen noch zahlreich seltene Ackerwildkräuter. Sie sind darauf angewiesen, dass der Boden regelmäßig umgebrochen wird. Eine zu häufige Mahd, starker Einsatz von Dünger oder Pflanzenschutzmitteln auf diesen sandigen Lehmäckern würde die Ackerfrauenmantel-Kamillen-Gesellschaft mit der Kornblume *Centaurea cyanus*, aber auch andere gefährdete Ackerwildkräuter verdrängen.

Das Pflücken der Blüten ist nicht gestattet, weil es schlicht und ergreifend die Fortpflanzung der häufig einjährigen Pflanzenarten unterbindet. Erfreuen wir uns lieber an den lebenden Pflanzen und tragen damit dazu bei, dass noch andere Menschen und Generationen etwas davon haben. So etwas Ähnliches wird sich sicher auch der berühmteste Sohn des Heidedorfes, Dr. Carl Rademacher, gedacht haben, als er 1885 wie folgt ins Schwärmen geriet:

Auf der Heide von Altenrath

Im roten Meer der Heide,
Vom Himmel überblaut,
Der Tannen Grün zur Seite,
Mein Herz die Heimat schaut.

Hell schimmerts durch die Zweige –
Die Häuslein sind`s versteckt –
Draus, eine spitz`ge Nadel,
Der Kirchturm hoch sich reckt.

Hier ruh` ich, und ich raste,
Die Seele heimatheil,
Von Wald und Dorf und Heide
Ward sie mir ja ein Teil.

Hier lebte meine Seele
Am Herzen der Natur,
Hier fühlte sie des Ew' gen
Geheimnisvolle Spur.

Hier ging ich mit dir, Liebste,
Glückselig Hand in Hand,
Brach dir die rote Blüte,
Der Liebe Unterpfand.

Der Trampelpfad bringt uns die Wiese hinunter, schwenkt rechts ein auf den Rademacherweg. Dieser, oder eine kleine Straße weiter das „Rübkamp" führen zum Ausgangspunkt im Ortskern Altenraths zurück.

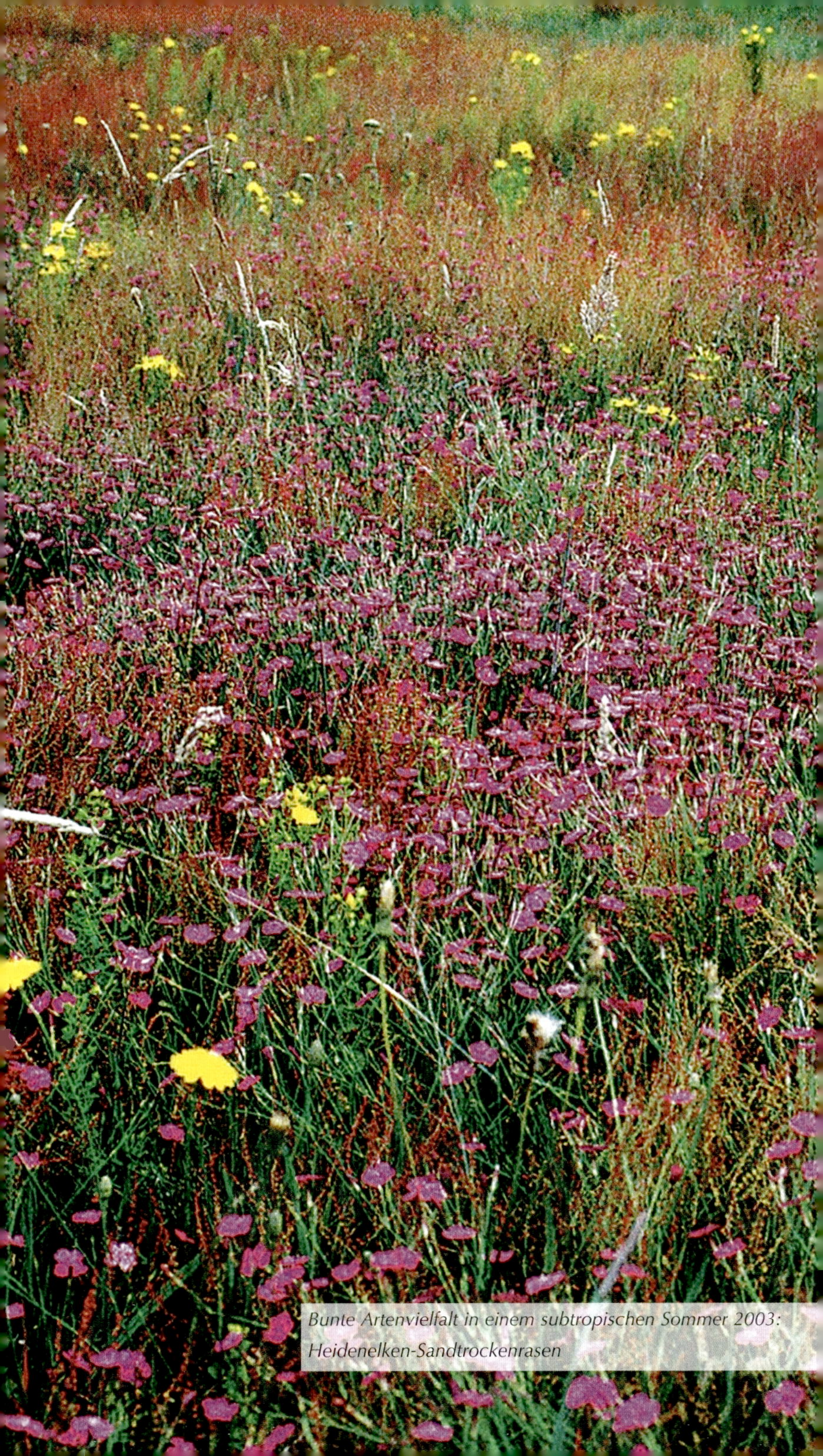

Bunte Artenvielfalt in einem subtropischen Sommer 2003: Heidenelken-Sandtrockenrasen

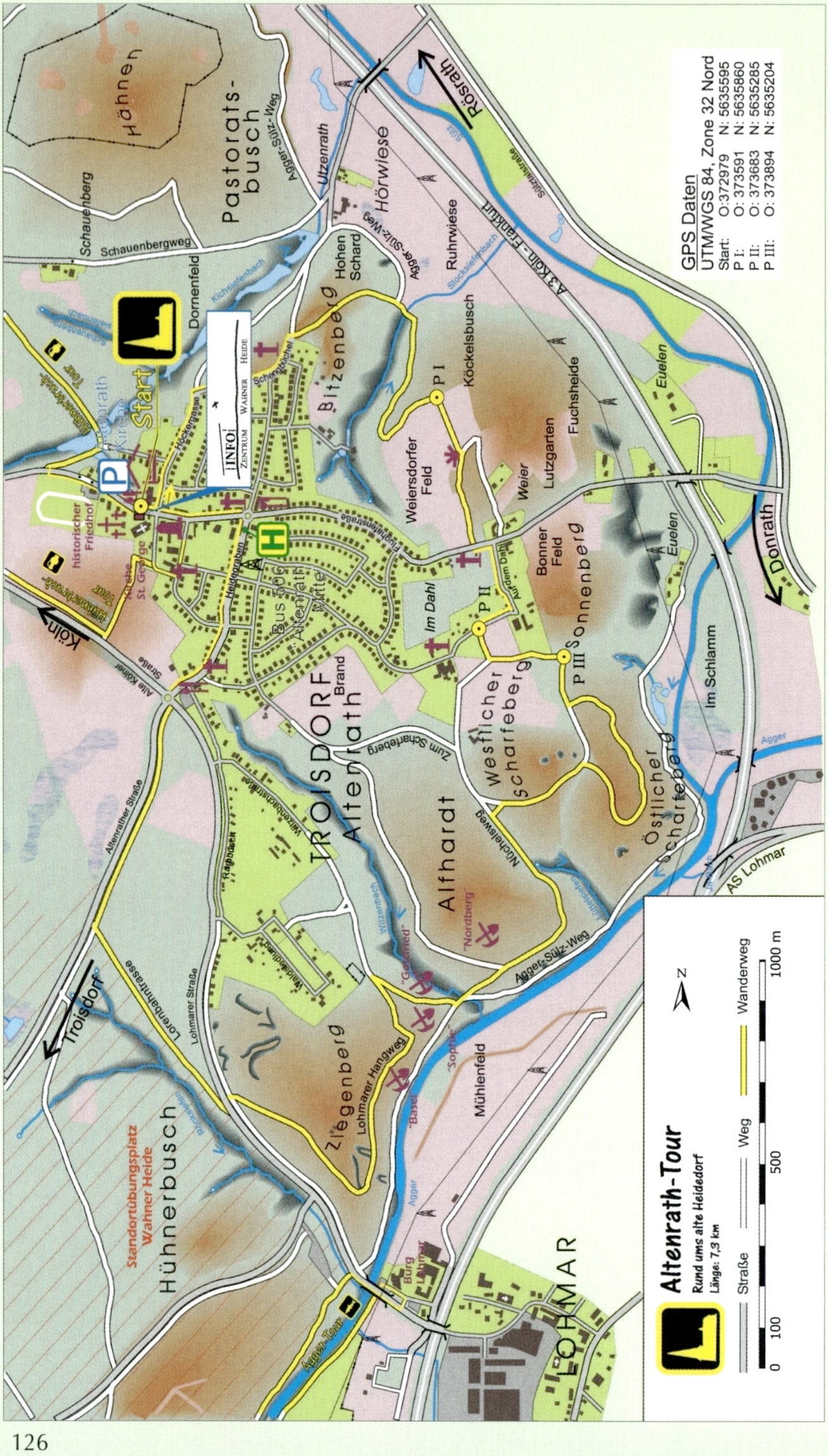

Altenrath-Tour
Rund ums alte Heidedorf
Länge: 7,3 km
Straße
Weg
Wanderweg
0 100 500 1000 m
N
GPS Daten
UTM/WGS 84, Zone 32 Nord
Start: O:372979 N: 5635595
P I: O: 373591 N: 5635860
P II: O: 373683 N: 5635285
P III: O: 373894 N: 5635204
Start
INFO
ZENTRUM WAHNER HEIDE
Altenrath Kirche
Kirche St. George
historischer Friedhof
Hühnerbruch-Tour
Köln
Troisdorf
Rösrath
Donrath
TROISDORF
Altenrath
Brand
Altenrath Mitte
Bus 506
Hähnen
Pastorats-busch
Schauenberg
Schauenbergweg
Dornenfeld
Hohen Schard
Hörwiese
Ruhrwiese
Bitzenberg
P I
P II
P III
Köckelsbusch
Fuchsheide
Weiersdorfer Feld
Lutzgarten
Weier
Bonner Feld
Sonnenberg
Euelen
Im Dahl
Auf dem Dahl
Westlicher Scharfeberg
Östlicher Scharfeberg
Zum Scharfeberg
Im Schlamm
Alfhardt
"Nordberg"
"Gottfried"
"Sophie"
"Basel"
Nüchelsweg
Agger-Sülz-Weg
Agger
Sülz
A 3 Köln - Frankfurt
AS Lohmar
Ulzenrath
Mühlenfeld
Ziegenberg
Lohmarer Hangweg
Hühnerbusch
Standortübungsplatz Wahner Heide
Altenrather Straße
Alte Kölner Straße
Lorenbahntrasse
Lohmarer Straße
Burg Lohmar
Agger-Tour
LOHMAR
Euelen
Sülzstraße
Stockelsiefenbach
Kichsiefenbach
Schengbüchel
Hölzergasse
Heidegraben
Flughafenstraße

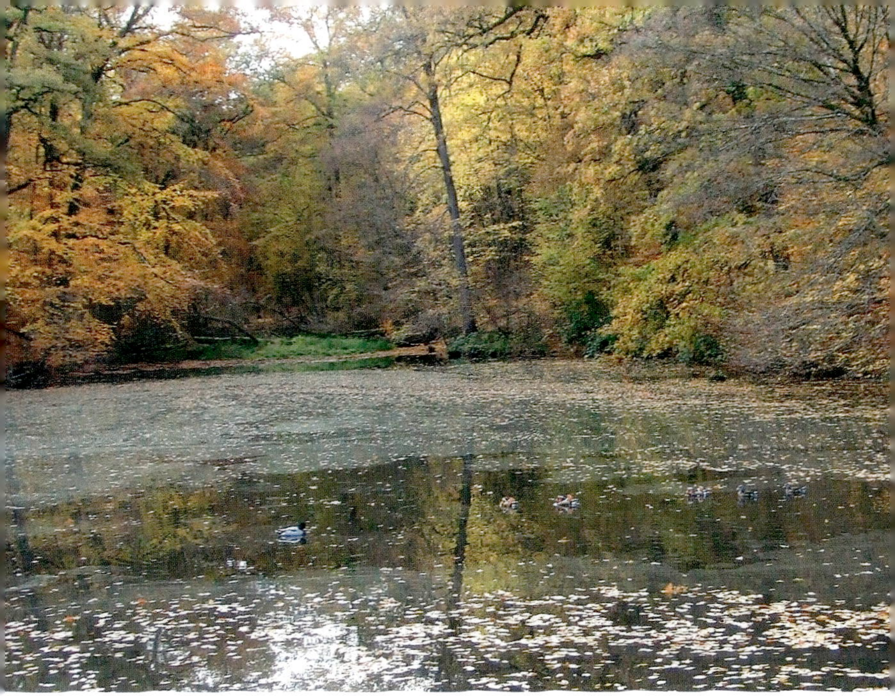

Indian Summer bei Altenrath

Altenrath-Tour

Strecke: 7,3 km • Wegezeichen: Kirche

Rund ums alte Heidedorf

Unser Ausgangspunkt ist das alte Heidedorf Altenrath. Unter dem Namen „Aldenrode", in etwa gleich bedeutend mit „Alte Rodungsstelle", wurde es in Urkunden der Erzdiözese Köln erstmalig 1274 erwähnt. Die allererste urkundliche Erwähnung als „Sulsa" stammt aus dem Jahre 1065.

Der Name lässt es schon erahnen: Die ersten Bewohner waren Bauern, die von Niederwaldwirtschaft, Viehwirtschaft und Schiffelwirtschaft lebten. Im 17. Jahrhundert erlebte Altenrath eine Töpferepoche, und auch die Industrialisierung machte, wenn auch in bescheidenem Rahmen, vor der Abgeschiedenheit der Heide nicht Halt. Allerdings gab es noch 1910 in 115 Haushalten immerhin 12 Pferde, 187 Rinder, 83 Schweine und 22 Bienenstöcke.

1982 kaufte die Stadt Troisdorf Altenrath mit umgebenden Flächen von der Bundesrepublik ab. Ab Mitte der Achtziger entstand ein dicht besiedeltes Neubauviertel.

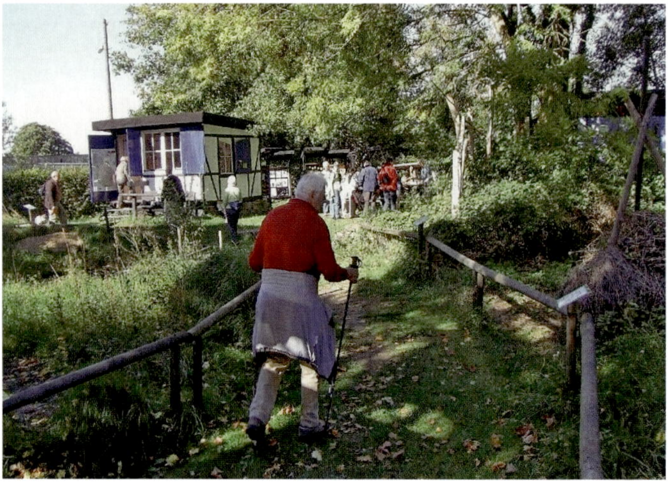

Das ursprüngliche Infozentrum Wahner Heide im Jahr 2010

Welchen besseren Standort für ein **Informationszentrum Wahner Heide** könnte es geben als dieses, zumindest in seinem Ortskern bis heute beschauliche Örtchen, von dem über Jahrhunderte hinweg die traditionelle Landwirtschaft und damit die Gestaltung der Landschaft ausgegangen ist.

Das Infozentrum Wahner Heide war am 26. Oktober 1996 durch die damalige Landesumweltministerin Bärbel Höhn eröffnet worden und war damit die erste Einrichtung ihrer Art für das Gebiet. Das ursprüngliche Gelände befand sich an der Flughafenstraße 33 und musste aufgrund der Kündigung des Eigentümers, der Evangelischen Kirche, in 2018 aufgegeben werden. Der neue, deutlich kleinere Ersatzstandort wurde schließlich im Sommer 2020 in Betrieb genommen. Auch hier bietet sich nun wieder sonntags die Möglichkeit, sich mit der Wanderkarte zu versorgen, mit einem Gläschen Heideblut den Sand von der Lunge zu spülen und vom alten Lohmarer Werner Funken das Neueste aus der Wahner Heide zu erfahren.

Vom Infozentrum und der Kirche aus geht es die Flughafenstraße ein Stück hoch, um dann links in die Höckergasse abzubiegen. Wo der Wald beginnt geht es rechts in den Schengbüchel, vorbei an dem Heiligenhäuschen unter den drei Linden und über den Bitzenberg. Dabei passieren wir auch ein altes Fachwerkhaus.

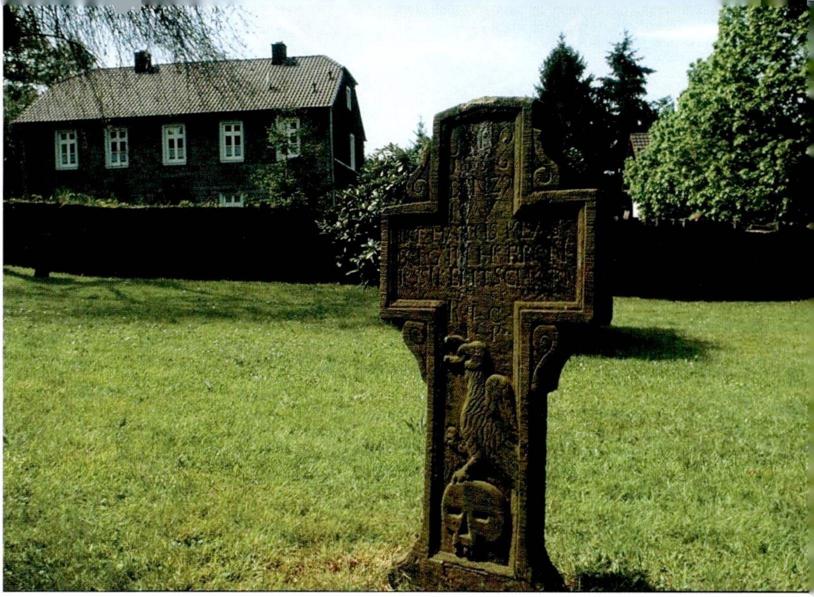

Alter Grabstein auf dem Kirchhof in Altenrath vor dem alten Pfarrhaus

Hinter der ehemaligen Heideklause rechts in die Höckergasse abbiegen. Wo der Wald beginnt, geht es rechts in den Schengbüchel, vorbei an mehreren Häusern, die in den ersten beiden Jahrzehnten des 20. Jahrhunderts erbaut wurden, vorbei an dem Heiligenhäuschen unter den drei Linden und über den **Bitzenberg**. Während es hinunter in den Wald des Stocksiefentals geht, passieren wir auch noch ein altes Fachwerkhaus.

Während andere Heideortschaften früh ihren ursprünglichen Charakter einbüßten, hatten sich in Altenrath noch einige alte Gebäude samt der sie umgebenden historischen Kulturlandschaft ins neue Zeitalter hinüber retten können. Dies war auch ein Grund für die beinahe erfolgreiche Bewerbung für den Standort des **Rheinischen Freilichtmuseums** 1958. Der damalige Bundesverteidigungsminister Franz-Josef Strauß hatte ein Jahr zuvor in einem Schreiben an Altenraths Bürgermeister Erich Gärtner schon seinen Segen gegeben, und endlich – nach Jahren der Ungewissheit – den fehlenden Bedarf der Bundeswehr an Altenrath erklärt. Doch der gleichzeitig geplante Bau eines zivilen Großflughafens in der Heide machte diese Chance zunichte. Das Museum entstand in der Eifel bei Kommern.

Wir folgen dem Schengbüchel geradeaus in den Wald und passieren dort den Schlagbaum. Nach Überqueren des Stocksiefenbachs geht es direkt wieder rechts hoch.

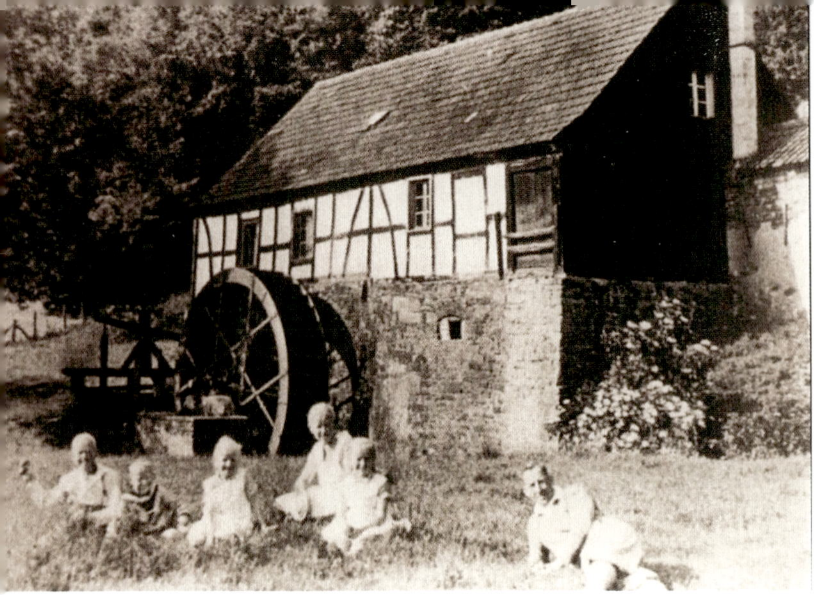

Picknick vor der Hofstattmühle, um 1935

Nach einem Abzweig nach links eröffnet uns ein Durchgang in der alten Weiß- und Schwarzdornhecke den schmalen Pfad über die Glatthaferwiesen des Weierdorfer Felds.

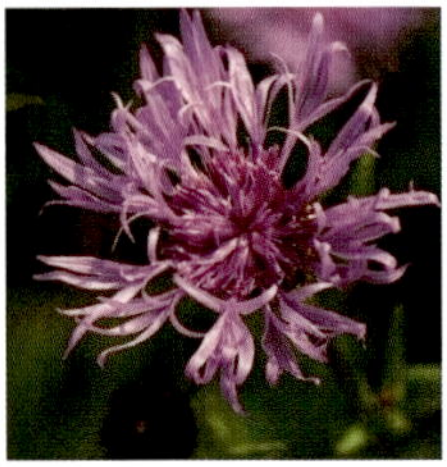

Wiesen-Flockenblume

Neben zahlreichen Grasarten fallen hier im Frühsommer vor der ersten Mahd die hohen Wiesen-Bocksbarte *Tragopogon pratensis*, die Magerwiesen-Margeriten *Leucanthemum vulgare* und im Hoch- und Spätsommer die purpurroten Blüten der Wiesen-Flockenblume *Centaurea jacea* ins Auge. Es sind Mähwiesen, die eben nicht, wie in so vielen anderen landwirtschaftlichen Regionen, überdüngt oder zu häufig geschnitten werden. Sie bieten, wie auch einige Altenrather Wohnhäuser, nach wie vor einen guten Eindruck von der historischen Kulturlandschaft unserer Vorfahren.

Über das Weierdorfer Feld geht es hoch nach Weier, sozusagen zum Dorf im Dorfe. Wie auch Dahl auf der anderen Seite der Flughafenstraße machen sie die gestreute Siedlungsform Altenraths aus. Jeder brauchte schließlich eine gewisse Flächengröße, um sich selbst zu ernähren und darüber hinaus einen gewissen Überschuss für den Verkauf zu erzielen. Von den Streuobstwiesen, die wir in Weier streifen, ist nicht mehr viel übrig geblieben, Bauerngärten und Viehweiden säumen die Siedlungen aber noch ähnlich wie vor hundert Jahren.

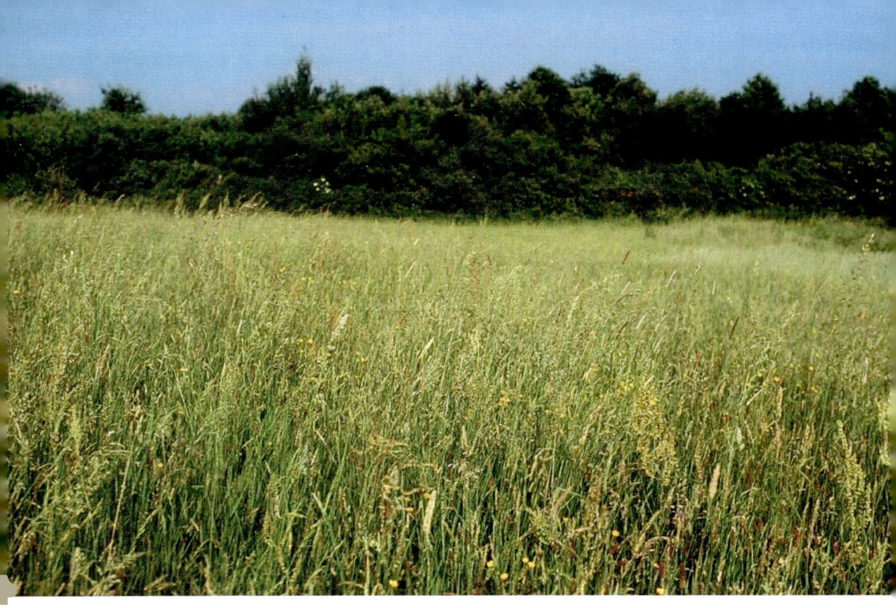

Weierdorfer Feld

Nach Überqueren der Flughafenstraße läuft man schräg gegenüber in „Auf dem Dahl". 100 Meter nach der Rechtskurve der asphaltierten Straße geht es nach links und dann nochmal links. Vorbei an Pferdeweiden tauchen wir wieder in den Wald ab.
Dieser Waldweg führte einst zu den Quarzitsandgruben bei Euelen, am Fuße des Sonnenbergs, und endet heute im Unwegsamen. Daher biegen wir bei erster Gelegenheit wieder rechts ab.

Wir befinden uns hier im geologisch ältesten Gebiet der Wahner Heide. Vor etwa 418 Millionen Jahren, im Erdzeitalter des **Devon**, befand sich die Wahner Heide im Einzugsbereich eines Meeres. Die mächtigen Meeressedimente, die immer wieder abgelagert wurden, verfestigten sich im Laufe der Jahrmillionen zu Gestein.

In einem Zeitraum vor etwa 350 Millionen Jahren falteten sich die devonischen Ablagerungen zu einem Gebirge auf, das wir heute als **Rheinisches Schiefergebirge** kennen. Das Festgestein, das wir hier im Osten der Wahner Heide vorfinden, besteht aus Grauwacken, Sandsteinen und Tonschiefern. Diese, und der aus der Verwitterung dieses Gesteins hervorgegangene Gehängelehm ist hauptsächliches Ausgangsgestein, während dies in der übrigen Wahner Heide tertiäre und quartäre Sedimente sind, also vergleichsweise junge Fluss- und Meeresablagerungen. Die Böden sind daher im

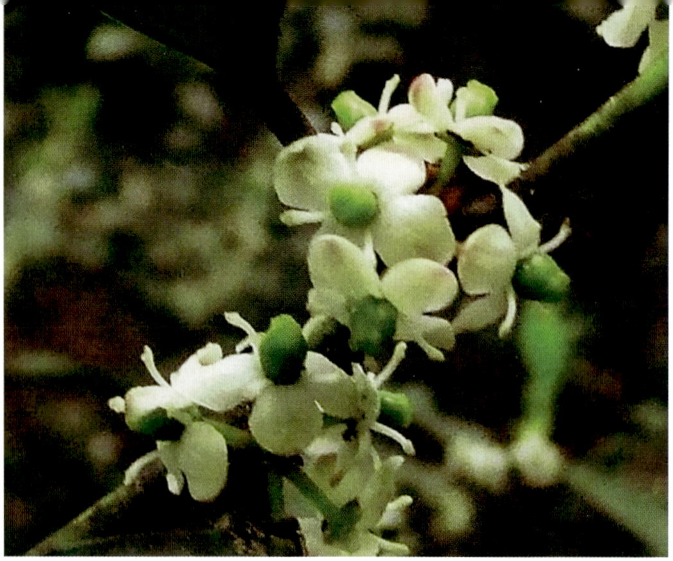

Ilexblüte

Osten mineralreicher als in der übrigen Wahner Heide und bedingen damit eine andere Vegetation.

Auf den devonischen Hügelkuppen ist der **Hainsimsen-Buchenwald** wahrscheinlich die natürliche Waldgesellschaft. Aufgrund der Forstwirtschaft, also der früheren Kiefernaufforstungen und der – inzwischen weitgehend beendeten – Holzernte ist hier am Scharfeberg ein naturnaher Zustand derzeit nur lückenhaft vorzufinden. Aber die **Stechpalme** oder Hülse *Ilex aquifolium*, dieser immergrüne Strauch mit seinen glänzend ledrigen, dunkelgrünen Blättern, hat die Eingriffe der letzten hundert Jahre gut kompensiert. Der Rundwanderweg führt an Exemplaren vorbei, welche die für Stechpalmen typische Blättergestalt aufweisen: In Bodennähe sind die Blätter, in Anpassung an den Verbiss von großen Pflanzenfressern, dornig gezähnt, in einer Höhe von drei Metern werden sie zunehmend ganzrandig. Diese in Co-Evolution mit den wilden Weidetieren entwickelte Anpassung zeigt, dass der Einfluss von Hirschen, Pferden und Rindern von Natur aus größer gewesen ist als heute gewünscht.

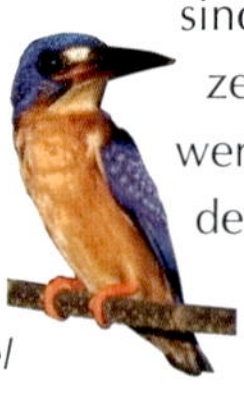

Eisvogel

Der Rundwanderweg führt hinunter ins Aggertal. Der **Witzenbach** kreuzt den Wanderweg, um in Sichtweite in die Agger zu münden. Sofort geht es wieder den Berg hoch, diesmal den Ziegenberg, und knapp oberhalb dieser Einmündung befindet sich unmittelbar an dem aufwärts führenden Witzenbachweg ein Hanganschnitt.

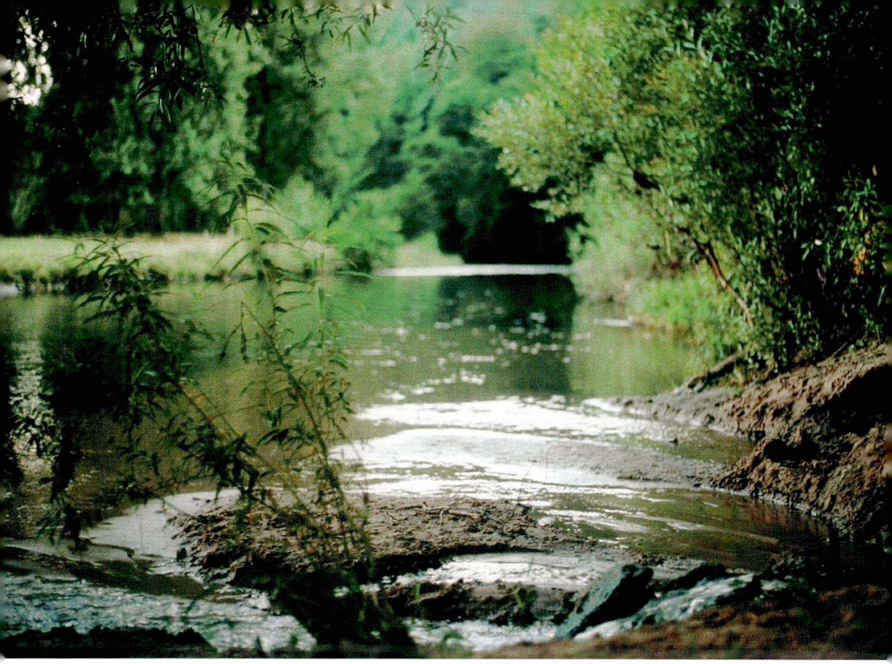

Die Agger in Höhe des Witzenbachtals

Das ist alles, was äußerlich erkennbar von der Grube Sophie, in der Mitte des 19. Jahrhunderts Kupfererz abgebaut wurde, übrig geblieben ist.

> In Sichtweite der umzäunten Bio-Kläranlage biegen wir scharf links ab auf den **Lohmarer Hangweg**.

An den Sülz- und Aggerabhängen wurden nicht nur Grauwacken für den Häuser- und Mauerbau abgebaut, hier wurden auch die im devonischen Gestein eingeschlossenen Vererzungen gesucht und vielfach ausgebeutet. Außer den bekannten Stollen und Gruben Basel, Nordberg, Gottfried, Kant und eben Sophie gibt es noch zahlreiche namenlose Schürfplätze. Immer wieder mal, auch im Verlauf des noch folgenden Lohmarer Hangweges, „stolpert" man über Gesteinsbrocken, die Erzadern aufweisen.

Ein einziger Pfad kreuzt den Lohmarer Hangweg und führt steil talwärts. Dieser Pfad war in der Wanderkarte der Wahner Heide von 1931/32 als Wanderweg ausgewiesen. Heute ist er nicht mehr begehbar; im Gegensatz zum Hangweg, den es aber damals noch nicht gab.

Das Gebiet des Ziegenbergs beherbergt sehr alte menschliche Besiedlungsnachweise, besonders aus der Jüngeren Altsteinzeit

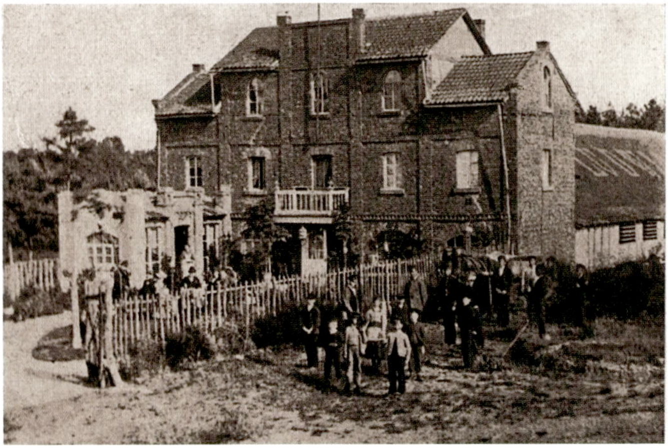

Ludwigshütte von 1878, 1917 abgebrochen

(35.000 – 8.000 v. Chr.), als der Mensch hier noch Jäger und Sammler war und Jagd machte auf Elch, Wisent und Ur. Durch Ausgrabungen in den Jahren 1932 und 1937 konnte anhand von etwa 400 verschiedenen Steinwerkzeugen aus Quarzit und Feuerstein eine Freilandstation der „Ahrensburger Stielspitzengruppe" nachgewiesen werden. Es ist der bisher südlichste Fundort dieser Steinzeit-Kultur.

Der Rundwanderweg verläuft leicht versetzt auf der anderen Seite der Lohmarer Straße weiter.

Durch den **Hühnerbusch** geht es durch eintönige Buchenplantagen, die dokumentieren, wie artenarm Aufforstungen selbst mit heimischen Baumarten sein können. Und wir laufen auf einem Weg, den man wegen seines teils schnurgeraden Verlaufs für einen preußischen Militärweg halten könnte. Tatsächlich aber ist dies die ehemalige Trasse der Lorenbahn, die einst die Ludwigshütte bei Altenrath-Schauenberg mit Lohmar verband.

Ludwig Pastini-Cyrus gründete 1878 die **Ludwigshütte**, eine Schamottstein-Fabrik mit angeschlossenen Ton- und Quarzsandgruben. Ab 1893 transportierte eine Pferdeschleppbahn den Quarzsand und die feuerfesten Steine von der Wahner Heide hinunter in Richtung des Verladebahnhofs in Lohmar. Als 1899 die erste Aggerbrücke in Höhe der Burg Lohmar fertig gestellt wurde, konnte die **Lorenbahn** direkten Weges zum Verladebahnhof verkehren. Und

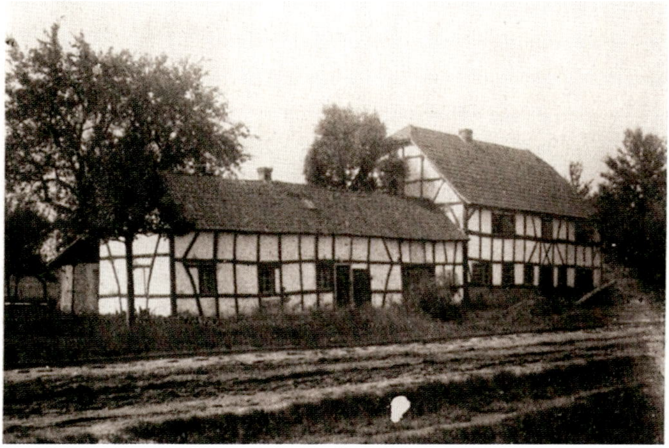

Kreuzers Haus auf dem Sand, 1917 abgebrochen

so wurde es auch möglich, dass die Pferde 1906 von einer kleinen Dampflokomotive abgelöst wurden. Doch schon neun Jahre später kam das Aus für die Ludwigshütte und damit auch für die Lorenbahn, weil der preußische Staat seinen Übungsplatz nach Osten ausdehnte.

Parallel zur Altenrather Straße geht es, teilweise auf dem historischen Verlauf des Weges mit seiner alten Lindenallee, bergauf ins Heidedorf. Im Winterhalbjahr wird von Weitem der Altenrather Ortsteil Rambusch mit seinen markanten, wie an einer Perlenschnur aufgereihten Einfamilienhäusern erkennbar.

Die westlichsten Ortsteile Altenraths – Sand, Schauenberg, Krämers Heide, Boxhohn mit samt den für die Existenz der Dorfgemeinschaft wichtigen Ländereien und der Ludwigshütte – wurden 1914/15 in den preußischen Schießplatz einbezogen und teilweise geschleift. Die Kanonen erzielten immer größere Reichweiten, und die Bausubstanz vieler Häuser hatte bereits unter den Erschütterungen gelitten. Auch konnte im Rahmen der mit dem Fiskus abgeschlossenen Pachtverträge Viehhütung und andere Landwirtschaft nur außerhalb der jährlich rund vier Monate dauernden Schießübungszeit betrieben werden. Deswegen hatte der Altenrather Pfarrer Delvos 1908 eine Petition an den Reichstag gestellt, die aber offenbar nicht ganz die erhoffte Wirkung erzielte. Die Bevölkerung

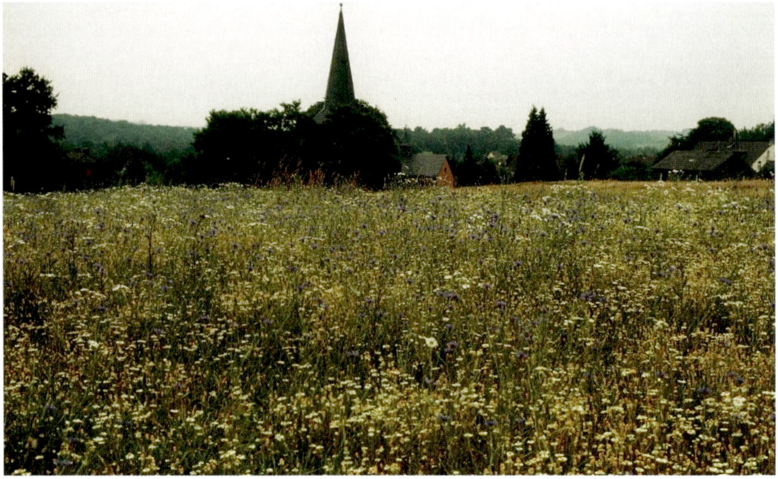

Eine Aussicht wie zu Rademachers Zeiten: Altenrath im Hochsommer

wurde zum Teil in den eigens dafür errichteten Ortsteil Rambusch im Süden Altenraths umgesiedelt.

Existenzielle Bedrohung und das Aufbäumen dagegen war ein wesentlicher Bestandteil Altenrather Geschichte. Wie so viele Dörfer während des **30-jährigen Kriegs** (1618–1648) wurde auch Altenrath, trotz seiner Abgeschiedenheit, am 30.10.1632 von schwedischen Truppen heimgesucht. Wer bestialischem Mord, Brandschatzungen und Vergewaltigungen entkommen konnte, flüchtete sich in die unwegsame Heide, und wagte einen Neuanfang, nachdem die ewig nach kostenloser Verpflegung und persönlicher Bereicherung trachtenden Horden von dannen gezogen waren.

Nachdem das Dorf 1938 ja schon einmal geräumt worden war, drohte in den sechziger und siebziger Jahren abermals das Ende, diesmal durch die jeweilige Landesregierung, die den Bau einer dritten Parallelbahn und einer zweiten Querwindbahn für den Flughafen Köln/Bonn wollte. „**Altenrath muß sterben!**“, war die Schlagzeile der Bild-Zeitung am 10. Dezember 1965.

Etwa 17 Jahre lang ließ man die Altenrather im Unklaren über ihre Zukunft und auf ihrer Siedlerscheinbasis sitzen, bis der damalige Landesverkehrsminister Riemer 1977 Abstand von der Flughafenplanung nahm. Erst danach war der Weg frei für die Reprivatisierung des Heidedorfes, die Stadt Troisdorf konnte nun vom Bund Teile Altenraths erwerben. Josef Allexi war der erste, der am 28. April

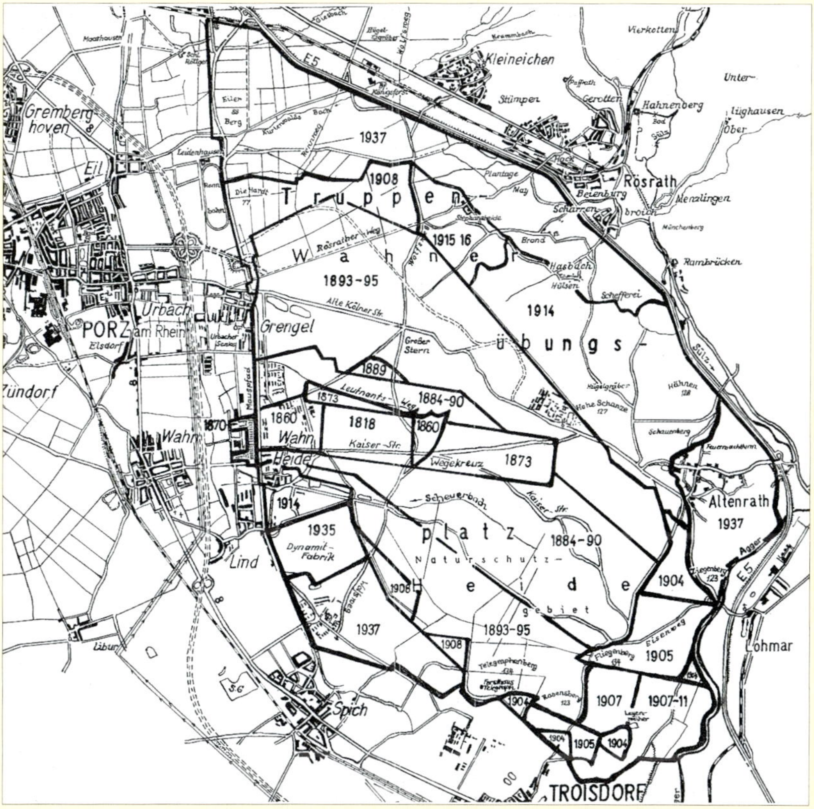

Entwicklung des Truppenübungsplatzes von 1818 bis 1945
E. Plewigs, K. Golenia, Heimat- und Geschichtsverein rechtsrheinisches Köln

1983 sein Haus und Grundstück am Schengbüchel kaufen konnte.

Wie drückte das noch der alte Hasbacher Käding in dem 2002 erschienenen Bildband über die Wahner Heide aus: „…alle zwanzig Jahre ist irgendein Trottel gekommen und wollte diesen Flughafen puschen und einen Mega-Flughafen daraus machen. Das ist jedes Mal in die Hose gegangen.“

Die Altenrather Straße wird in der Ortschaft zum **Heidegraben**, und hinter dem Jägerhof fällt unser Blick auf eines der neun Heiligenhäuschen des Heidedorfes.

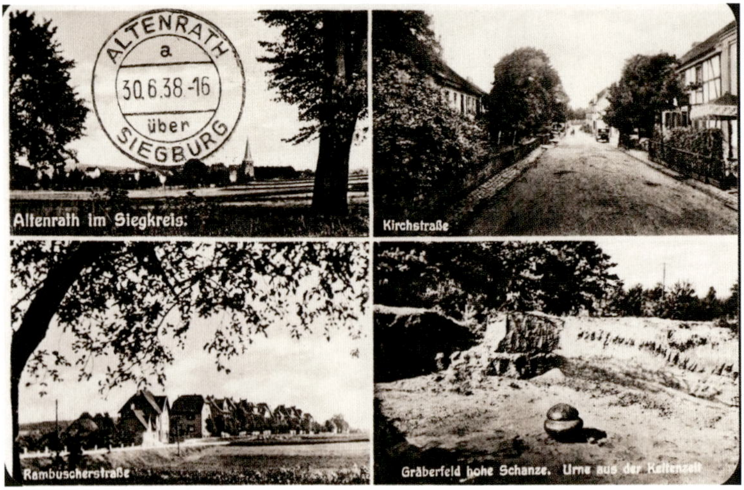

Postkarte mit Motiven von und aus Altenrath, abgestempelt am letzten Tag des Auszuges 1938

Das Wegekreuz des Heidegrabens ist 1773 vom frommen Egidius Rübkamp gestiftet worden. Er oder seine Vorfahren hatten sich, wie damals üblich, nach ihrem Geburts- bzw. Wohnort benannt.

Am Kreisel in der Ortsmitte folgen wir der Flughafenstraße nach links und kehren damit zum Infozentrum Wahner Heide und zur Kirche zurück.

Am Abzweig zum Rübkamp fällt ein Gedenkstein mit der Inschrift „10 Jahre Wiederbesiedlung Altenrath" ins Auge. Das Heidedorf war durch das nationalsozialistische Regime bis zum 1. Juli 1938, 13 Uhr zwangsgeräumt worden, um es dem Truppenübungsplatz einzuverleiben. Etwa 3000 Menschen hatten – trotz behördlicher Schikane – fünf Tage zuvor an der Prozession von der Altenrather Kirche Sankt Georg nach Sankt Hippolytus in Troisdorf teilgenommen, und demonstrierten damit gewissermaßen den Altenrather Exodus. Durch die Ausgabe von Siedlerscheinen, am 9. Mai 1945 durch die amerikanische Kommandantur bewilligt, kam es nach dem Zweiten Weltkrieg zur Wiederbesiedlung, wenngleich die meisten Altenrather nicht zurückkehrten. Der Gedenkstein wurde am 3.7.1955 feierlich eingeweiht.

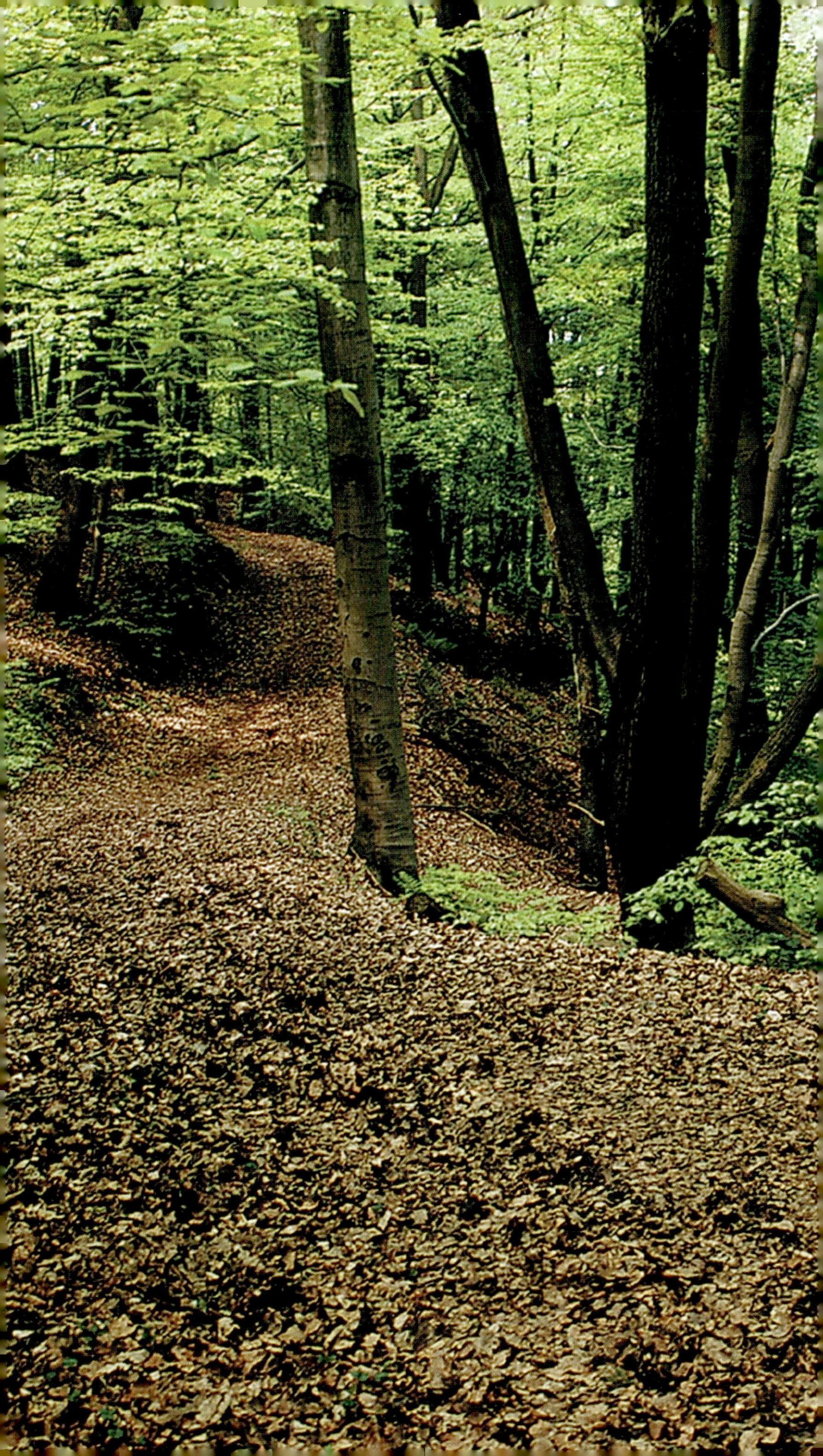

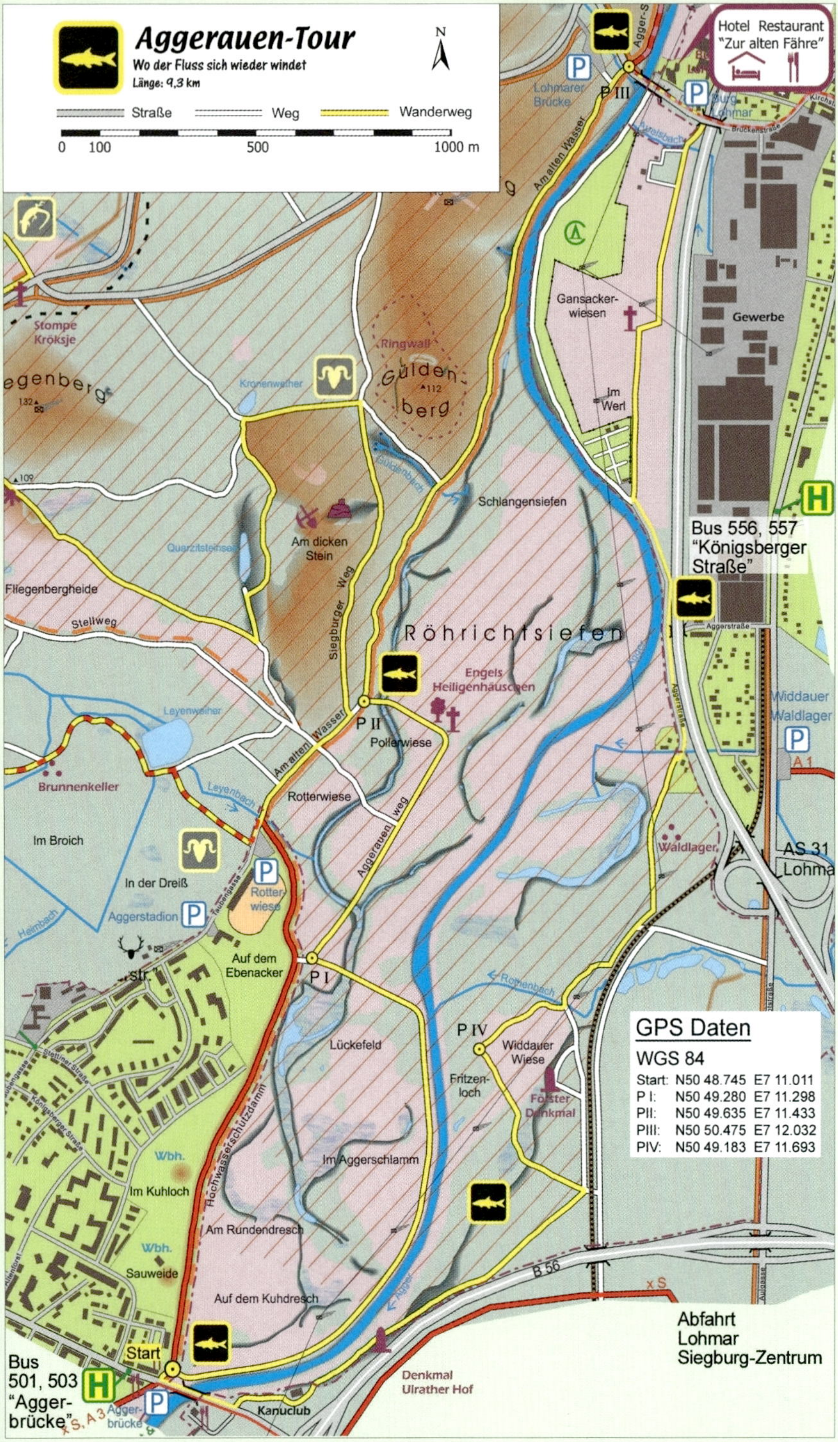
Aggerauen-Tour
Wo der Fluss sich wieder windet
Länge: 9,3 km
Straße
Weg
Wanderweg
0 100 500 1000 m
N
Hotel Restaurant
"Zur alten Fähre"
Lohmarer Brücke
P III
Burg Lohmar
Brückenstraße
Am alten Wasser
Gansacker-wiesen
Gewerbe
Im Werl
Stompe Kröksje
Ringwall
Gülden-berg
Kronenweiher
Schlangensiefen
Am dicken Stein
Quarzitsteinsee
Fliegenbergheide
Stellweg
Siegburger Weg
Bus 556, 557
"Königsberger Straße"
Röhrichtsiefen
Aggerstraße
Engels Heiligenhäuschen
Leyenweiher
P II
Pollerwiese
Widdauer Waldlager
Brunnenkeller
Leyenbach
Rotterwiese
Aggerauenweg
A 1
Waldlager
AS 31 Lohmar
Im Broich
In der Dreiß
Rotter-wiese
Aggerstadion
Auf dem Ebenacker
P I
Rotenbach
P IV
Widdauer Wiese
Lückefeld
Fritzen-loch
Förster Denkmal
GPS Daten
WGS 84
Start: N50 48.745 E7 11.011
P I: N50 49.280 E7 11.298
PII: N50 49.635 E7 11.433
PIII: N50 50.475 E7 12.032
PIV: N50 49.183 E7 11.693
Wbh.
Im Kuhloch
Hochwasserschutzdamm
Im Aggerschlamm
Am Rundendresch
Sauweide
B 56
Auf dem Kuhdresch
Abfahrt
Lohmar
Siegburg-Zentrum
Start
Bus
501, 503
"Agger-brücke"
Agger-brücke
Kanuclub
Denkmal Ulrather Hof

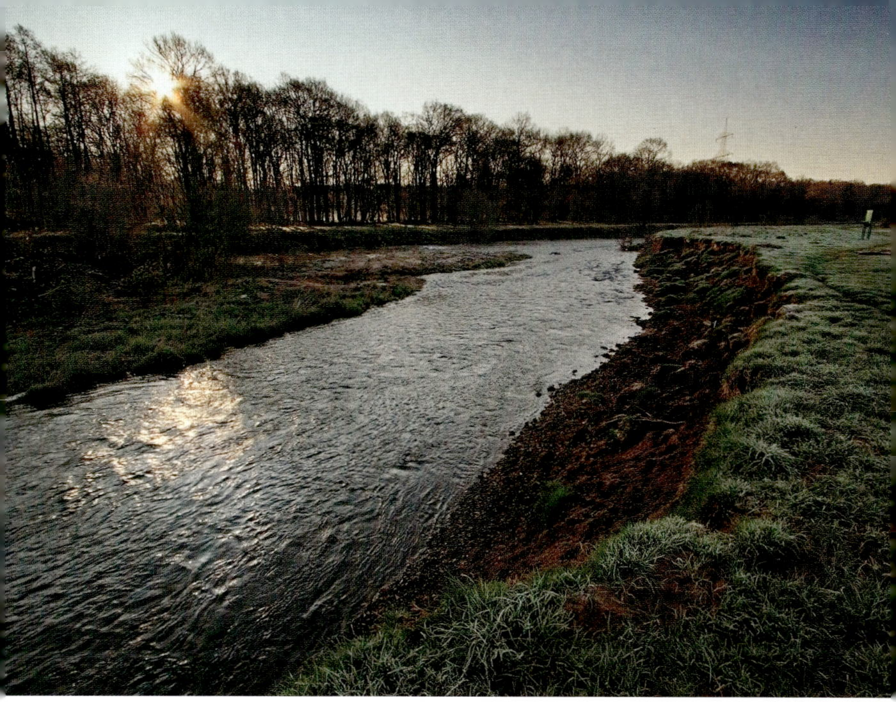

Aggeraue bei Troisdorf

Aggerauen-Tour

Strecke: 9,3 km • Wegezeichen: Fisch

Wo der Fluss sich wieder windet

Von der Aggerbrücke aus geht es am „Saga" hinunter und am direkt folgenden Wegekreuz halbrechts hinunter zur Agger.

Der Wanderweg unmittelbar entlang der Agger kann im Winter und im Frühjahr für einige Wochen überflutet sein. Doch der Hochwasserdamm bietet immer eine bequeme und schnellere, wenn auch nicht ganz so interessante Alternative.

Im Volksmund hieß die Agger ursprünglich „Acher" oder „Aacher", als Bezeichnung für Wasser. Daraus hat sich im Laufe der Jahrhunderte der heutige Name herausgebildet.

Die Agger entspringt bei Meinerzhagen im Oberbergischen auf etwa 400 Metern Höhe, fließt südlich Troisdorfs in die Sieg, die wiederum nach wenigen Kilometern in den Rhein mündet.

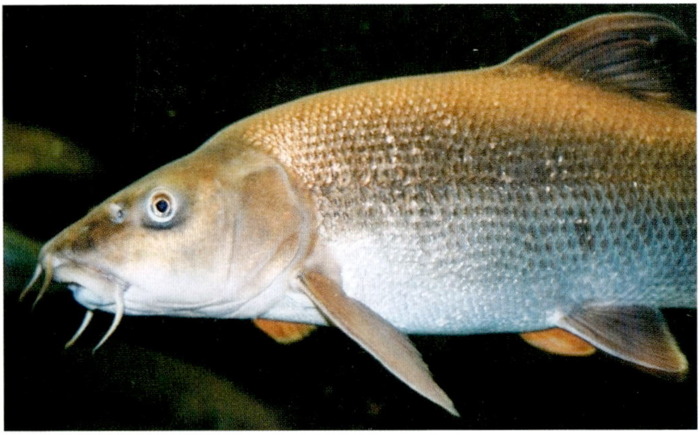

Gefährdete Fischart des Aggerunterlaufs: Die Barbe

17 heimische Fischarten sind von diesem Abschnitt der Agger bekannt, darunter die landesweit stark gefährdete Quappe *Lota lota* und die Bachforelle *Salmo trutta*. Eine einst ausgestorbene Fischart soll im Zuge des Wanderfischprogramms des Landesumweltministeriums auch im Aggersystem (inklusive den Zuflüssen Sülz, Naafbach, Leppe und Wiehl) wieder dauerhaft angesiedelt werden: Der Atlantische Lachs *Salmo salar*. Probleme bereitet dabei nicht so sehr die im Vergleich zur Mitte des 20. Jahrhunderts stark gesunkene Abwasserbelastung, sondern die Verbauung unserer Flüsse. Die Wanderfischarten erreichen ihre ursprünglichen Laichgebiete kaum noch. Und diese ehemaligen Laichgebiete sind durch Eindeichung und Begradigung heute so strukturarm, dass sie sich nur noch bedingt zur Fortpflanzung eignen.

Der Rundwanderweg führt durch Reste eines Weidenauenwaldes mit einigen hundertjährigen Bruchweiden *Salix fragilis*. Sie erinnern an die Zeit, als die Agger hier noch unverbaut war.

Auwälder sind periodisch vernässte Wälder mit typischen, den stark schwankenden Feuchtigkeitsverhältnissen angepassten Pflanzengesellschaften. Hierbei kann man unterscheiden zwischen den flussnahen Weichholzauwäldern und den grundwasserferneren Hartholzauen.

Am unmittelbaren Aggerufer dominierten noch vor der letzten Verbauung in den 1960ern kleine, strauchwüchsige Weidenarten wie Korbweide *Salix viminalis* und Mandelblättrige Weide *Salix triandra*, die heute nur noch vereinzelt, insbesondere an den Altarmen zu finden sind. An diese schlossen sich – ebenso lang

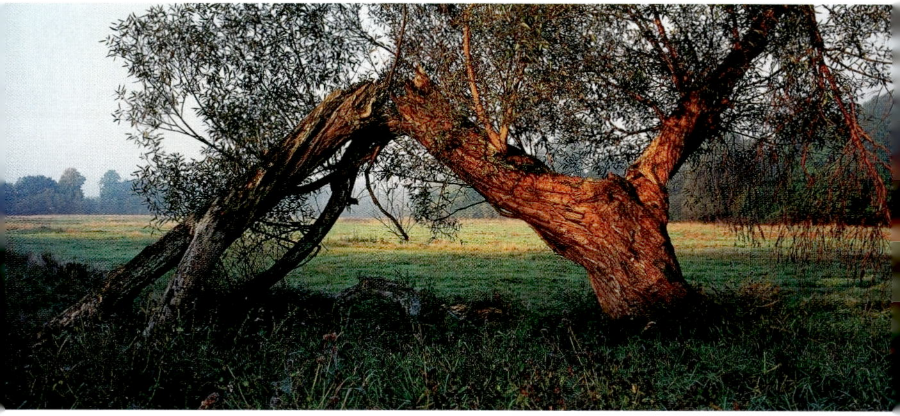

Bruchweide

anhaltend überflutet, aber der Strömung nicht so stark ausgesetzt – großwüchsige Weidenarten wie Bruchweide und Silberweide *Salix alba* an.

Der Name der Korbweide lässt sich auf ihre Verwendung in der Korbflechterei zurückführen. Ihre Zweige sind im Vergleich zum Beispiel zur Bruchweide sehr flexibel. Auf dem Weg durch die Aggeraue fallen immer wieder Kopfweiden auf, die einst „auf den Stock" gesetzt wurden, um den jungen Stockausschlag, die mehrjährigen Weidenruten, ernten und verwenden zu können.

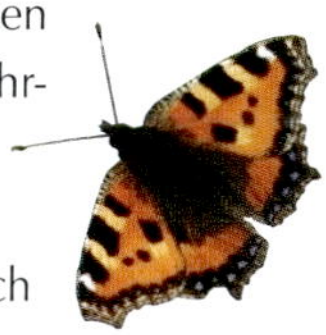

Kleiner Fuchs

Der Weidenauwald ist der ursprüngliche Lebensraum der **Großen Brennessel** *Urtica dioica*, ein Stickstoffzeiger, der durch die menschliche Nutzung weit verbreitet worden und als Garten-„Unkraut" bisweilen verschrien ist. Dabei ist sie so vielseitig verwendbar: Als Spinat, Mittel gegen Blattlausbefall, als Düngemittel, und nebenbei ist die Große Brennessel noch Futterpflanze für zwölf verschiedene Schmetterlingsarten, zum Beispiel für den **Kleinen Fuchs** *Aglais urticae* und das Tagpfauenauge *Inachis io*. Mehr geht eigentlich nicht.

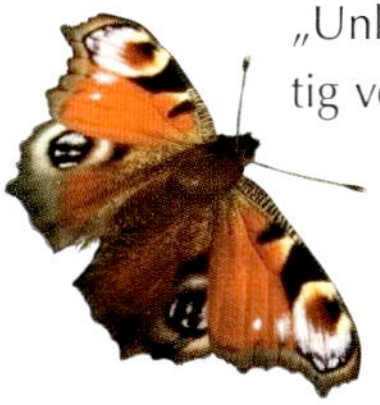

Pfauenauge

Die Wiesen und Weiden der Aggeraue sind in den letzten 200 Jahren im wesentlichen durch den Menschen und seine Nutztiere gestaltet worden. Aber sie haben ein Bild und eine Struktur, die dem natürlichen, ursprünglichen Zustand sehr ähneln dürften: ein heterogenes Wechselspiel aus offenen und bewaldeten Lebensräumen, früher nahezu jedes Jahr neu gestaltet durch die Flussdynamik und die wilden Huftierherden aus Ur, Pferd und Rothirsch.

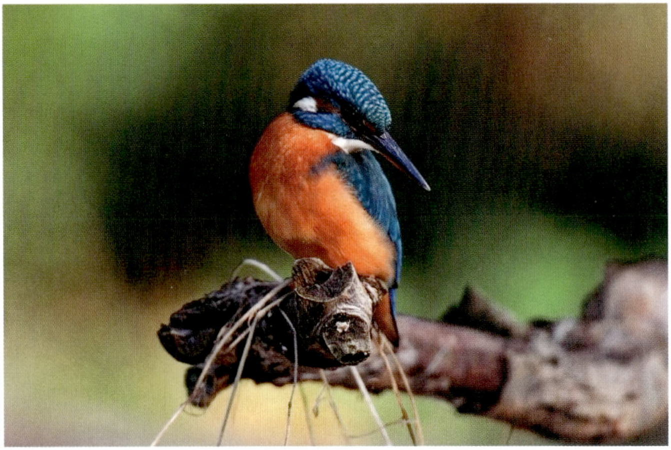

Buntester Heidevogel: Der Eisvogel

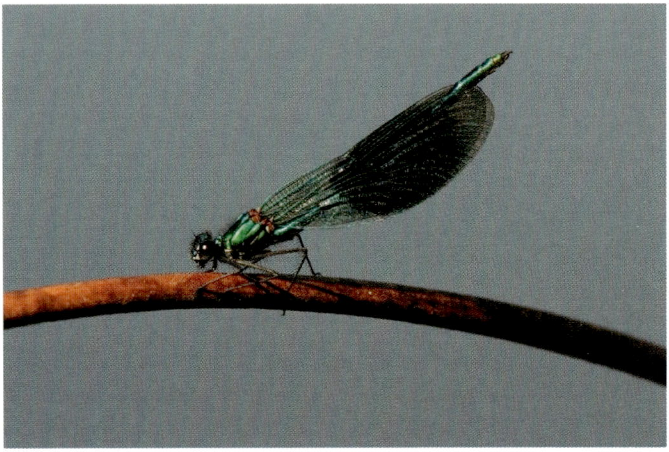

Schillernder Aggerbewohner: Die Gebänderte Prachtlibelle

Wo bei hoher Fließgeschwindigkeit Sande und Kiese abgelagert worden waren, können sich auch in der Aue Magerrasen entwickeln. Ansonsten prägen überwiegend nährstoffreiche Auenlehme die Flora und Fauna. V.a. im Juni sind die Glatthaferwiesen durch Auen-Labkraut *Galium mollugo*, Wiesen-Flockenblume *Centaurea jacea*, Scharfen Hahnenfuß *Ranunculus acris* und Rapunzel-Glockenblume *Campanula rapunculoides* bunt gefärbt.

Hier gibt es viele, teils seltene Libellenarten der Fließgewässer, die sich bisweilen auch auf unserem Weg niederlassen. Je nach Jahres- und Flugzeit sind dies die Gebänderte Prachtlibelle *Calopteryx*

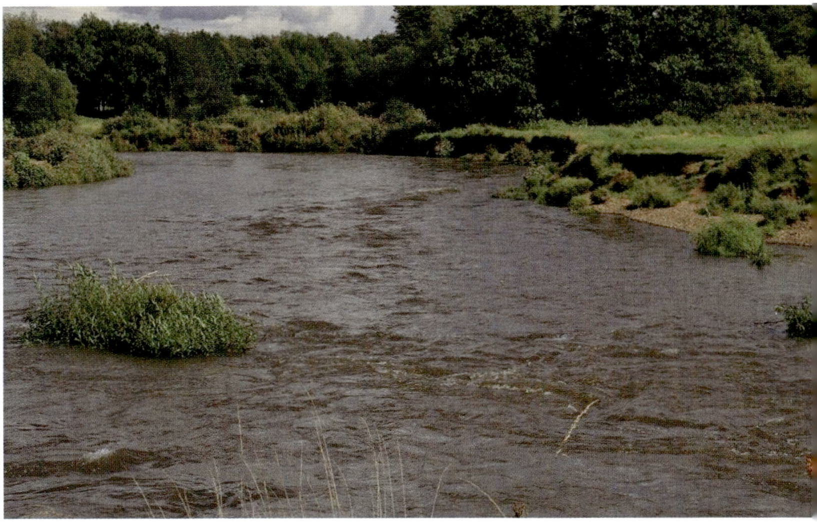

Die Agger zwängt sich aus ihrer Befestigung

splendens, die Kleine Zangenlibelle *Onychogomphus forcipatus* oder die in 2001 erstmalig nachgewiesene Gemeine Keiljungfer *Gomphus vulgatissimus*.

Eine Schlehenhecke markiert das Ende des erlaubten Bereichs. Unser Wanderwegs führt uns ab hier im 90-Grad-Winkel von der Agger weg. Vorher machen wir aber noch einen Abstecher zum Flussufer.

Hier hat man die Möglichkeit, die natürliche **Entfesselung** der Agger zu besichtigen. Sie befreit sich seit etwa 1992 zusehends aus ihrem vom Menschen ab etwa 1780 aufgezwungenen Verlauf. Die Ausbildung von Mäandern, den Flusswindungen mit **Prall- und Gleitufer**, mit Abbruchkanten und Kiesbänken, ist charakteristisch für einen Flachlandfluss, auch wenn bei uns kaum noch einer so aussieht. Leider hat der Mensch die meisten Flüsse dieser Größe begradigt und befestigt. Vogelarten wie die Uferschwalbe *Riparia riparia* und der Flussregenpfeifer *Charadrius dubius*, die auf Kiesbänke bzw. Steilufer angewiesen sind, konnten sich bei uns nur halbwegs halten, weil sie sich an Kiesgruben als Ersatzlebensraum anpassen konnten. Andere Arten, wie Flussuferläufer *Actitis hypoleucos* oder Zwergseeschwalbe *Sterna albifrons* schafften dies nicht und starben landesweit aus.

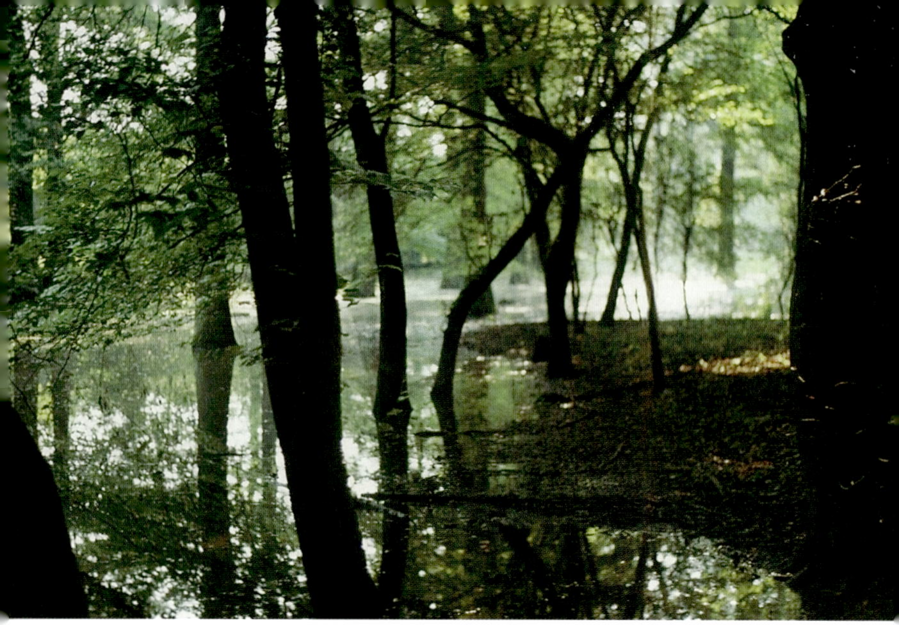

Hochwasser in der Hartholzaue

Damit diese Arten sich wieder dauerhaft ansiedeln können, müssen Flussabschnitte von Erholungsnutzung vollständig frei gehalten werden. Der Flussregenpfeifer nämlich brütet auf den Kiesbänken der Agger, ist aber in der Vergangenheit immer wieder durch rücksichts- oder ahnungslose Ausflügler vertrieben worden. Ähnliches gilt für den Eisvogel *Alcedo atthis* und die Steilufer.

Der Wanderweg führt durch eine bewaldete Senke, einen ehemaligen Altarm der Agger. Kurz bevor man auf das Aggerstadion und den vorgelagerten Deichweg – wo ggf. Wanderer vom Hochwasserdamm auf den Rundwanderweg stoßen – trifft, geht es rechts ab auf den Aggerauenweg.

Flurnamen wie Rotterwiese – sie befindet sich neben dem Aggerstadion – geben auch heute noch Hinweise auf die frühere landwirtschaftliche Nutzung im Gebiet der Aggeraue. In flachen, staunassen Wasserlöchern, den sogenannten Rottekuhlen, hat man die reifen Stängel des in der Heide angebauten Flachses für den Rottevorgang – bei welchem sich die begehrten Fasern vom übrigen Gewebe lösten - eingelagert und später zu Leinen verarbeitet. Diese Rottekuhlen wurden nach Möglichkeit weit außerhalb der Siedlungen angelegt, weil der Gestank wohl unerträglich gewesen sein muss. Bis zum Vormarsch der Baumwolle im 19. Jahrhundert war Flachs

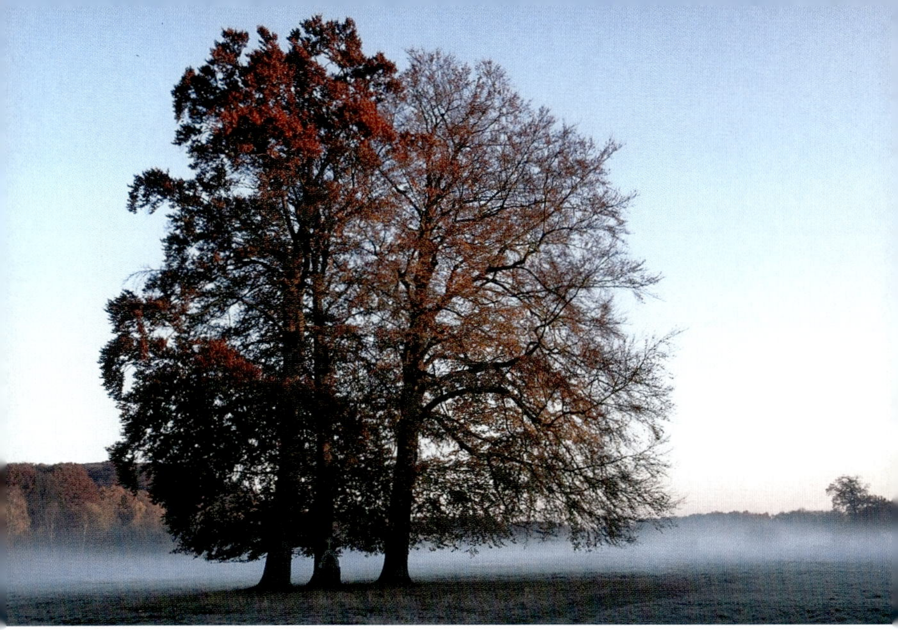

Die drei Buchen vor dem Güldenberg

oder Saat-Lein *Linum usitatissimum* in Europa der wichtigste textile Rohstoff nach Wolle. Durch synthetische Fasern wurde Flachs im 20. Jahrhundert vollends verdrängt, erlebt aber in den letzten Jahren aufgrund seiner vielseitigen Verwendbarkeit eine Renaissance. Die Pflanze stammt ursprünglich aus dem östlichen Mittelmeergebiet, wurde aber bereits seit der Jungsteinzeit in Mitteleuropa angebaut.

Noch einmal müssen wir einen Graben überwinden, dann erkennt man schon von weitem einzeln stehenden Drei Buchen, mit dem Güldenberg im Hintergrund. Unter ihnen steht Engel`s Heiligenhäuschen. Das kleine, aus dem 18. Jahrhundert stammende und nach den Stiftern benannte Gemäuer stand ursprünglich an der Frankfurter Straße in Troisdorf, wurde aber in der ersten Hälfte des 20. Jahrhunderts hier hin versetzt.

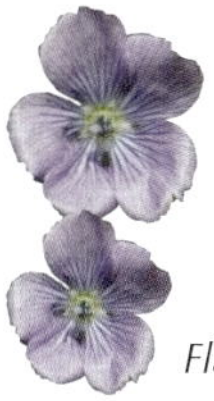

Flachsblüte

Hinter den Drei Buchen biegen wir in Laufrichtung links ab, um auf den Waldrand zuzusteuern. Dabei passieren wir eine Aufforstung.

Solche Baumanpflanzungen mögen aus forstwirtschaftlicher Sicht lohnend sein, aus ökologischer Sicht sind sie es nicht. Durch einen solchen Anbau werden mehrere Sukzessionsstadien (Stadien der Vegetationsentwicklung) gewissermaßen „überholt", ihren Bewohnern der Lebensraum genommen. Aufforstungen sind, auch wenn sie

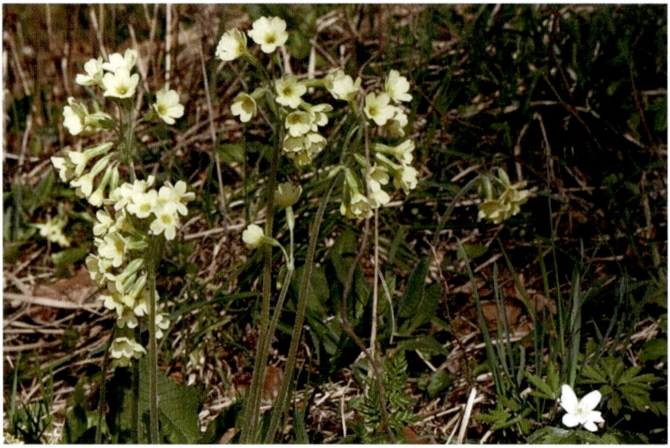

Hohe Schlüsselblume und Buschwindröschen

im vorliegenden Falle aus mehreren standortgerechten Baumarten bestehen, über Jahrzehnte vergleichsweise artenarm, weil zum Beispiel die Altersstruktur unnatürlich monoton ist. Und so sehen auch die Vorgaben des Landesumweltministeriums für FFH-Gebiete eigentlich vor, der Naturverjüngung, dass heißt, der natürlichen Vermehrung des Waldes, Vorrang einzuräumen.

Die Schwarzpappel *Populus nigra* gehört zu den Baumarten, mit denen in der Aggeraue aufgeforstet worden ist. Sie ist leicht zu verwechseln mit den Hybridpappeln – Zuchtformen, Kreuzungen mit amerikanischen Arten, die als Forst- und Parkbäume, zum Beispiel in den Rheinauen Kölns, massenhafte Verwendung fanden. Die natürlichen Bestände sind hier – wie auch im ganzen Land – stark in ihrem Bestand gefährdet. Doch wenn die Verwilderungen der Agger weiterhin zugelassen werden, entsteht auch wieder der Lebensraum der Schwarzpappel. Erst dann kann sie sich wieder entwickeln und dauerhaft etablieren.

Wir verlassen erst einmal wieder die Aggerniederung, um die Auwälder am Fuße von Fliegen-, Gülden- und Lohmarberg trockenen Fußes erkunden zu können. Auf dem Radweg „Am alten Wasser" erhält man selten gute Einblicke in einen Altarm und naturnahe Auenvegetation. Der Schwarzerlen-Auenwald mit Echtem Springkraut *Impatiens noli-tangere*, Scharbockskraut *Ranunculus ficaria* und Straußfarn *Matteuccia struthiopteris* geht hier fließend in den Stieleichen-Hainbuchenwald über, in dem Buschwindröschen *Anemone nemorosa* sowie vereinzelt die Hohe Schlüssel-

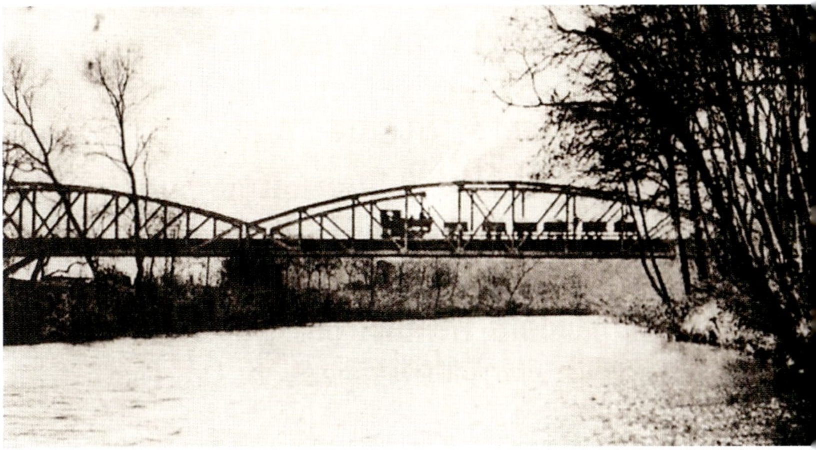

Die Lorenbahn auf der ersten Aggerbrücke

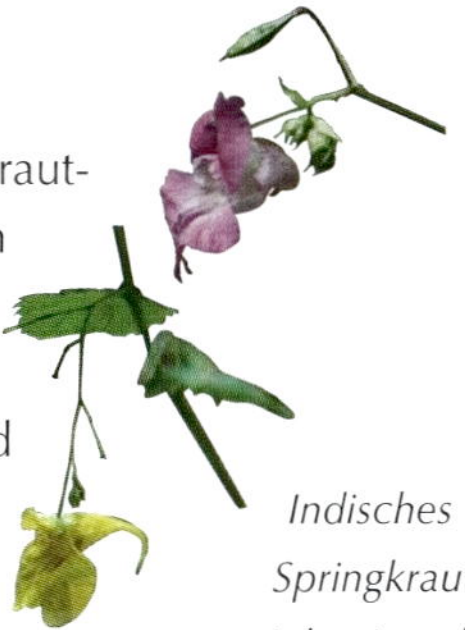

Indisches Springkraut (oben) und Echtes Springkraut (unten)

blume *Primula elatior* vorkommen. Die Pflanzen der Krautschicht blühen hier in der Mehr-zahl im Frühjahr, bis sich im Mai das Kronendach weitgehend schließt und die Lichtquelle versiegt.

Jedes Aggerdorf hat seine eigene Aggerbrücke, und die der Lohmarer markiert den Wendepunkt der Rundwanderung, den Wechsel ins „Linksaggerische".

Die erste Lohmarer Aggerbrücke ist 1899 erbaut worden und löste damals den Fährbetrieb ab. Sie wurde in den letzten Kriegstagen 1945 durch die Wehrmacht gesprengt und 15 Jahre später durch die heutige ersetzt.

Wir überqueren die Straße und dann die Agger. Es geht links in die Brückenstraße und danach sofort wieder nach rechts.

Dabei passieren wir die Burg Lohmar. Die ehemalige Wasserburg ist in der Mitte des 14. Jahrhunderts u.a. mit devonischem Sandstein der Region begründet worden. Sie beherbergt einen landwirtschaftlichen Betrieb und befindet sich nach wie vor in Privatbesitz, ist daher nur von außen zu besichtigen.

An der T-Kreuzung geht es rechts unter der Autobahnbrücke hindurch. Der folgende Abschnitt entlang der Autobahn zählt nicht zu den schönsten Stellen der Wahner Heide, ist aber gerade für Autofahrer vielleicht ganz heilsam.

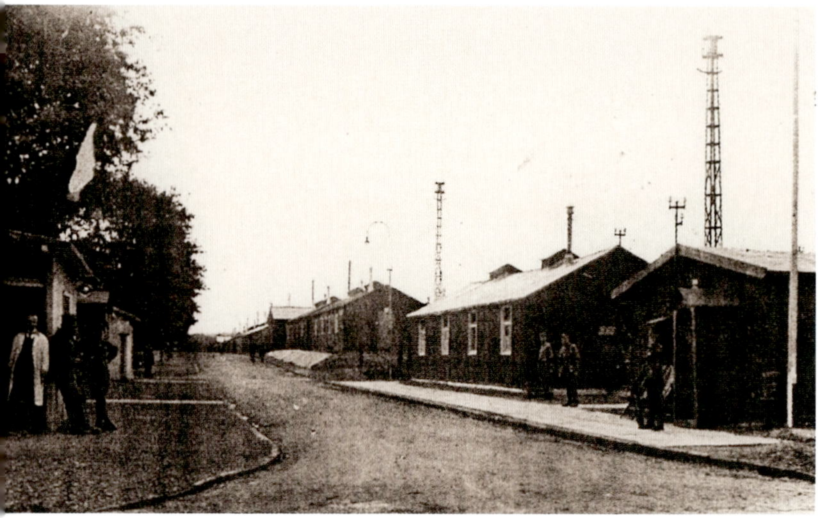

1919 erbaut: Das Waldlager in der Widdau

Nachdem wir den Campingplatz verlassen und einen kleinen Weiler passiert haben, lassen wir glücklicherweise auch die Autobahn hinter uns. Im anschließenden Wald erkennt man noch die bewaldeten und mit Moos überwachsenen Fundamente mehrerer Gebäude. Es sind Überreste des Widdauer Waldlagers.

Vier Wochen nach Ende des Ersten Weltkriegs zogen am 12. Dezember 1918 britische Besatzungstruppen in Lohmar ein. Sie mussten erst einmal in Privatquartieren der Lohmarer Bevölkerung untergebracht werden. Im Frühjahr 1919 begannen die Bauarbeiten für ein Waldlager hier im Widdauer Wald. Für die verhältnismäßig kleinen, schwarz angestrichenen Baracken wurden frostsichere Streifenfundamente aus Beton gegossen. Etwa 1.000 Soldaten samt Pferden und Fahrzeugen konnten hier in dem fertigen Waldlager untergebracht werden.

Anfang 1920 wurden die Briten von Franzosen abgelöst, da nach dem inzwischen unterzeichneten Versailler Vertrag Frankreich die Besetzung des Kölner Raums übertragen wurde. Der damalige Lohmarer Bürgermeister Polstorff vermerkte sechs Jahre später in seiner Chronik: „...am 29. Januar 1926 ist der ganze Siegkreis von der fremden Besatzung befreit." Der Lohmarer Gemeinderat setzte sich nachfolgend für den Abriss des Waldlagers ein, weil man dieses als Zeichen der Unterdrückung durch die Besatzungsmächte empfand.

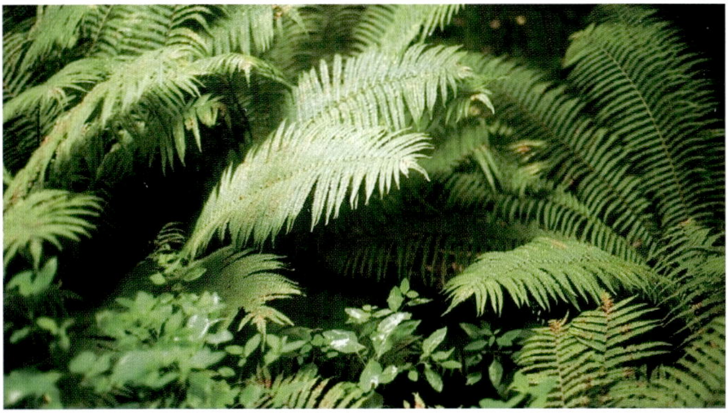

Straußfarn neben Echtem Springkraut

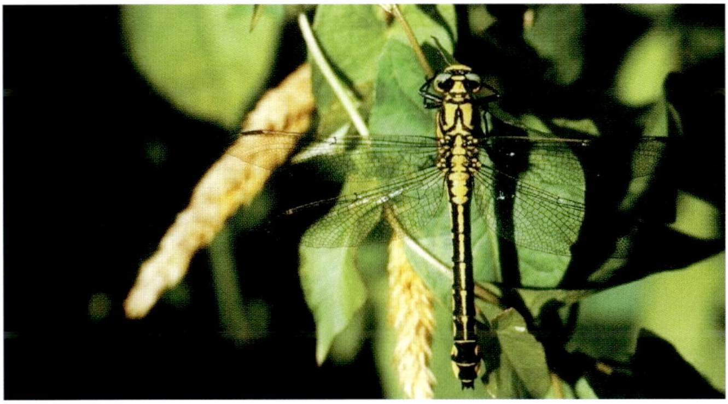

Die Gemeine Keiljungfer

Wenig später führt unser Wanderweg kurzzeitig parallel zu einem ehemaligen Bahndamm.

1872 fuhr auf diesem Gleisabschnitt, der erstmals Siegburg mit Overath miteinander verband, der erste Zug. Am 22. Mai 1954 fuhr die alte, damals noch mit einer Dampflokomotive betriebene Aggertalbahn, die im Volksmund „Luhmerer Grietche" hieß, das letzte Mal auf dieser Strecke.

Wenn der aus den Stallberger Sümpfen kommende Rothenbach überquert ist, öffnet sich die große Lichtung der Widdauer Wiese. Sie entstand bei der Einrichtung des Waldlagers; das britische Militär legte hier eine Sportanlage mit einer 500 Meter langen Rundbahn an.

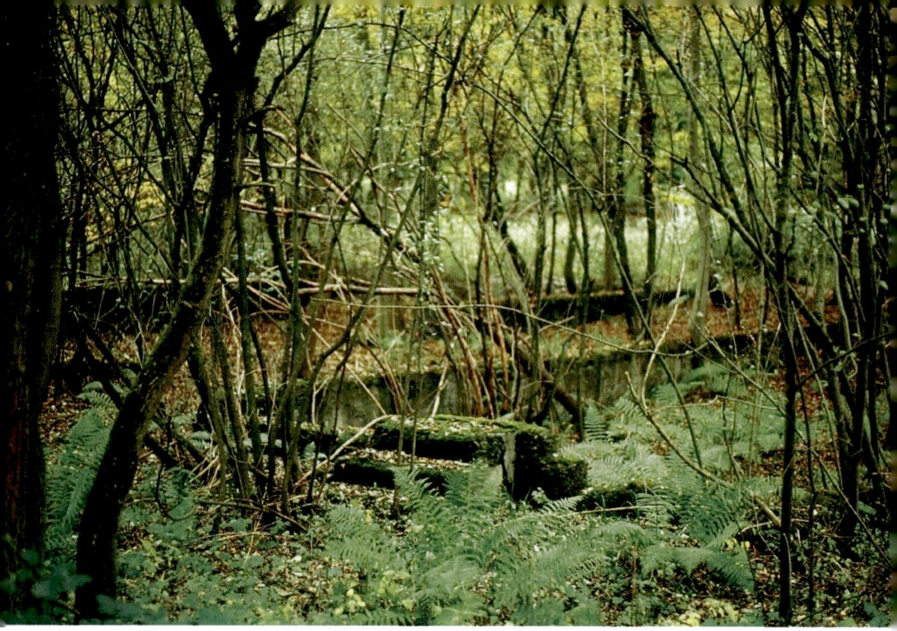

Grundmauern des Waldlagers in der Widdau

Im Winterhalbjahr geben die Laubbäume den Blick frei auf die Niederterrassenkante der Agger und das dortige **Försterdenkmal**. Dem Oberförster Kleinschmidt wurde dort oben im 19. Jahrhundert ein Denkmal dafür gesetzt, dass er die **Stallberger Sümpfe** trocken legen ließ und damit angeblich das Fleckfieber erfolgreich bekämpfte. Die Sümpfe waren – und sind es heute noch zum Teil – nicht nur Lebensraum zahlreicher seltener Heide- und Moorarten, sondern auch Brutstätte vieler Mücken, die man für die damaligen Fleckfieber-Epidemien verantwortlich machte. Was die Siegburger damals offenbar noch nicht wussten: Das Fleckfieber wird durch Kleiderläuse übertragen, nicht durch Mücken! Ein Symptom der Fleckfiebererkrankung sind übrigens Bewusstseinsstörungen

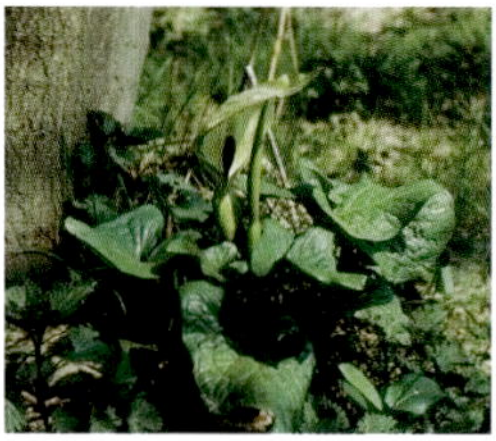

Gefleckter Aronstab

Die verbleibende Strecke des Wanderwegs wird wieder durch Auwälder bestimmt. Hier finden sich stellenweise noch Reste einer Waldgesellschaft, die in Nordrhein-Westfalen vom Aussterben bedroht ist: Der **Eichen-Ulmenwald** mit Aronstab *Arum maculatum*, Wald-Goldstern *Gagea lutea*, Waldziest *Stachys sylvatica*, Hopfen *Humulus lupulus*, Esche *Fraxinus excelsior*, Stieleiche *Quercus robur* und den letzten **Flatterulmen** *Ulmus laevis* dieses Landes. Sie ist vor allem aufgrund der Flussregulierungen selten geworden, nicht wie die beiden

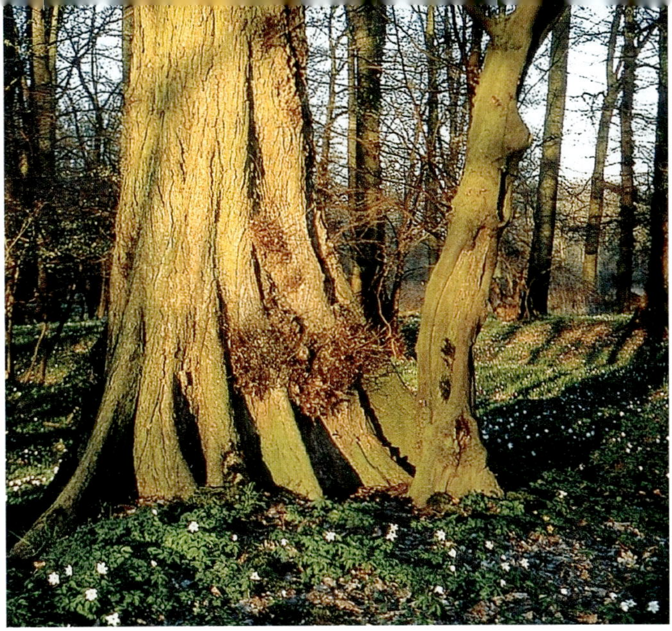

Die stark gefährdete Flatterulme, in Buschwindröschen gebettet

anderen Ulmenarten dieses Landes aufgrund des Ulmensterbens. Das Ulmensterben wird durch Schlauchpilzarten hervorgerufen, die durch den Menschen, vermutlich Anfang des 20. Jahrhunderts aus Ostasien, unbemerkt nach Mitteleuropa gelangten.

Nachdem wir den kurzen Anstieg der Terrassenkante überwunden haben, biegen wir rechts ab.

Zügig finden wir, zwischen Bundesstraße und Wanderweg eingezwängt, ein einzeln stehendes Gemäuer vor. Eine wiederaufgebaute Hauswand des **Ulrather Hofes**, der seinerzeit der B 56 Platz machen musste, dient heute als Mahnmal zum Gedenken an die Opfer des Faschismus. Drei Luxemburger, alle um die 20 Jahre alt, wurden hier am 23. August 1944 ermordet.

Vorbei an dem Gelände des Kanuclub Delphin führt der Weg auf eben diese B 56, der wir über die Troisdorfer Aggerbrücke folgen, zurück zu unserem Ausgangspunkt.

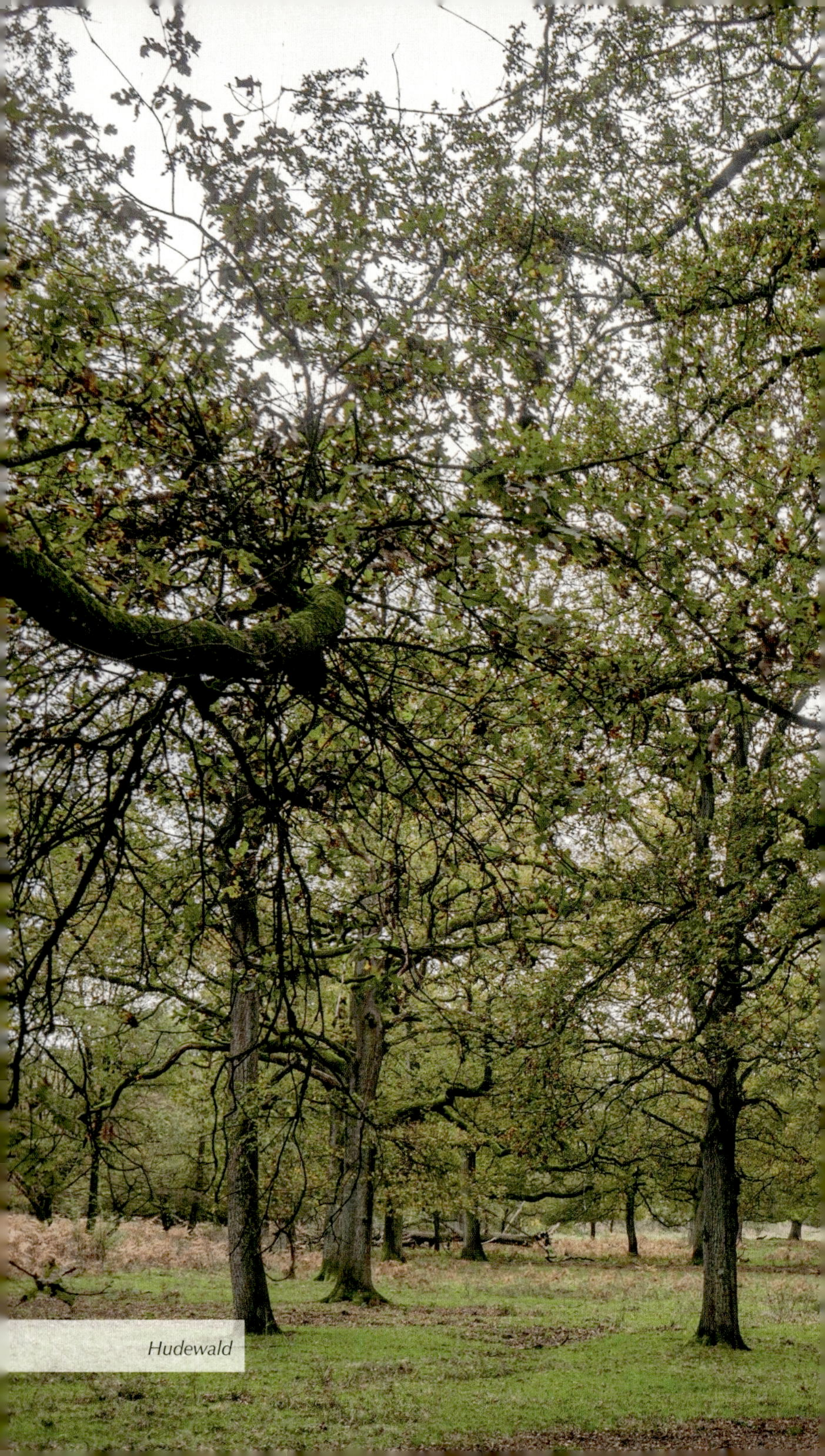

Hudewald

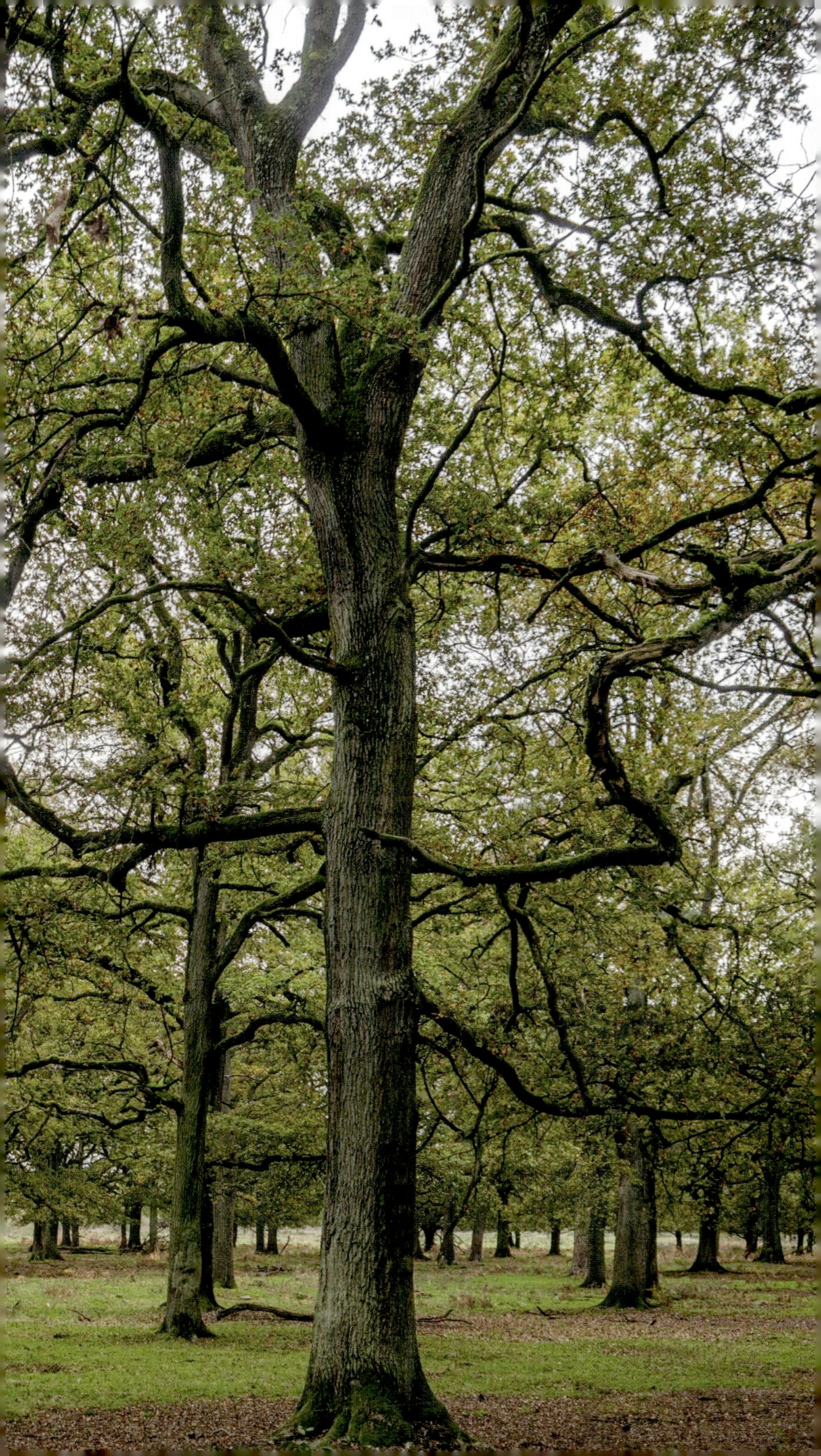

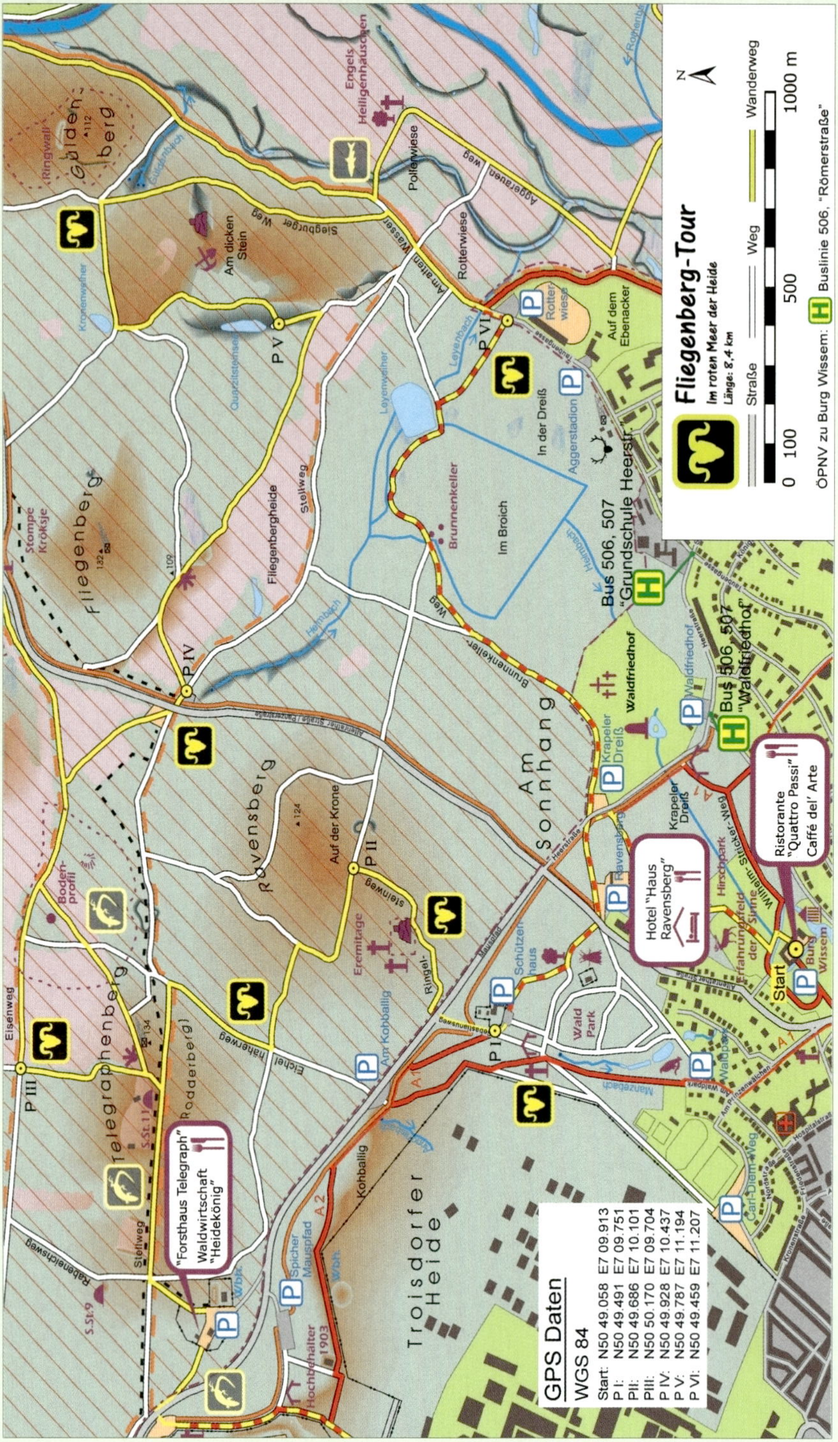

Fliegenberg-Tour
Im roten Meer der Heide
Länge: 8,4 km
Straße
Weg
Wanderweg
0 100 500 1000 m
N
ÖPNV zu Burg Wissem: Buslinie 506, "Römerstraße"
GPS Daten
WGS 84
Start: N50 49.058 E7 09.913
P I: N50 49.491 E7 09.751
PII: N50 49.686 E7 10.101
PIII: N50 50.170 E7 09.704
P IV: N50 49.928 E7 10.437
P V: N50 49.787 E7 11.194
P VI: N50 49.459 E7 11.207
Start
P I
P II
P III
P IV
P V
P VI
Burg Wissem
Ristorante "Quattro Passi" Caffé del' Arte
Hotel "Haus Ravensberg"
"Forsthaus Telegraph" Waldwirtschaft "Heidekönig"
Bus 506, 507 "Grundschule Heerstr."
Bus 506, 507 "Waldfriedhof"
Waldfriedhof
Krapeler Dreiß
Am Sonnhang
Ravensberg
Auf der Krone
Eremitage
Ringel-
Schützenhaus
Wald Park
Troisdorfer Heide
Kohlballig
Am Kohlballig
Spicher Mauspfad
Hochbehälter 1903
Telegraphenberg
Rodderberg
Bodenprofil
Eichelhäherweg
Stellweg
Elsenweg
Rabenelchsweg
Fliegenberg
Stompe Kröksje
Fliegenbergheide
Im Broich
Brunnenkeller
Brunnenkeller Weg
In der Dreiß
Aggerstadion
Auf dem Ebenacker
Rotterwiese
Pollerwiese
Aggerauen weg
Am alten Wasser
Am dicken Stein
Siegburger Weg
Güldenberg
Ringwall
Engels Heiligenhäuschen
Quarzitsteinsee
Heimbach
Leyenbach
Leyenweiher
Manzebach
Waldpark
Carl-Diem-Weg
Hirschpark
Erfahrungsfeld der Sinne
Wilhelm-Stricker-Weg
Heerstraße
A 1
A 2

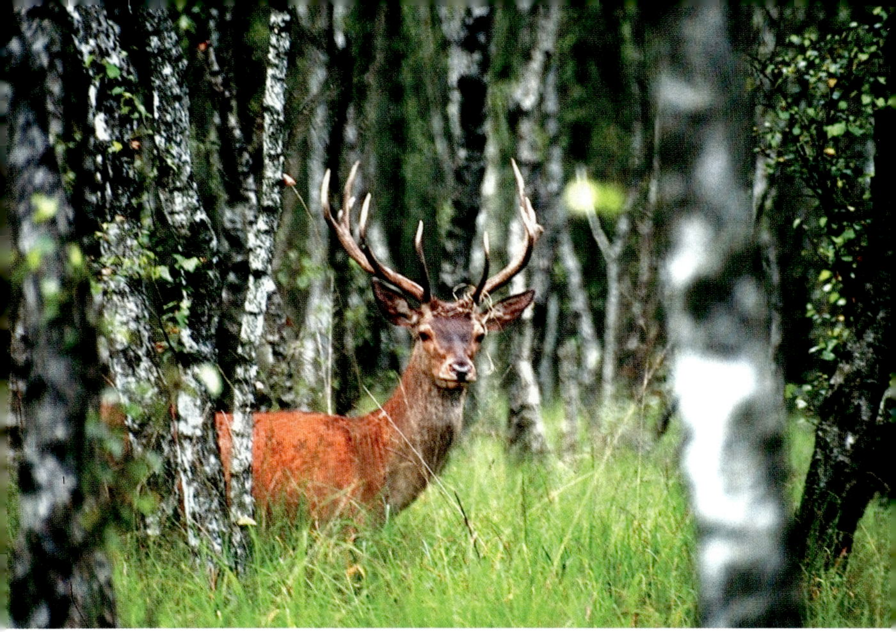

Rothirsch im Birkenbruch

Fliegenberg-Tour

Strecke: 8,4 km • Wegezeichen: Schafskopf

Im roten Meer der Heide

Das Campus Burg Wissem bietet einen attraktiven Ausgangspunkt für eine Rundwanderung durch die Wahner Heide. Das Gebäudeensemble ist Heimat des einzigen Bilderbuchmuseums Europas, eingerichtet in dem Herrenhaus aus der Mitte des 19. Jahrhunderts auf der Ostseite. Aus der Mitte des 16. Jahrhunderts stammt die Remise, in welcher heute regelmäßig Ausstellungen und Konzerte stattfinden. Ungleich jüngeren Datums ist der 2012 fertig gestellte Westflügel: im Rahmen der Regionale 2010 wurde hier u.a. das Museum für Stadt- und Industriegeschichte Troisdorf (MUSIT), ein Restaurant und eine Touristeninformation mit angegliedertem Portal für die Wahner Heide eingerichtet. Das Schwerpunktthema der Portalausstellung ist die Geschichte des Heidegebiets.

Über den Nordzugang gelangen wir in den Hirschpark und folgen hier, links am Hirschgehege vorbei, dem Wilhelm-Stricker-Weg.

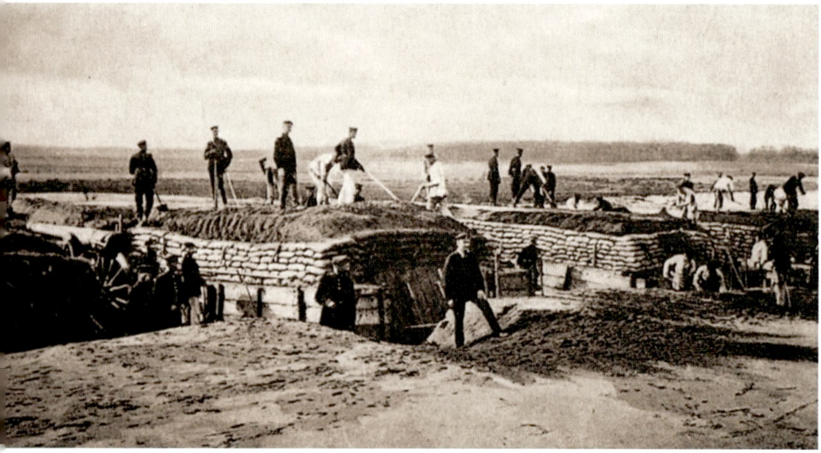

Stellungsbau der Fußartillerie 1906

Der aus Ostasien stammende Sikahirsch *Cervus nippon* und der Rothirsch *Cervus elaphus* können hier von Nahem beobachtet werden. Dabei kommt zumindest der Rothirsch auch in der Wahner Heide noch wild vor. Hier gibt es sogar einen autochthonen, das heißt einen angestammten, nicht auf Aussetzung beruhenden Bestand. Da er im Naturschutzgebiet leider immer noch bejagt wird, bekommt man ihn dort eher selten zu Gesicht. Ähnliches gilt für die restlichen Paarhuferarten, die uns die Jäger gelassen, aber in die Dämmerungs- und Nachtzeit verdrängt haben: Reh *Capreolus capreolus* und Wildschwein *Sus scrofa*.

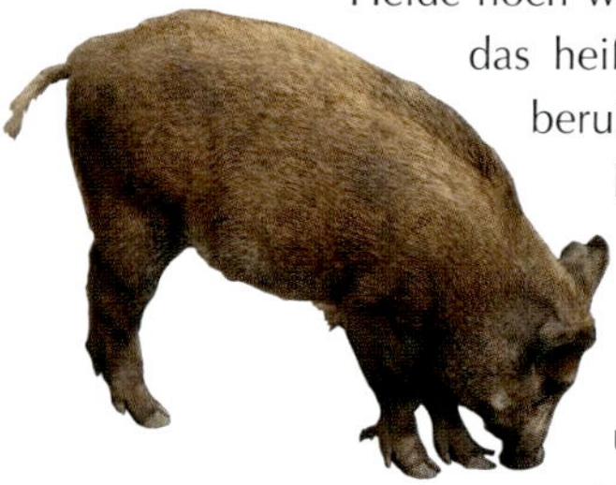

An der T-Kreuzung gehen wir links und gelangen so schnell an den Parkplatz an der Krapeler Dreiß bzw. an der Nordgrenze des Waldfriedhofs. Wir folgen aber erstmal weiter dem Wanderweg A 1.
Dieser führt über den Parkplatz am Haus Ravensberg, quert die Altenrather Straße und leitet uns zum Schützenhaus. Ab hier folgen wir dem asphaltierten Sebastianusweg. Auf der gegenüberliegenden Seite des Mauspfads weist uns der Schilderwald den Einstieg in das Naturschutzgebiet.

Der alte Eichenbestand bietet eine mystische Atmosphäre. Wie sich weiter oben an der Eremitage zeigt, kommt diese nicht von

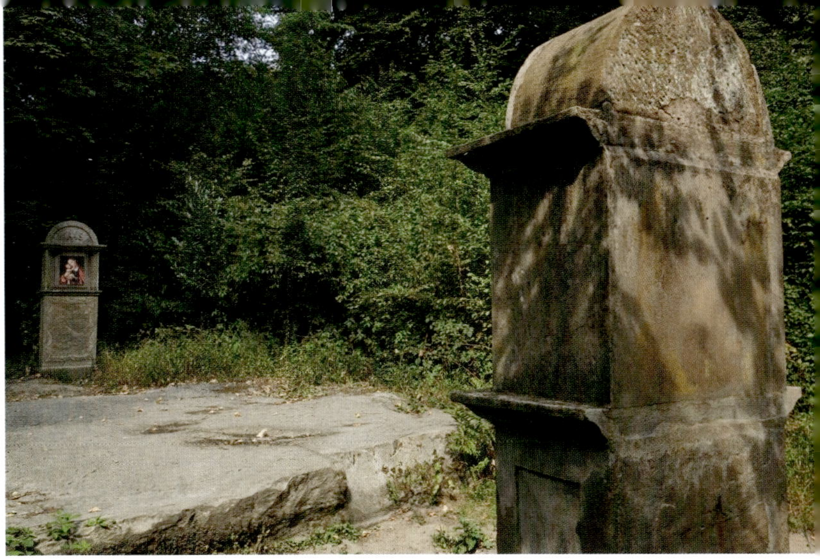

Geheimnisvoller Wald der Eremitage

ungefähr. 1670 wurde hier eine zweigeschossige Franziskanerklause mit Wohnhaus, in der fortan mehrere Brüder wohnten, errichtet. Diese lebten vom Terminieren – auf gut deutsch vom Betteln – und dies teilweise wohl nicht schlecht. Bis heute wird manchem von ihnen nachgesagt, dass er wusste, wie man Feste feiert. 1833 ließ der Kölner Erzbischof die „sündige" Einsiedelei abreißen.

Der **Ringelstein** – eine natürliche Quarzitplatte, die in der Mitte der Lichtung zu finden ist – diente Teilen der Kapelle als Fundament. Außerdem erinnern noch der Geländegraben sowie der nachträglich aufgestellte Fußfall und der Gedenkstein an diese Zeit.

Hier am Ravensberghang fand man auch die bislang ältesten Nachweise von Menschen im Heidegebiet. Bereits in der Altsteinzeit – die Funde stammen aus dem Zeitraum 200.000 bis 180.000 Jahren v. Chr. – hatten Jäger und Sammler hier ihren Werkstattplatz. Auch während der folgenden Mittel- und Jungsteinzeit kamen Menschen hierher, um den Quarzit zu schlagen und zu Faustkeilen, Klingen und Kratzern zu verarbeiten. Im Mittelalter verbaute man das Gestein als „Ravensberger Brocken", so zum Beispiel in der Remise der Burg Wissem.

Wir folgen dem Ringelsteinweg bergauf. An der T-Kreuzung biegen wir links ab. Nach einer Rechtskurve nehmen wir den Trampelpfad nach links. An der folgenden Kreuzung geht es auf dem Eichelhäherweg bergauf.

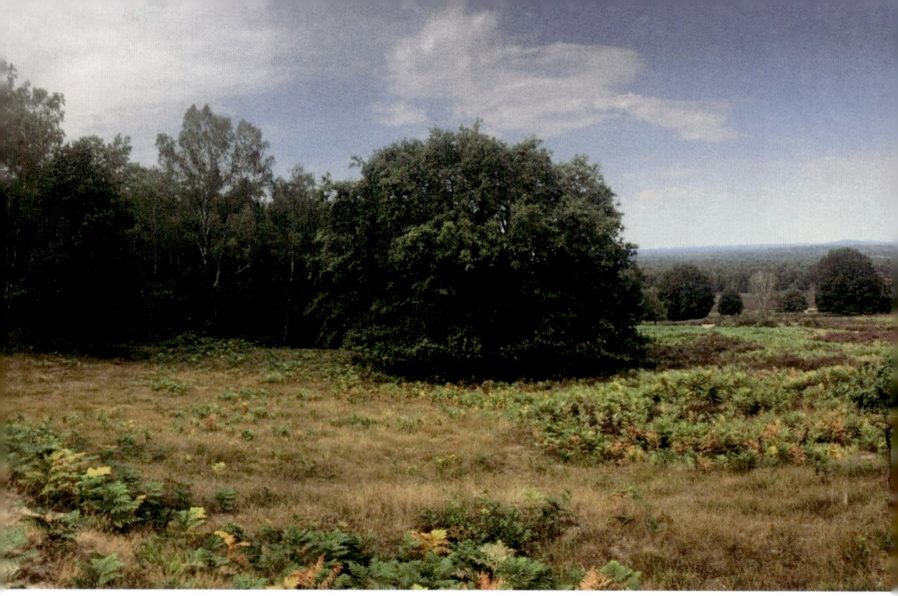

Blick vom Telegraphenberg

Die linke Wegseite wird durch einen Roteichenforst eingenommen. Eine einzige Baumart ein und desselben Alters in Reih und Glied, dazu noch eine Art aus Nordamerika, die den allerwenigsten heimischen Organismen Lebensraum bieten kann: solche Plantagen sind Baumaßnahmen, die naturschutzunverträglich sind. Umso erstaunlicher ist, dass der Anbau von Holz in Naturschutzgebieten bis heute nicht verboten ist.

Einen Kontrast dazu bietet die rechte Wegseit, auch dies eine Aufforstung. Allerdings handelt es sich um ältere Kiefern, die im Gegensatz zu Buchen oder Roteichen auch schon in jungen Jahren recht viel Licht an den Boden lassen. So entwickelte sich unter dem Kiefernforst von selbst ein Wald aus den hier natürlich vorkommenden Baumarten: Stieleiche, Eberesche, Hainbuche und Sandbirke zählen hier zu. Unterschiedliche Baumarten unterschiedlichen Alters mit Kraut- und Strauchschicht prägen das abwechslungsreiche und naturnahe Bild.

Waldökosysteme kann man nicht pflanzen, sie können nur aus sich selbst heraus wachsen. Welches Gefälle es vom Wald zum forstlichen Anbau hinsichtlich der Artenvielfalt gibt, kann man hier erahnen.

An der folgenden Kreuzung biegen wir links ab, um bei der nächsten Möglichkeit rechts hoch auf den Gipfel des Telegraphenbergs zu steigen.

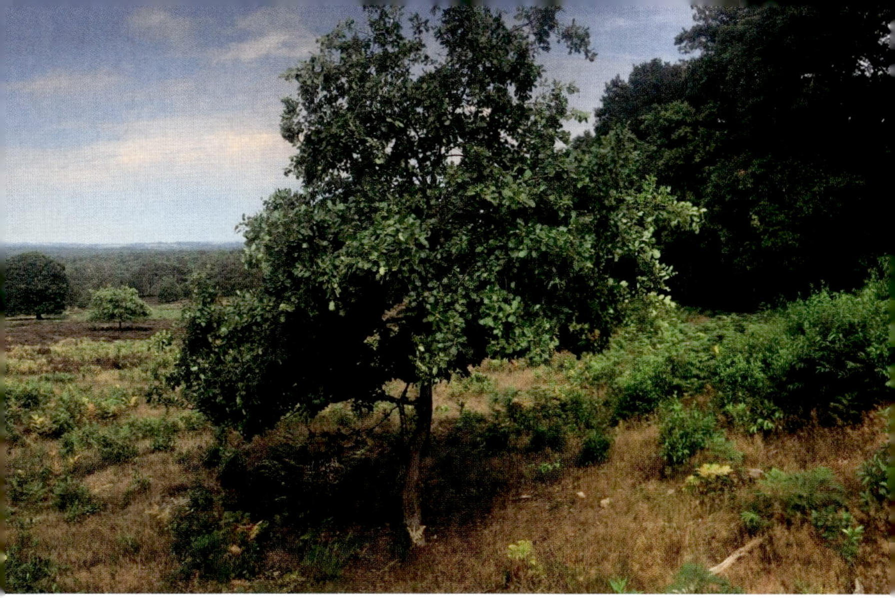

Eine grandiose Aussicht lässt die kleine Verschnaufpause zum Erlebnis werden. Vor uns breiten sich die „Grüne Hölle“ der Scheuerbachsenke und die angrenzenden Höhen des Rheinischen Schiefergebirges aus. Allerdings kommt einem schnell die Anregung in den Sinn, das Gebiet „Wahner Wald“ zu nennen. Tatsächlich bot sich einem noch in den Fünfziger Jahren des 20. Jahrhunderts ein endloser Blick auf offenes Heide-Buschland. Doch weil einerseits die traditionelle Landwirtschaft ausstarb und sich andererseits der Truppenübungsplatz von einem Schießplatz zu einem Panzerübungsgebiet mit entsprechend geringerem Freiflächenbedarf wandelte, schossen unzählige Birken und Espen ins Kraut. Mit Naturschutzmaßnahmen wie Mahd und Beweidung versucht man heute, zumindest die Heideflächen zu bewahren, die bis in die 1980er Jahre hinein erhalten geblieben waren.

Kaum ist der Gipfel gestürmt, geht es auf der anderen Seite, am linken, westlichen Waldrand auch schon wieder hinunter.

In der Serpentine passiert der Rundwanderweg linksseitig einen alten Eichenniederwald. Die einzelnen Bäume weisen – für Eichen unnatürlich – oft mehr als einen Stamm auf, der dann aber eher von kümmerlichem Wuchs ist. Es ist der ausgewachsene Stockausschlag solcher Eichen, die vor einigen Jahrzehnten abgeholzt worden sind. In den Erbenwäldern, also den Wäldern der nutzungsberechtigten

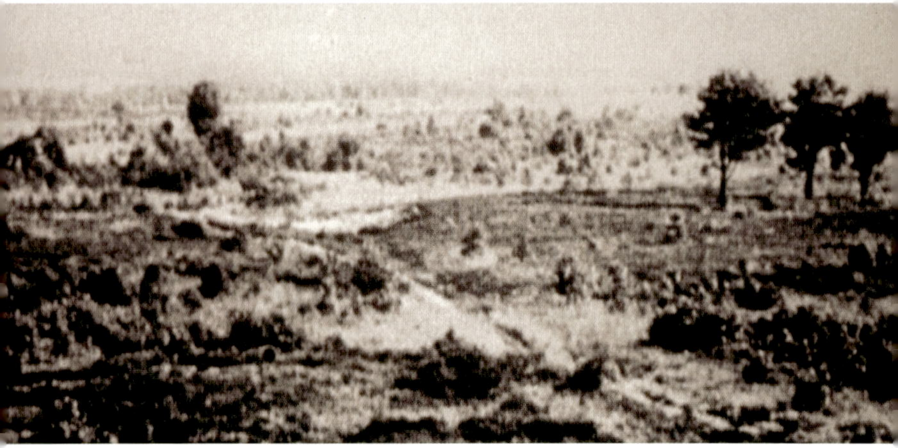

Blick vom Telegraphenberg 1942

Einwohner, durfte nur „unschädliches" Holz – also keine Baumstämme – als Brandholz geschlagen werden, denn das Stammholz wurde als Bauholz benötigt. Deswegen ging man dort, wo es die Waldordnung erlaubte, zum Niederwaldbetrieb über. Hierbei wurde der Stockausschlag abgeholzter Bäume turnusgemäß – je nach Verwendung und Wuchskraft alle 2 bis 25 Jahre – „geerntet". Weil sich durch den Lichteinfall eine ausgeprägte Kraut- und Strauchschicht entwickelte, eigneten sich die Niederwälder außerdem für den Weidegang besser als die Hochwälder.

Die Niederwaldwirtschaft ließ sich nicht pausenlos fortführen, denn viele Bäume erreichten nicht ihr natürliches Alter, und wegen der Beweidung kam es auch zu keiner Waldverjüngung. Außerdem musste ja auch der Stockausschlag erst einmal heranwachsen, denn nur Baumstämme von mehr als zwei Meter Höhe waren einigermaßen vor Ziegen sicher.

Daher wurden Wälder, die geschont werden sollten, durch die Erbgenossen und Erbherren mit so genannten Abhängungen markiert. Wer auf solche aufgehängten Zweige stieß, wusste, dass er solche Flächen mit seinen Tieren oder mit seiner Axt tunlichst zu meiden hatte. Wer gegen die Waldordnung verstieß und beim unberechtigten Viehtrieb oder Holzeinschlag erwischt wurde, musste mit empfindlichen Strafen, zum Beispiel der Konfiszierung von Wagen oder Tieren rechnen. In den 90igern des 18. Jahrhunderts soll der für das Gebiet des Hauses Broich zuständige Waldaufseher sogar einen „Holzwilderer" erschossen haben. Die

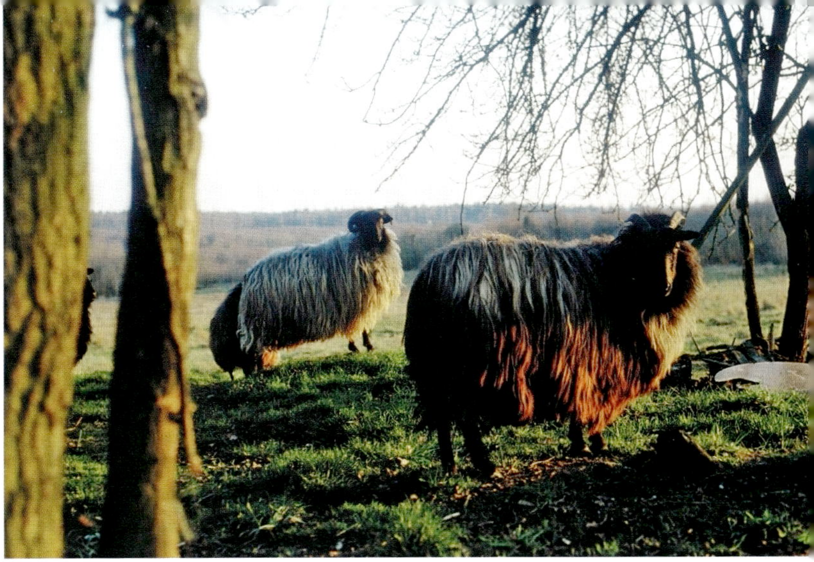

Graugehörnte Heidschnucken

genauen Hintergründe der Tat sind uns nicht überliefert. Aber wir dürfen konstatieren, Verstöße gegen die Waldordnungen konnten Existenz bedrohende Ausmaße annehmen.

Kompensationsmaßnahmen gab es auch schon. Ein Dorf, zum Beispiel Spich, das hundert Rinder in den Wald trieb, musste dafür jährlich 24 Eichen setzen. Die jungen Bäume wurden häufig mit Wacholderanpflanzungen umgeben, denn diese schützten am besten vor Verbiss.

Wir stoßen auf den breiten Eisenweg, der uns gen Osten führt.

Und dieser **Eisenweg** ist auch noch gleich eine uralte Handelsverbindung zwischen dem Siegener Raum und Porz-Lind. Der Name lässt darauf schließen, dass er insbesondere dem Transport von Eisenerz oder gar verhüttetem Eisen diente, vielleicht schon vor mehr als 2.000 Jahren.

Im Sommerhalbjahr, wenn die Heide einigermaßen Nahrung bietet, kann man hier bisweilen auf eine große, von Schäfer und Hunden gehütete Schafherde treffen. Bevor sie in Sichtweite ist, wird man meist zuerst durch das Blöken und den strengen Geruch auf sie aufmerksam.

Die **Heidschnucke** ist eine alte kleinwüchsige Schafrasse, die an das karge Futterangebot in der Heide bestens angepasst ist. Die harte Heidschnuckenwolle wird heute nicht mehr für die Herstellung von Bekleidung, sondern nur zur Teppichherstellung und zur

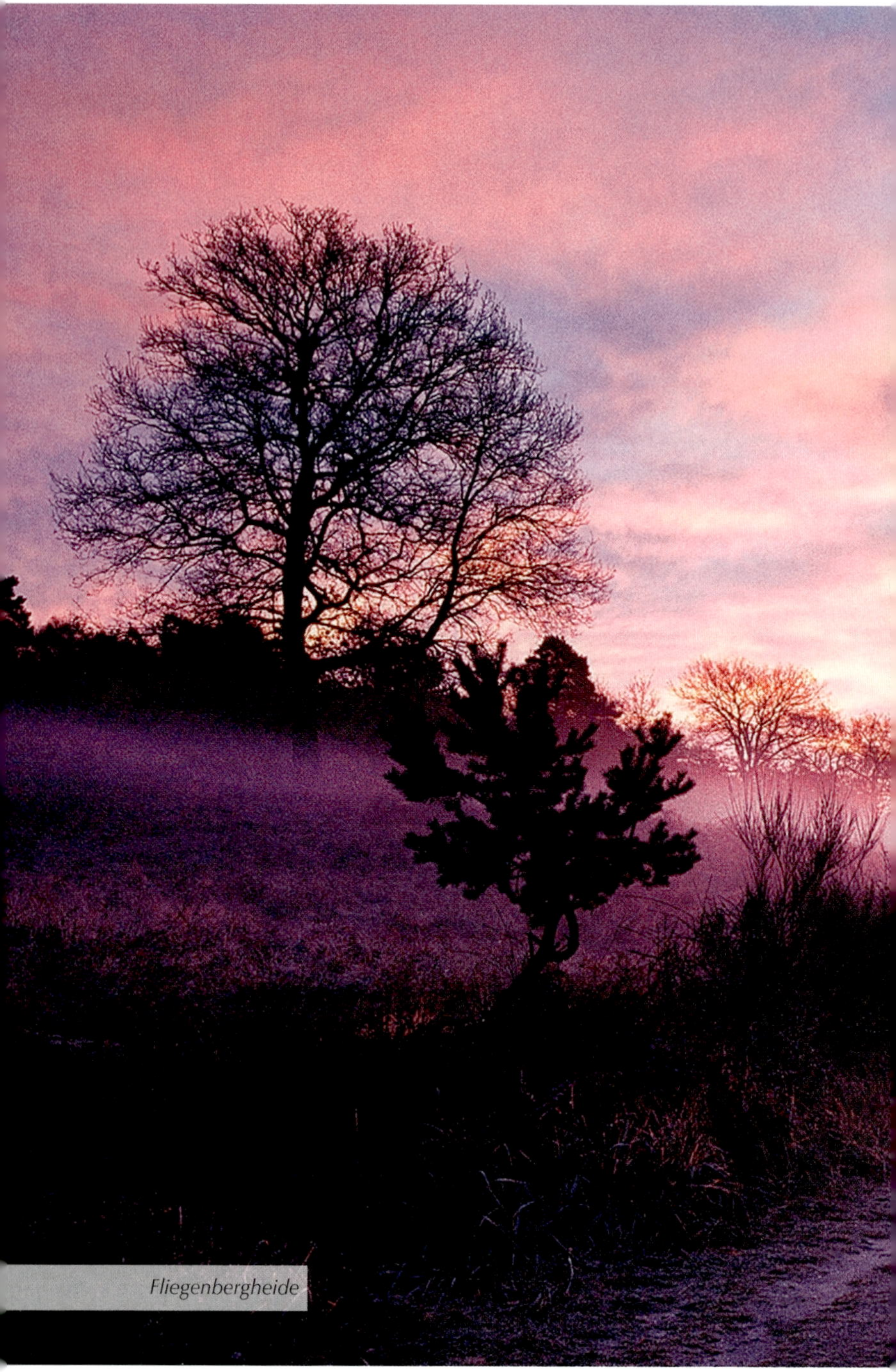

Fliegenbergheide

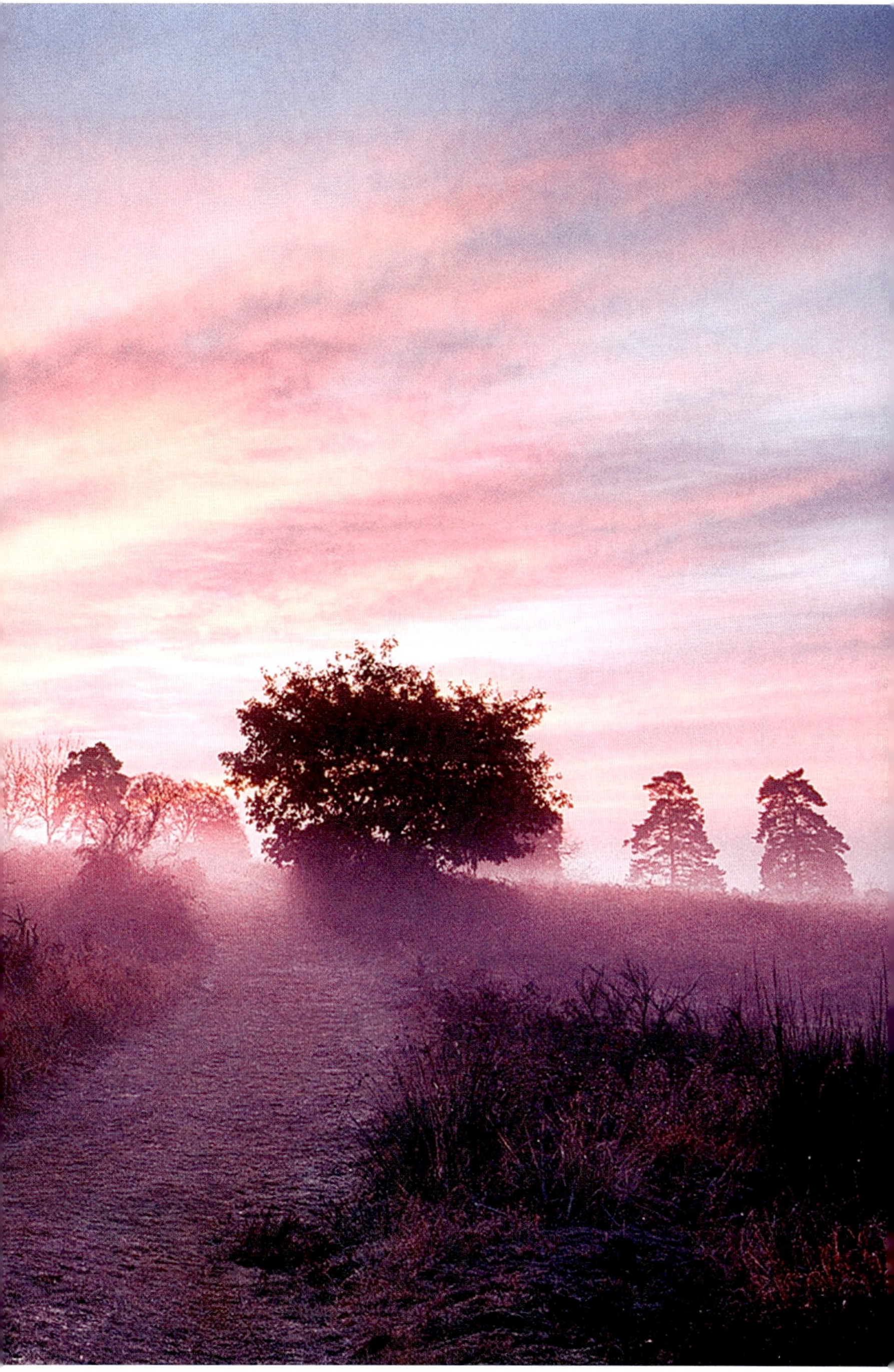

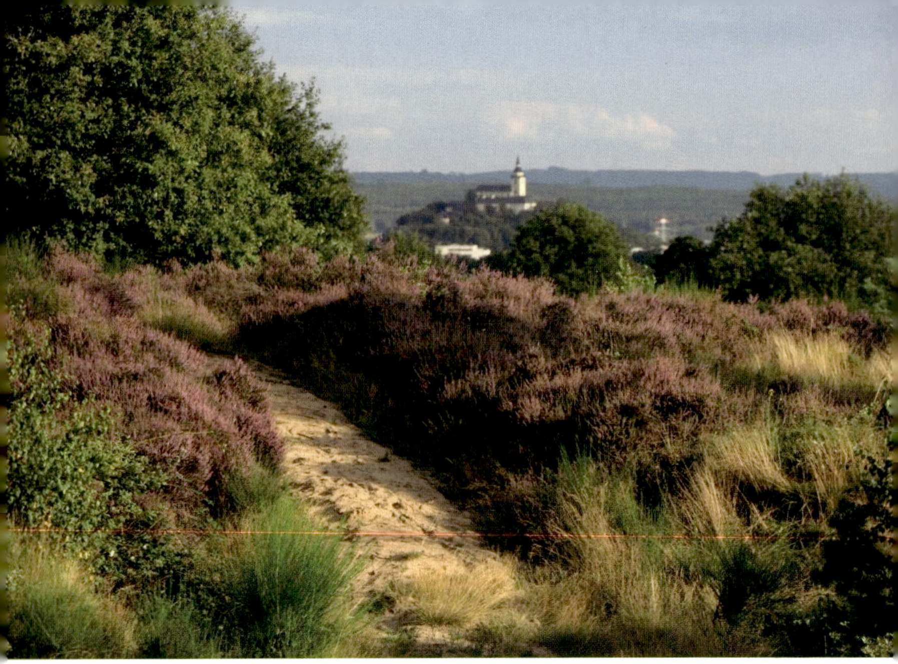

Fliegenbergaussicht auf die Siegburger Abtei auf dem Michaelsberg

Hausisolierung eingesetzt. Dafür gilt das Fleisch als besondere Delikatesse. Dennoch setzt man hier mittlerweile auf andere Schafrassen.

Die Flughafen GmbH finanziert die Beweidung hier im Bereich des Telegraphenbergs, weil sie den Verlust von Flächen, die durch den Flughafenausbau zerstört worden sind, ausgleichen muss. Die Verbissleistung der Schafe soll bewirken, was auch die Heidebauern mit ihren Tieren Jahrhunderte zuvor erzielt haben: Eine strukturreiche Heidelandschaft.

Bald passieren wir die Rote Zone des Moltkebergs, für die aufgrund der Konzentration von Kampfmitteln ein absolutes Betretungsverbot gilt.

Aus den 1880er Jahren ist überliefert, dass ein Mann namens Grützenbach von einem krepierenden Blindgänger getötet und, so die Erzählung, hoch über einen riesigen Wacholderbusch geschleudert worden sei. „In die Luft geflogen" ist seitdem hier kein Wanderer mehr, aber verständlicherweise will es auch niemand darauf ankommen lassen.

In der offenen Heide mit einzelnen Hudeeichen verlassen wir den Eisenweg in Richtung Wanderparkplatz. Nachdem wir die Altenrather Straße überquert haben, geht es gleich wieder hoch in die **Fliegenbergheide**.

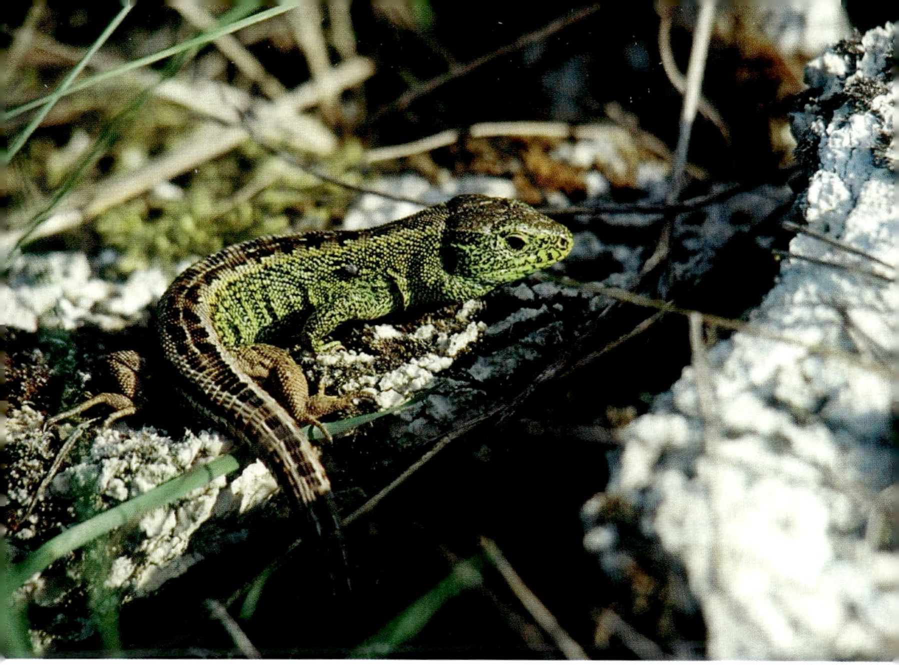

Männliche Zauneidechse

Es hat etwas von einem Spaziergang am Strand, wenn einem hier das Gehen durch den tiefen Flugsand erschwert wird.

Der Gipfel des mit 133 Metern dritthöchsten Berges der Wahner Heide ist heute bewaldet. Aber auch vom Südwesthang bietet sich einem der weite Blick ins Agger- und Siegtal mit der Siegburger Abtei auf dem Michaelsberg und dem dahinter liegenden Siebengebirge.

Und hier kommt endlich auch der Liebhaber der Lüneburger Heide auf seine Kosten: Ein **Heidekraut** *Calluna vulgaris*, auch Besenheide genannt, neben dem anderen. Sie ist eine Zwergstrauchart, die den ganzen Hang des Fliegenbergs im Spätsommer in ein zartes, aber leuchtendes Violett haucht.

Eine Verjüngung der ein paar Jahrzehnte alt werdenden Zwergstrauchheiden ist auf Dauer nicht möglich, wenn die von ihnen gebildete Rohhumusdecke nicht abgetragen wird. Denn der Heidehumus behindert durch seinen unausgeglichenen Wasserhaushalt die Entwicklung der Calluna-Keimlinge. Um es mit einfachen Worten zu umschreiben: Die Besenheide bettet sich ihr eigenes Grab. Den Humus entnahm früher der Heidebauer mit seinem Plaggenhieb, und so muss man diese Bewirtschaftungsformen nachstellen, wenn man Zwergstrauchheiden erhalten möchte.

Der Name Fliegenberg hat übrigens nichts mit dem Flughafen

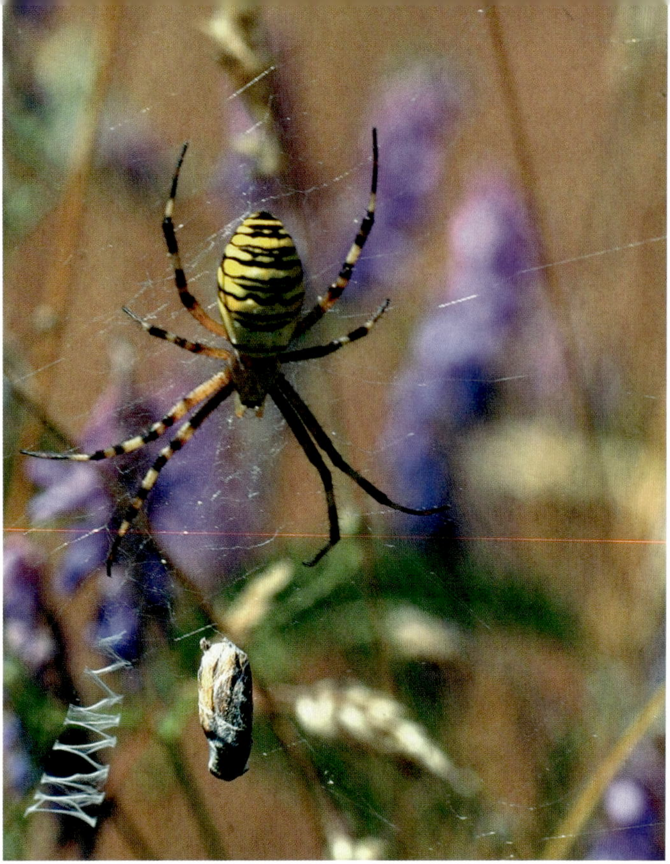

Weibliche Wespenspinne

zu tun, er ist älter als sämtliche erfolgreichen Unternehmungen des Menschen, die Lüfte zu erobern. Im Volksmund früherer Jahrhunderte hieß er **Flienberg** oder Fletenberg, was einen Berg an einem Fließgewässer bezeichnet. Dies ist zurückzuführen auf den ehemaligen Verlauf des Agger-Flußbetts unmittelbar am Fuße des Fliegenbergs.

Dieser „unreine" Ort ist der optimale Lebensraum der **Zauneidechse** *Lacerta agilis*, einer bundesweit inzwischen stark gefährdeten Echsenart, die ihre Eier im Dünensand vergräbt und von der Sonnenwärme ausbrüten lässt. Eine andere, ebenso bedrohte Reptilienart macht bevorzugt Jagd auf die Eidechsen: Die **Schlingnatter** *Coronella austriaca*. Dieser ungiftigen Schlange wurde früher oft zum Verhängnis, dass sie mit der giftigen Kreuzotter *Vipera berus* verwechselt wurde. Die letzten einigermaßen verlässlichen Angaben für das Vorkommen der Kreuzotter stammen zwar aus den 40er Jahren des vorigen Jahrhunderts – aber man kann ja nie wissen.

Nicht ganz so unangenehm, aber immerhin von der Schmerzhaftigkeit eines Wespenstichs soll der Biss der Wespenspinne *Argiope bruennichi* sein. Im Spätsommer spannt die zweitgrößte Spinnenart der Heide, die erst Anfang der 1980er Jahre im Zuge einer natürlichen Norderweiterung ihres Verbreitungsareals zu uns gekommen ist, zahlreich ihre Netze in der niedrigen Vegetation.

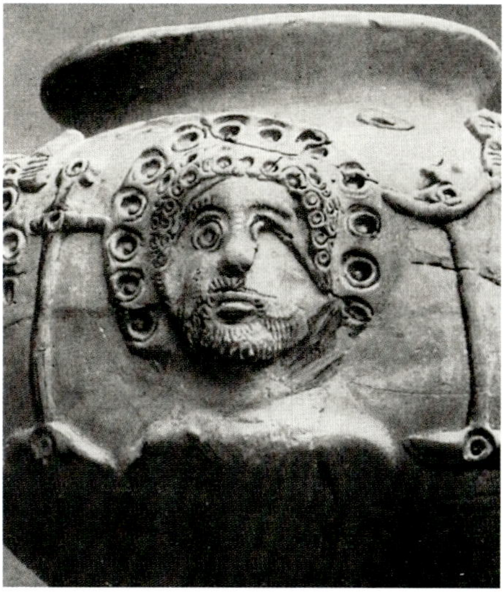

Göttervase

Die Fliegenbergheide ist nicht nur Lebensraum zahlreicher Tier- und Pflanzenarten, sie war es wohl auch immer wieder für den Menschen. 1982 sind hier Gräber des Germanenstamms der Brukterer entdeckt und ausgegraben worden. Sie müssen zwischen 75 bis 225 n. Chr. hier gelebt haben. Die Brukterer errichteten keine Grabhügel mehr wie die keltischen Volksstämme 500 bis 1.000 Jahre zuvor, sondern beerdigten ihre Angehörigen in ebenerdigen Brandschüttungsgräbern.

Wenn die Fliegenbergheide fast schon in die Aggeraue mündet, biegen wir links hoch in ein Birkenwäldchen.

Dort wartet der Quarzitsteinsee darauf, von uns entdeckt zu werden. Von 1882 bis etwa 1965 wurde hier durch den Quarzitabbau eine tiefe Schlucht in den Fliegenberg gegraben. Der hier abgebaute, im Erdzeitalter des Oligozän und Miozän entstandene Quarzit wurde für den Straßen- und Mauerbau verwendet.

Auf der Sohle der Grube bildete sich der See aus, der wegen seiner Steilufer auch heute noch kaum Verlandungszonen mit Röhrichten aufweist. In eines der Steilufer baute die Uferschwalbe *Riparia riparia* bis Ende der 1970er ihre Brutröhren. Aus der Aggeraue war sie ja durch die Flussregulierungen verdrängt worden und hatte in der Grube einen Ersatzlebensraum gefunden. Unter anderem aufgrund der zunehmenden Bewaldung räumte diese gefährdete Vogelart hier ihr Brutareal.

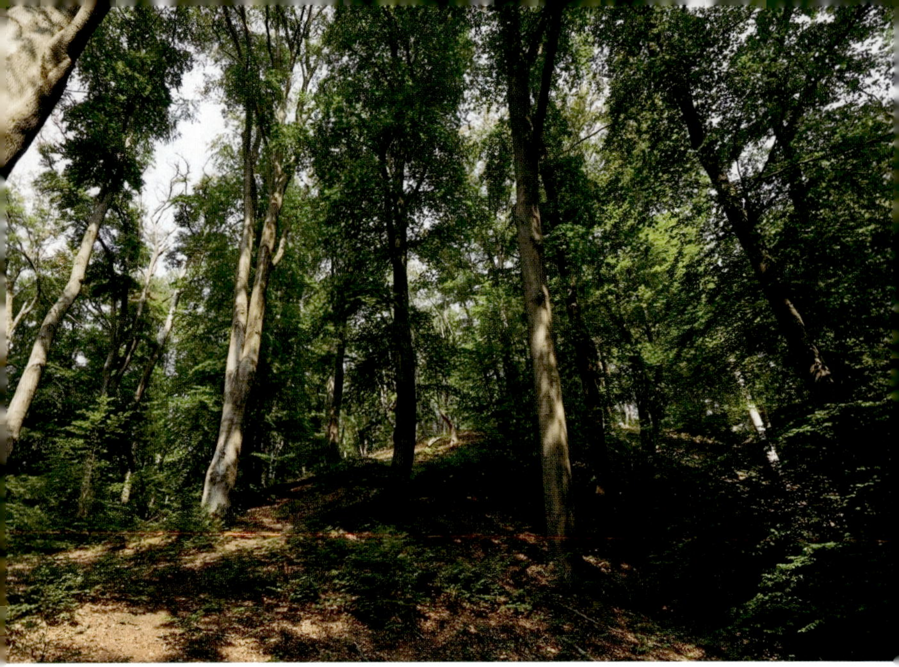

Hainsimsen-Buchenwald am Güldenberg

Als Pfosten für die Absperrung der Grube wurden in der Nachkriegszeit Schienen der Feldbahn verwendet, die auch heute noch gut erkennbar senkrecht im Heidesand stecken.

1909 hat Carl Rademacher hier Reste eines germanischen Dorfes gefunden, das über sechs Jahrhunderte bestanden haben muss. Bei den Grabungen wurde die so genannte Göttervase entdeckt, die als Urne in einem germanischen Brandgrab des 3. Jh. n. Chr. diente. Die so genannten Planetenvasen haben ihren Ursprung in Nordgallien, diese Nachbildung muss im Kölner Raum gefertigt worden sein. Sie ist also Importware und belegt damit die Einflüsse, die damals das römische, linksrheinische Germania inferior (Niedergermanien) auf das Germania libera (Freies Germanien) der rechten Rheinseite hatte. Die Göttervase ist im Römisch-Germanischen Museum in Köln zu bestaunen.

Der Weg bergauf führt durch einen Bergahornforst mit einzelnen Esskastanien Castanea sativa und endet vor dem **Kronenweiher**.

Bereits 1914 ist der Kronenweiher als Naturdenkmal festgesetzt worden. Dabei war er damals schon kein natürliches Gewässer mehr, sondern stark durch den Menschen überprägt.

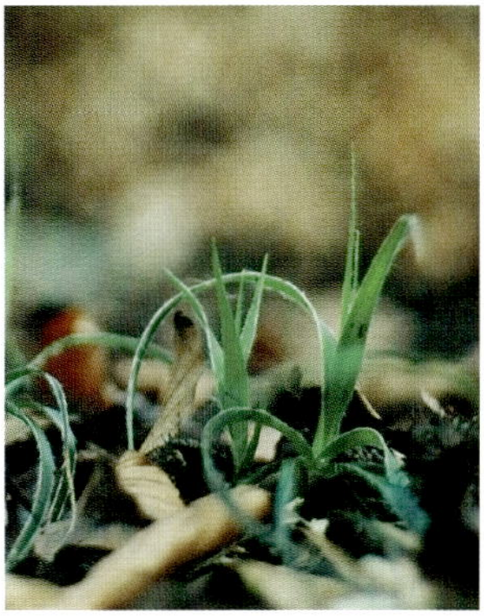

Hainsimsen im Buchenwald

Ursprünglich dürfte sich in dieser Geländemulde ein Heidemoor ausgebildet haben. Das aber wurde mittels eines Entwässerungsgrabens trocken gelegt, um den Torf einfacher stechen zu können. In einer Mächtigkeit von über einem Meter ist hier der Torf ausgebeutet und das Moor damit zerstört worden.

Dieser Torfstich entwickelte sich, nachdem der Entwässerungsgraben nicht mehr unterhalten wurde, zu einem kleinen stehenden Gewässer, dem Kronenweiher. Und der ist in den vergangenen 100 Jahren immer weiter zugewachsen und verlandet. Wir beobachten hier die überaus langsame natürliche Regeneration eines Moores.

Hier finden wir typische Bewohner solcher sauren Verlandungssümpfe: Den Wassernabel *Hydrocotyle vulgaris* und die in NRW gefährdeten Sumpffarn *Thelypteris palustris* und Fieberklee *Menyanthes trifoliata*. Wer die Vegetation nicht schädigen und außerdem nicht als Moorleiche enden möchte, sollte am sicheren Ufer bleiben.

Der Weg bergab führt uns an den imposanten Südwesthang des Güldenbergs.

In den beiden letzten Jahrhunderten vor Christus lebten auf der Hügelkuppe Angehörige eines keltischen Volksstammes in einer Wallburg. Von dem wegen seiner Form „Ringwall" genannten Kulturdenkmal erkennt man heute nur noch unscheinbare Erdwälle, da die Bestandteile aus Holz längst verrottet sind.

Schwarzspecht

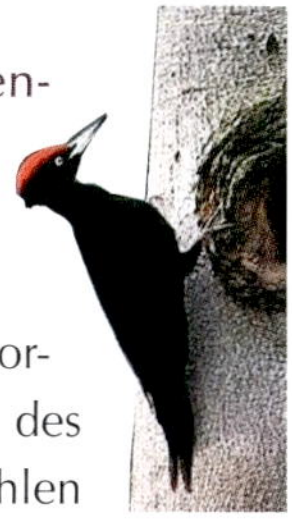

Bemerkenswerter ist da schon der Hainsimsen-Buchenwald. Mehr als 200 Jahre alte Baumgreise bevölkern die Bergkuppe noch genauso wie das Namen gebende kleine Binsengewächs *Luzula luzuloides*.

Die alten und daher totholzreichen Buchen sind bevorzugter Lebensraum der größten europäischen Spechtart, des Schwarzspechts *Dryocopus martius*. Seine großen Nisthöhlen wiederum dienen zahlreichen anderen Arten als Brutstätte,

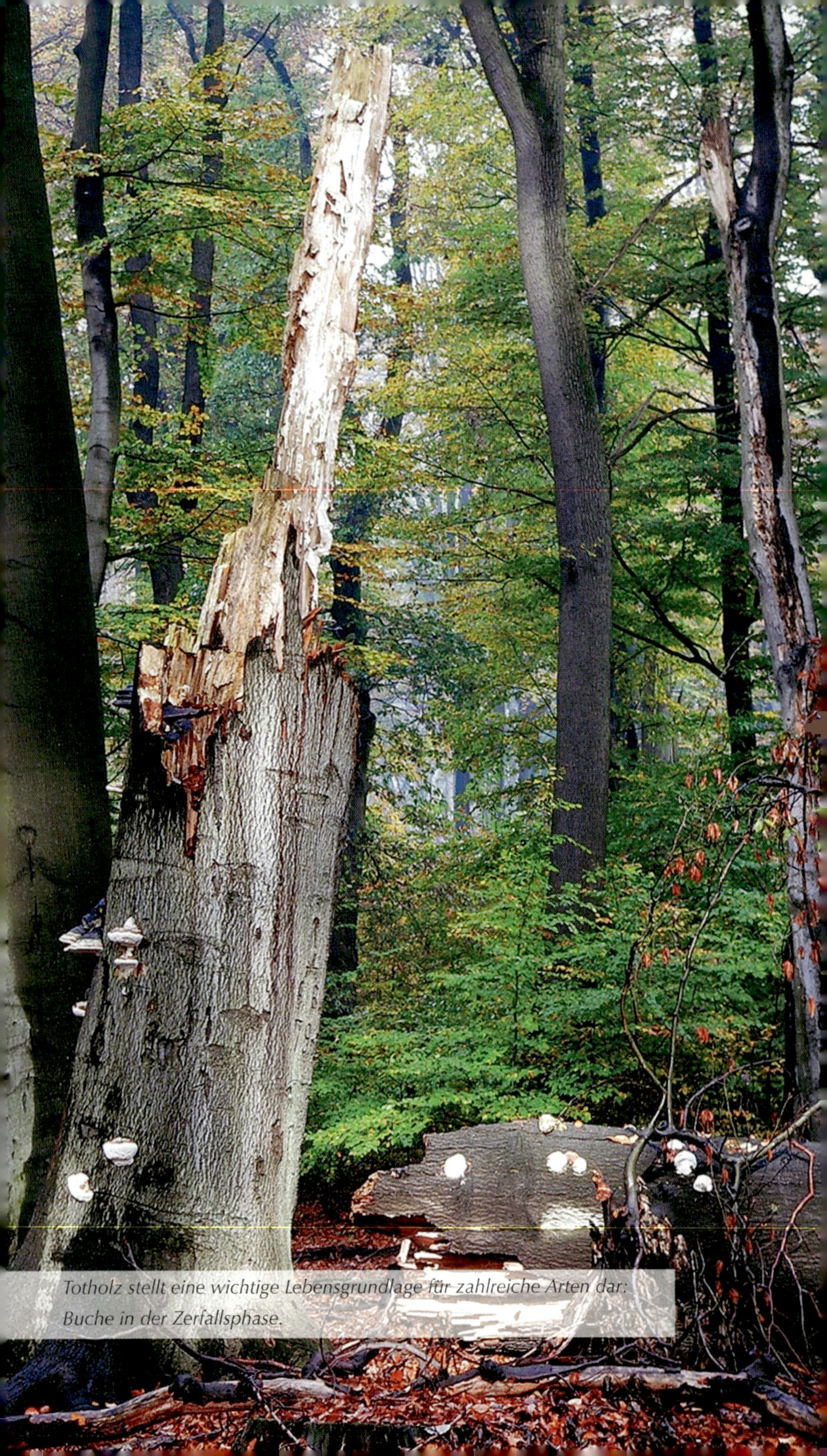

Totholz stellt eine wichtige Lebensgrundlage für zahlreiche Arten dar: Buche in der Zerfallsphase.

zum Beispiel der Hohltaube *Columba oenas*, aber auch mehreren Fledermaus- und Wespenarten. Wenn der Kleiber *Sitta europaea* solche Schwarzspechthöhlen in Lehmbauweise verkleinert, sind sie auch bezugsfertig für Meisen und den Trauerschnäpper *Ficedula hypoleuca*, für Hummeln und Bilche wie den Siebenschläfer *Glis glis*. Im Totholz der Buchen leben zahlreiche Kerbtiere und deren Larven, die einigen der genannten Arten als Nahrung dienen, zum Beispiel zwei bundesweit stark gefährdete Käferarten: Der **Pflanzenkäfer** *Allecula rhenana* und der Pochkäfer *Grynobius planus*.

Sie alle profitieren hier von der Nutzungsaufgabe der Forstwirtschaft. Leider sind solche **Waldreservate** selbst in einem international bedeutenden Naturschutzgebiet wie der Wahner Heide immer noch keine Selbstverständlichkeit

Auf dem Siegburger Weg wandern wir langsam ins Aggertal hinab, und anschließend noch ein paar hundert Meter „Am alten Wasser“.

Den Fluss bekommen wir allerdings nicht zu Gesicht, ist er doch noch einige hundert Meter entfernt.

Als wir an den Parkplatz am Aggerstadion gelangen, scheint unsere Tour auch bereits beendet zu sein. Doch glücklicherweise führt uns ein Weg in den Wald zurück, an den **Leyenweiher**.

Bei diesem Gewässer handelt es sich um einen bereits vor 1845 angelegten Stau-Teich. Der Leyenbach wurde hier mit einem Damm aufgestaut, unter anderem um Teichwirtschaft betreiben zu können. Mit der künstlichen Gestalt erklärt sich auch das relativ steile, und daher mit nur einem schmalen **Verlandungsröhricht** bekleidete Ufer. Häufige Arten wie Breitblättriger Rohrkolben *Typha latifolia* und Rohr-Glanzgras *Phalaris arundinacea*, aber auch die landesweit gefährdete Steifsegge *Carex elata* sind hier vertreten. In größeren Tiefen siedeln ansehnliche Bestände der **Seerose** *Nymphaea alba*.

Heute gibt es immer noch einen Fischbestand, allerdings von naturnaher Größe. So konnte sich der Leyenweiher mit 15 Arten wieder zu einem der libellenreichsten Gewässer des Heidegebiets entwickeln. Die Größte von ihnen ist die von Anfang Juni bis Anfang September fliegende blaue Königslibelle *Anax imperator*.

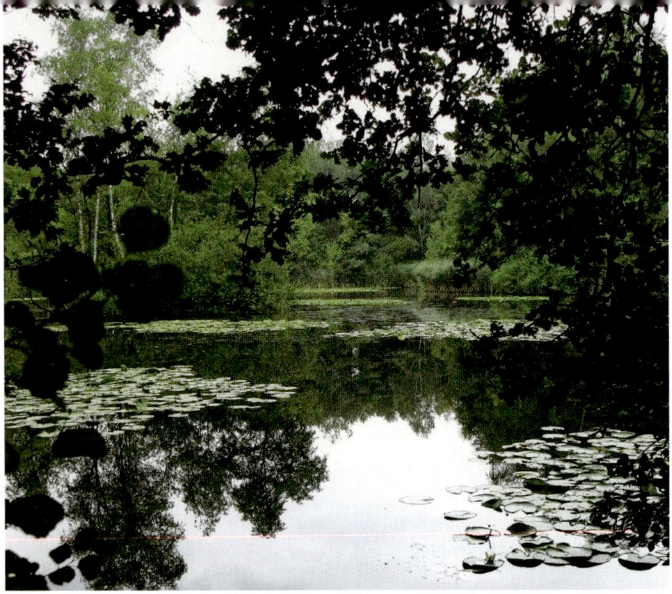

Leyenweiher

Mit etwas Glück verirrt sich auch mal ein Großes Granatauge *Erythromma najas* ans Ufer. Normalerweise verlässt diese hellblaue Kleinlibelle mit den rubinroten Augen die Schwimmblätter der Seerosen nicht. Sie alle müssen auf der Hut sein, nicht in die Reichweite einer Wasserfroschzunge zu geraten. Und die Wasserfrösche *Rana „esculenta"* wiederum machen besser einen Bogen um die nord-amerikanischen Schmuckschildkröten, die hier seit den achtziger Jahren durch überdrüssige „Tierfreunde" ausgesetzt wurden.

Der Brunnenkellerweg führt am Leyenweiher vorbei, hin zu den eingestürzten Resten eben dieses Brunnenkellers.

Dies ist eine Art naturnaher Kühlschrank des 19. Jahrhunderts, um 1850 erbaut. Denn mit Hilfe dieses Bauwerks konnten der Heimbach aufgestaut und Kannen mit frischer Milch kühl gelagert, entsprechend länger haltbar gemacht werden. Die Kühe standen auf der angrenzenden Broicherwiese, die seit Jahrzehnten aufgeforstet ist.

Auf dem Brunnenkellerweg gelangen wir zurück zum Parkplatz an der Krapeler Dreiß. Wir überqueren die Straße, folgen dieser ein kurzes Stück nach links, um dann schnell rechts in den Hirschpark abzubiegen und auf unserem Hinweg zurück zur Burg Wissem zu kommen.

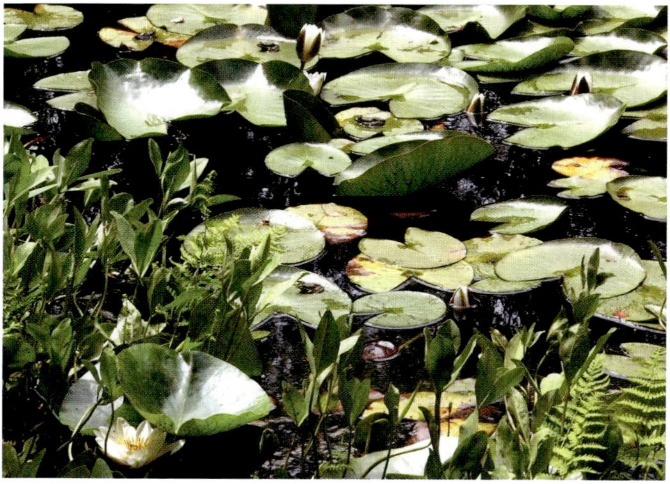

Sumpffarn, Fieberklee und Wasserfrösche auf Seerosenblättern

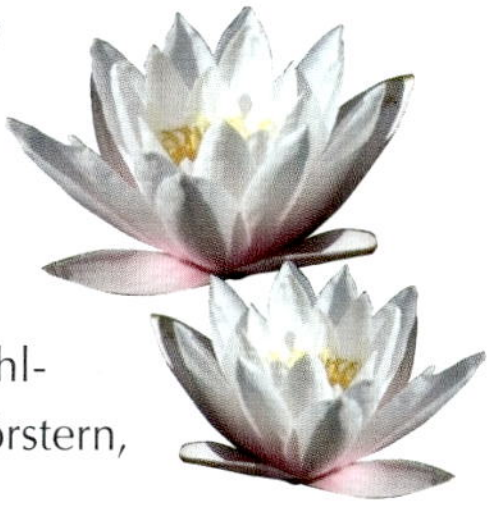

Seerose

Der Hirschpark bietet einen sanften Übergang zurück in die Zivilisation. Und bei Nunzio an der Burg Wissem tut sich die passende Gelegenheit auf, den Heidestaub von der Lunge zu baden und damit zu prahlen, welch zahllosen „Gefahren", Zeppelinbomben, Gifttieren und Förstern, man getrotzt hat.

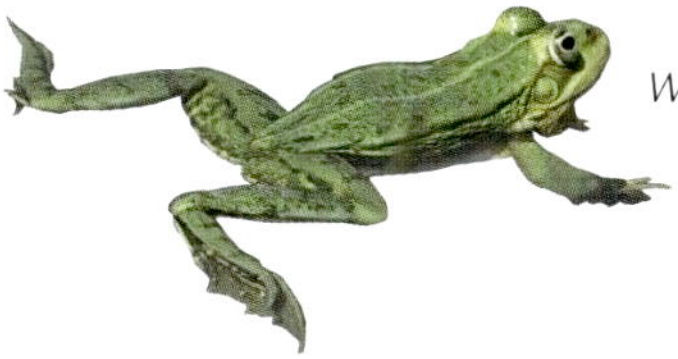

Wasserfrosch

Die Troisdorfer erzählen sich eine Sage, die erklärt, warum die Heide rötlich blüht:

„Von Anfang der Welt her blühte die Heide weiß. Als aber unter den Menschen der Krieg aufkam, da wurden vom Blute der Erschlagenen die Heideblümchen rot und sind es geblieben bis auf den heutigen Tag, dass ein weißer Heidebuschen eine Seltenheit geworden ist. Wenn aber eine reine Maid einen solchen findet, wird sie Braut noch im selben Jahr."

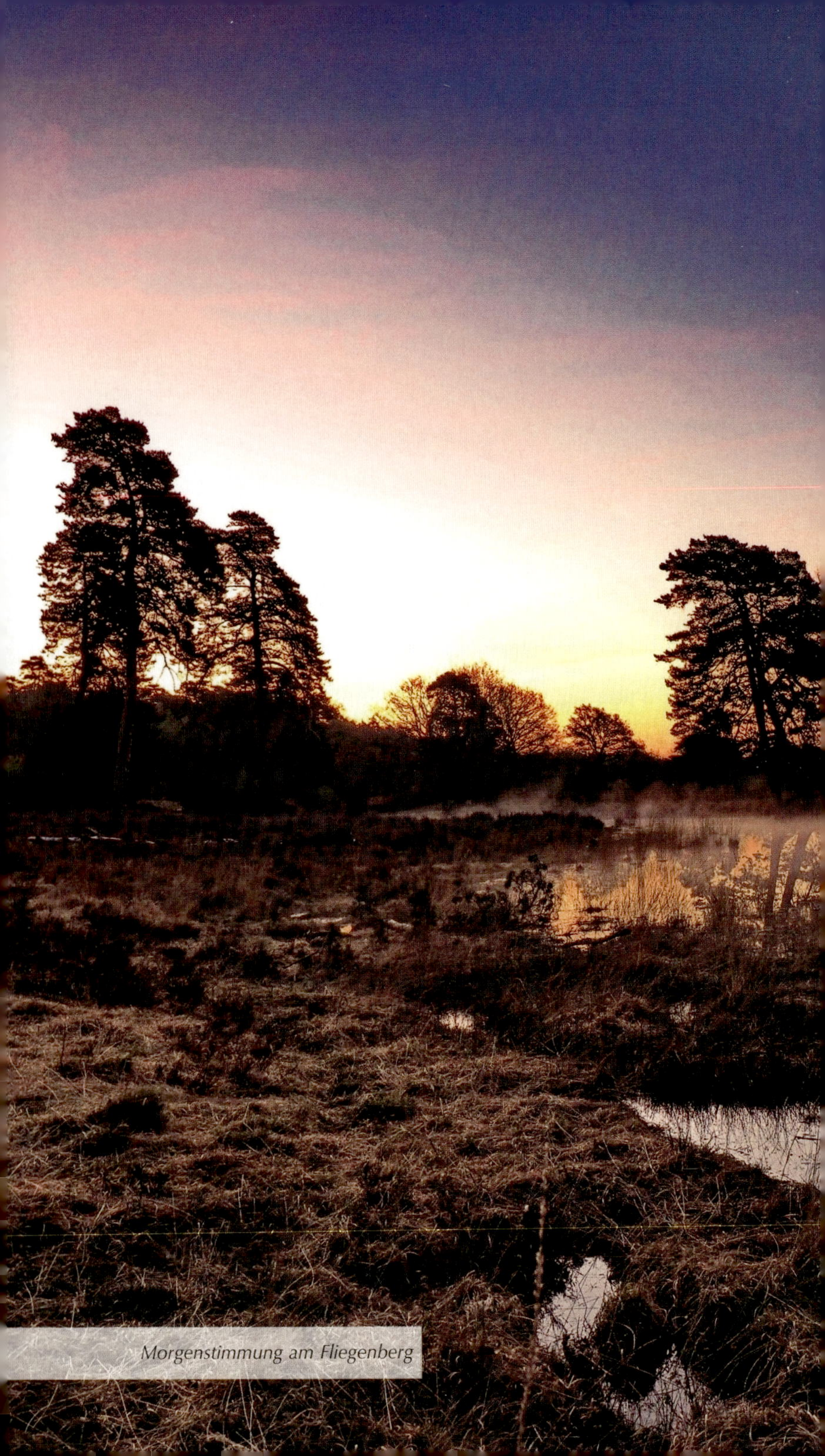

Morgenstimmung am Fliegenberg

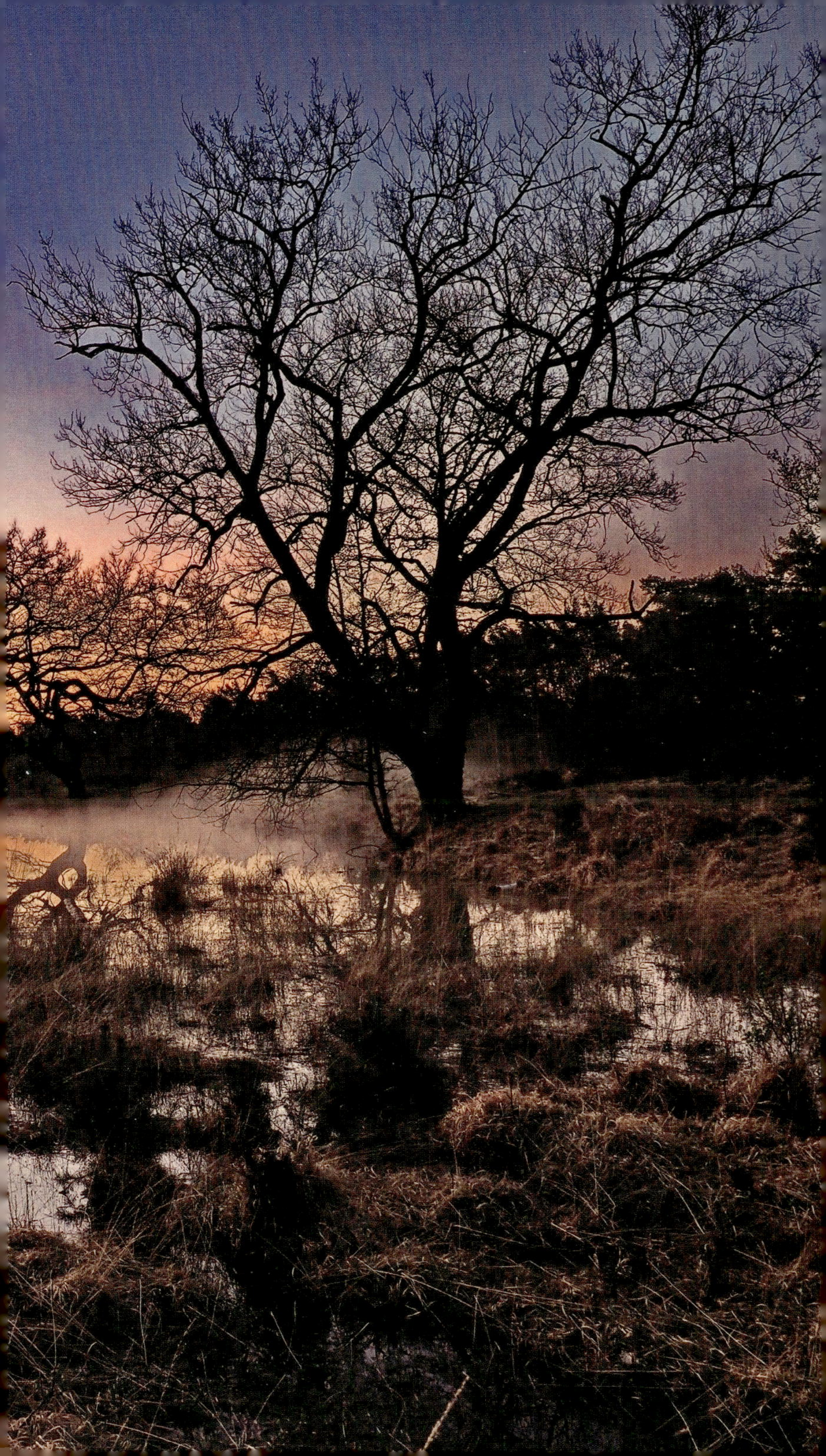

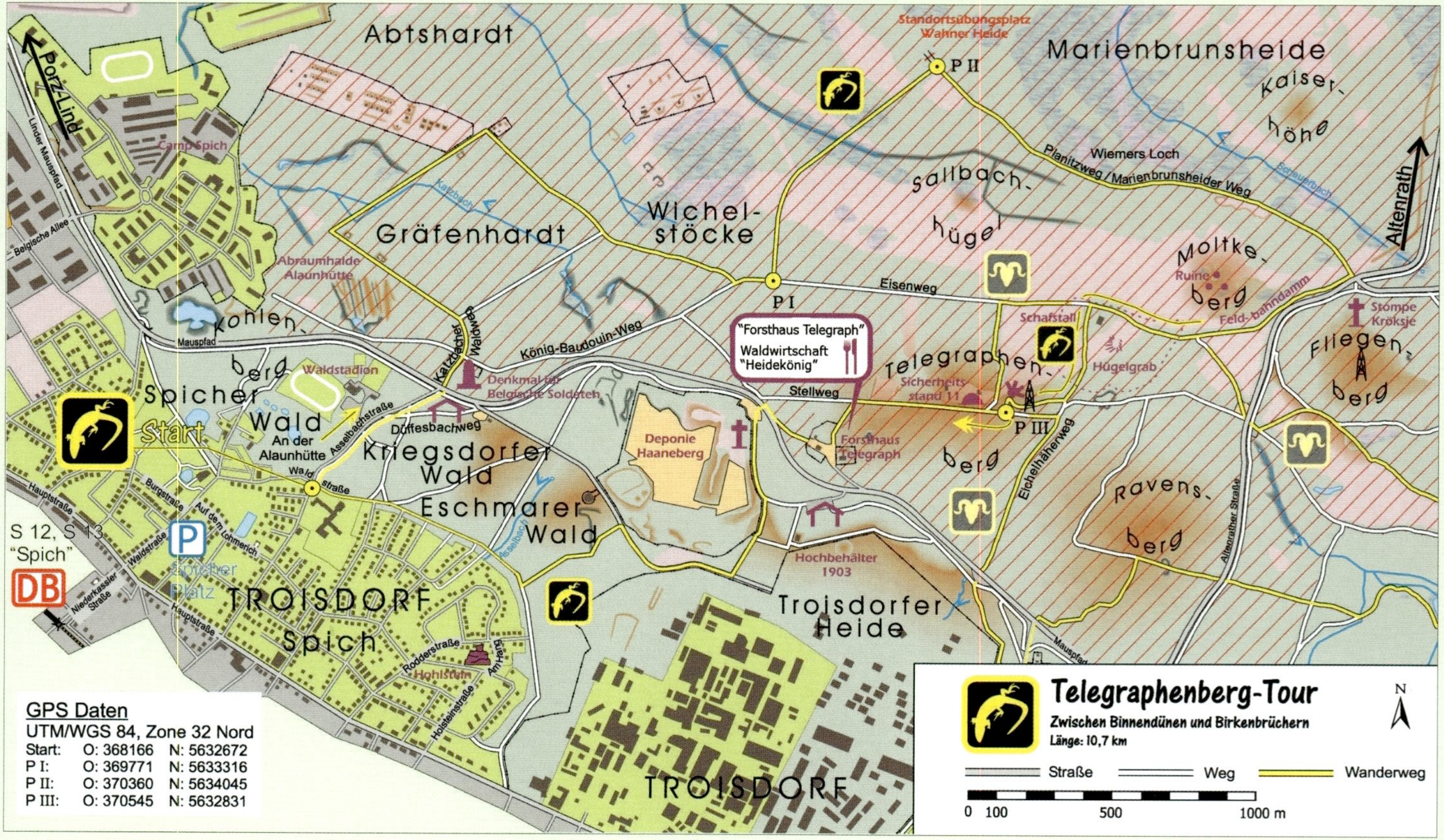
Telegraphenberg-Tour
Zwischen Binnendünen und Birkenbrüchern
Länge: 10,7 km
Straße
Weg
Wanderweg
0 100 500 1000 m
N
GPS Daten
UTM/WGS 84, Zone 32 Nord
Start: O: 368166 N: 5632672
P I: O: 369771 N: 5633316
P II: O: 370360 N: 5634045
P III: O: 370545 N: 5632831
Abtshardt
Standortsübungsplatz Wahner Heide
Marienbrunsheide
Kaiser-höhe
Wiemers Loch
Planitzweg / Marienbrunsheider Weg
Altenrath
Porz-Lind
Linder Mauspfad
Belgische Allee
Camp Spich
Gräfenhardt
Wichel-stöcke
Sallbach-hügel
Moltke-berg
Ruine
Feld-bahndamm
Stompe Kröksje
Fliegen-berg
Abraumhalde Alaunhütte
Kohlen-berg
Mauspfad
Eisenweg
P I
P II
P III
König-Baudouin-Weg
Katzbacher Waldweg
Denkmal für Belgische Soldaten
Waldstadion
"Forsthaus Telegraph"
Waldwirtschaft
"Heidekönig"
Schafstall
Hügelgrab
Telegraphen-berg
Sicherheits-stand 11
Stellweg
Forsthaus Telegraph
Eichelhäherweg
Spicher Wald
Start
An der Alaunhütte
Asselbachstraße
Düffesbachweg
Kriegsdorfer Wald
Deponie Haaneberg
Eschmarer Wald
Waldstraße
Hauptstraße
Burgstraße
Auf dem Lohmerich
Waldstraße
Spicher Platz
S 12, S 13
"Spich"
DB
Niederkasseler Straße
TROISDORF Spich
Rodderstraße
Hohlstein
Am Hang
Holsteinstraße
Hochbehälter 1903
Troisdorfer Heide
TROISDORF
Ravens-berg
Altenrather Straße
Mauspfad

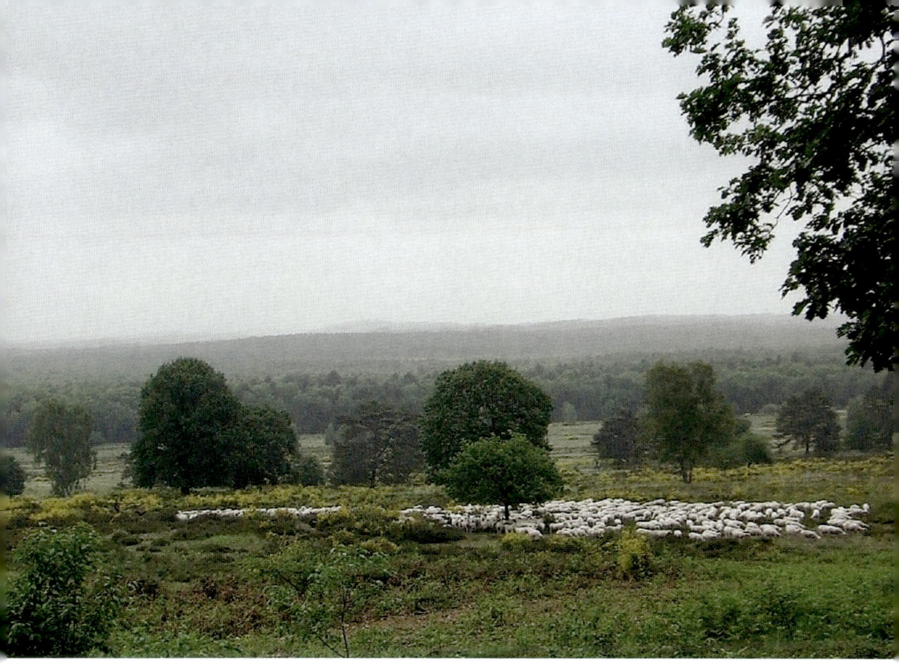

Blick vom Telegraphenberg im Mai

Telegraphenberg-Tour

Strecke: 10,7 km • Wegezeichen: Eidechse

Zwischen Binnendünen und Birkenbrüchern

Auch wenn es noch nicht im Naturschutzgebiet Wahner Heide liegt – die Heideterrasse beginnt kurz hinter dem Haus Broich, und sie ist auch von den Besitzern dieses Ritterguts über Jahrhunderte hinweg genutzt worden.

Die ehemalige Wasserburg fand im 12. Jahrhundert erstmalig Erwähnung, doch das heutige Gebäude hat, abgesehen von den Grundmauern, mit den ursprünglichen Anlagen nahezu nichts mehr gemein. Nicht nur, dass die Wirren des Mittelalters ihren Tribut forderten, auch musste das 1623 neu erbaute Herrenhaus von 1973 bis 1975 aufgrund des schlechten Zustands teilweise abgetragen und wieder aufgebaut werden. Nach seiner Zeit als städtisches Jugendzentrum befindet sich Haus Broich heute wieder in privater Nutzung. Doch der angrenzende Burgpark mit dem Bürgerhaus ist ein Erholungsgebiet der Spicher geblieben.

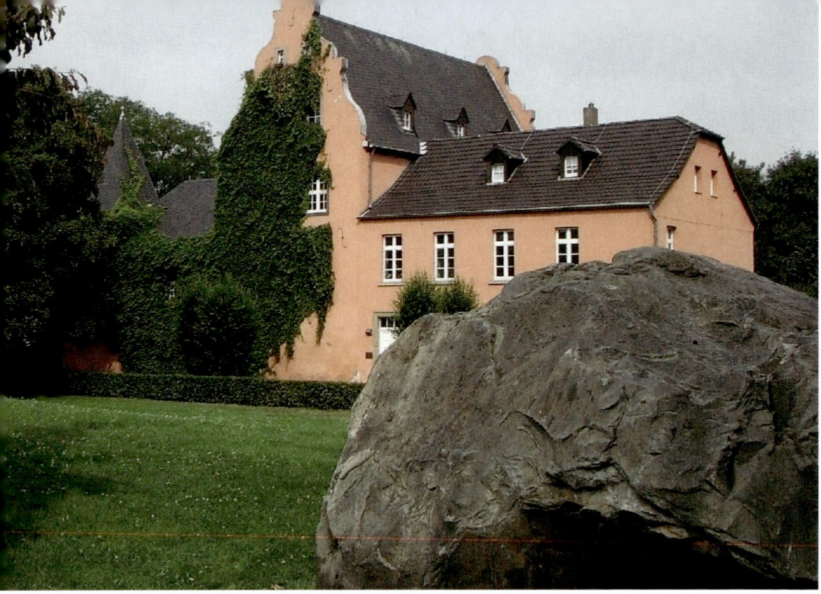

Hunnenstein vor Haus Broich

Vor Haus Broich liegt ein imposanter, nachträglich nach der Eisensteingrube am Kollberg benannter Quarzitklotz: Der Hunnenstein. Wie sein großer berühmter „Bruder", der Hohlstein, ist er vor etwa 26 Millionen Jahren entstanden, im Gegensatz zu diesem befand er sich ursprünglich an einem anderen Platz.

Wenige Meter weiter verrät das Straßenschild, dass es geradeaus hoch zum Kollberg geht, doch um in die Wahner Heide zu gelangen, muss man auf der Waldstraße bleiben. Sämtliche Straßennamen der Neubausiedlung an der Alaunhütte, die wir nun streifen, bezeugen noch die bewegte industrielle Vergangenheit.

Die Alaunhütte entstand hier um 1815. Kalium-Alaun ist ein nach wie vor in der Chemie gebräuchlicher Begriff für Kaliumaluminiumsulfat-Dodekahydrat, eine farblose kristalline Substanz. Es ist seit dem Altertum bekannt, man gebraucht es zum Beizen von Stoffen, Gerben von Leder und in der Medizin als blutstillendes Mittel. So fehlte der Alaunkristall früher in kaum einem Haushalt. Vor allem beim Stillen von Blutungen nach dem Rasieren findet er bis heute Anwendung. Erst 1854 gelang es dem wegen des Brenners berühmten Chemiker Robert Bunsen, aus Alaunerde mittels Elektrolyse Aluminium in Reinform herzustellen.

Wie es der Name des Bergs schon verrät, Braunkohle hat man hier im Johannesbergwerk ebenso wie den tertiären Ton, in welchem die Braunkohle eingelagert ist, bis 1865 im offenen Tagebau gefördert und in der Alaunhütte zur Gewinnung des Alaunsalzes

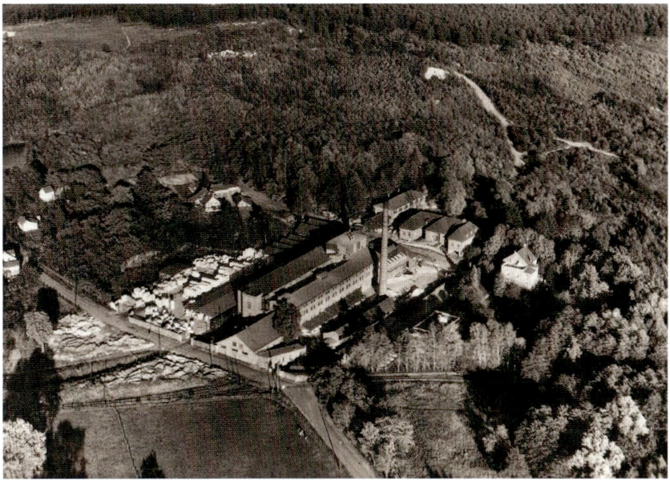

Luftaufnahme des Alaunhüttengeländes von 1955

verarbeitet. Aber der Kohlenberg oder Kollberg, wie er im Dialekt heißt, gab noch einiges mehr her, zum Beispiel Raseneisenstein. Das ist ein steinharter, sehr eisenhaltiger, zur Verhüttung geeigneter Bodenhorizont, der in staunassen oder ehemals staunassen Gebieten nahe der Grasnarbe anstehen kann, und der hier ab 1853 abgebaut wurde.

Als dieses Raseneisenstein-Vorkommen 1881 erschöpft war, benutzte Besitzer Mehlem sein Bergwerksrecht dazu, den beim Abbau der Alaunerde angefallenen, auf Halde liegenden Ton für die Produktion von Steingütern einzusetzen. Der Nachfolgeunternehmer ließ dann auf dem Alaunhüttengelände 1900 ein Falz-Ziegelwerk – die Spicher nannten es Pannenschoppen – errichten, allerdings nur mit kurzfristigem Erfolg.

Ab 1909 betrieb hier Jean Wester eine Schamottsteinfabrik, eine Fabrik für feuerfeste und säurebeständige Steine, und baute die notwendigen Ton-, Kies- und Quarzitsandvorkommen sozusagen vor der Haustür ab. Rechnet man das Nachfolgegewerbe mit ein, wurde auf dem Gelände der Alaunhütte bis 1976 produziert. Erst in den Jahren 2000 und 2001 wurden sämtliche Fabrikgebäude abgerissen und die heutige Wohnsiedlung aus dem Boden gestampft.

Wo die Waldstraße auf die Asselbachstraße stößt, befinden sich Start- und Endpunkt des Rundwanderwegs. Die Asselbachstraße, benannt nach dem unweit von hier im Eschmarer

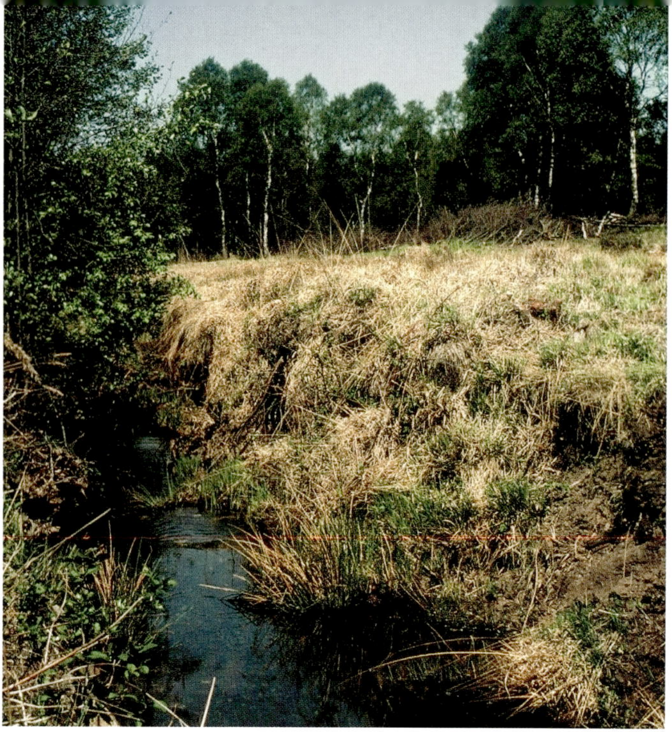

Drei Meter tiefer Entwässerungsgraben

Wald fließenden Gewässer, führt uns mitten durch das ehemalige, heute bewaldete Abbau- und Abraumgebiet, steil hoch auf die rheinische Mittelterrasse. Die Asselbachstraße wird auf der gegenüberliegenden Seite des Mauspfads zum Katzbacher Waldweg, und dieser führt uns durch die Kiefernforste der Gräfenhardt.

Hier befindet sich noch eine großflächige Abraumhalde aus der Zeit des Alaunhüttenbetriebs. Einen der recht langen, drei bis vier Meter hohen und nebeneinander aufgeschütteten Erdwälle erkennt man an einer Stelle auch gut vom Weg aus.

Kurze Zeit später überqueren wir den heutigen, künstlichen Verlauf des Katzbaches. Eine ganze Weile begleitet er uns in einem Graben parallel zum Wanderweg.

Leider sind die meisten Bäche der Wahner Heide zumindest abschnittsweise im 19. oder 20. Jahrhundert aus forstwirtschaftlichen oder militärischen Gründen begradigt oder in tiefe Gräben gezwängt worden, um ihre Einzugsgebiete trocken zu legen. Es

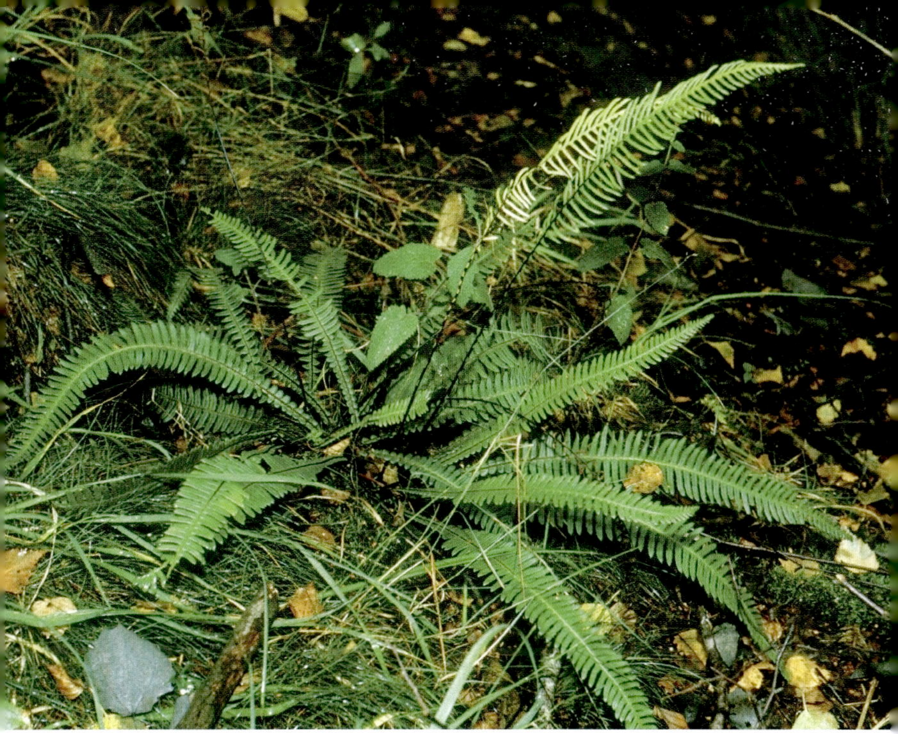

Kennart des Torfmoos-Erlenwaldes: Der Rippenfarn

wird wahrscheinlich noch Generationen brauchen, bis all diese Schäden beseitigt sind.

Zumindest der Rippenfarn *Blechnum spicant* hat als eine der wenigen Arten diese Eingriffe in seinen Lebensraum, den Erlen-Sumpfwald, kompensieren können. Einige der vergleichsweise kleinen, aber dennoch auffälligen Pflanzen mit den kammförmigen Wedeln bevölkern die Grabenkante.

Wenn sich der dunkle Wald endlich öffnet, tut er dies für eine mit Sicherheitszaun, Stacheldraht und Flutlichtern bewährte Anlage. Eines vorweg: Das belgische Munitionsdepot wird noch überwacht, aber Belgier und Munition lassen sich hier nicht mehr finden.

Die Wahner Heide und ihre Siedlungen wurden ja im April 1945 durch amerikanische Truppen befreit, doch fiel unser Gebiet zunächst in die britische Besatzungszone.

Ab 1951 waren die belgischen Streitkräfte, die Anlagen wie Camp Spich, Camp Altenrath und dieses Munitionsdepot bauten, hier stationiert. Weil sie mehrere Panzerübungsgebiete einrichteten und die Betretungsrechte der Bevölkerung beschnitten – die erste sogenannte Mitbenutzungsvereinbarung von 1968 erlaubte ein

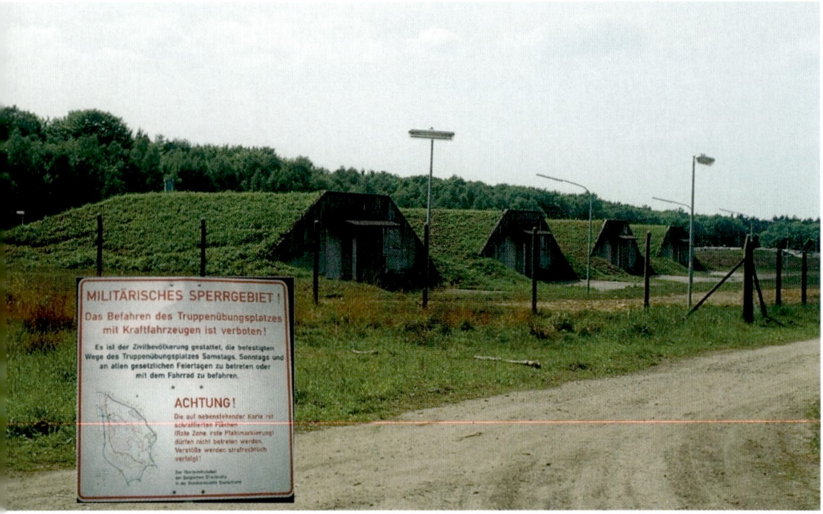

Belgisches Munitionsdepot 2004. Kl. Foto: Sperrgebietsschild vor 2003

Betreten sonntags und samstags ab 13 Uhr – waren die belgischen Streitkräfte in der Anfangszeit nicht sonderlich beliebt. Aber aus den Besatzungsmächten wurden ja bekanntlich Bündnispartner, die ab 1985 dann sogar – zumindest auf Teilflächen – nach Plänen des Ökologischen Arbeitskreises Wahner Heide die ersten Naturschutzmaßnahmen zuließen. Als im Frühjahr 2001 die Nachricht kam, die belgische Regierung hätte den Abschied aus der Wahner Heide beschieden, wollten es viele ungern glauben. Doch am 7. Juni 2002 kam der belgische König Albert II. ins Spicher Camp Baudouin, um gemeinsam mit Bundespräsident Johannes Rau die belgischen Truppen offiziell zu verabschieden. Bis Anfang 2004 zogen sich die Streitkräfte dann endgültig von diesem Standort zurück.

Der Eisenweg führt uns rechts in die Wichelstöcke.

Der Wachelter, wie man den Wacholder Juniperus communis im Plattdeutschen nennt, gab dieser Flur ihren Namen. Das in der Wahner Heide einst weit verbreitete Zypressengewächs ist hier in der zweiten Hälfte des 19. Jahrhunderts fast vollständig ausgerottet worden. Zuvor hatten über viele Generationen hinweg genossenschaftliche Regelungen wie Weistümer und Waldordnungen eine Ausbeutung verhindert. Denn nachhaltige, auf langfristig gesicherte Ernten ausgerichtete Bewirtschaftung war überlebensnotwendig, erst recht bei diesem sehr langsam wachsenden Nadelgehölz. Als Räucherholz zur Konservierung von Fleisch und Fisch, als Schnitzholz zur Herstellung von Kübeln und Bütten, zum Vogelfang, zum „Körner kloppen“, also zur Ernte der als Heilmittel und Gewürz begehrten Wacholderbeeren – man war auf den Wacholder angewiesen.

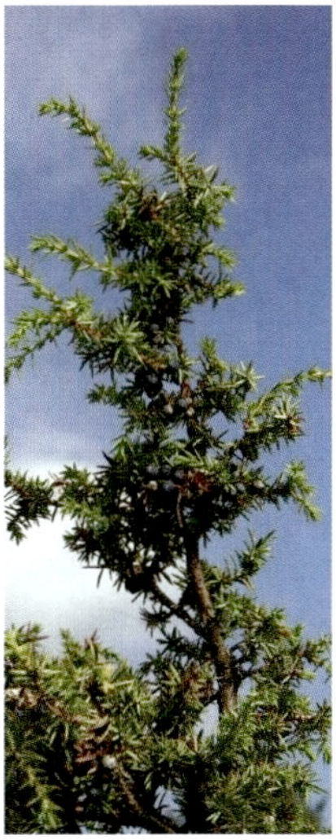

Wacholder

Als dann der preußische Staat die Flächen nach und nach zum Zwecke der militärischen Nutzung aufkaufte – und dies gelang ihm, weil den bisherigen Eigentümern bei fehlender Bereitschaft die Zwangsenteignung drohte – wusste dieser mit den Wacholderbeständen wenig anzufangen. Man gab sie der Plünderung preis, zum Beispiel durch den Verkauf an Kölner Metzger, und ließ die Wuchsplätze mit Kiefern aufforsten.

Wer den Truppenübungsplatz betreten möchte, der wird am Eingang freundlich darüber aufgeklärt, dass sein Leben in der Wahner Heide latent in Gefahr ist. Zumindest dann, wenn er die ausgewiesenen Wege verlässt. Gleiches vermitteln die Rote-Zone-Schilder am Zentrum der Landschaft.

Begründet liegen diese Hinweise in der preußischen Nutzung der Wahner Heide als Artillerie-Schießplatz. Vom 19. Jahrhundert bis in die Zeit des Ersten Weltkriegs wurde hier scharf geschossen, diente insbesondere das Zentrum der Wahner Heide Zielübungen der Kanoniere und später Kriegsluftschiffen als Bombenabwurfgebiet.

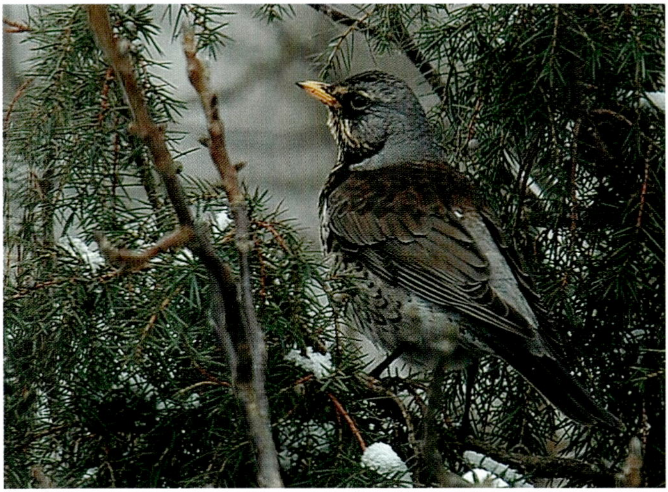

Wacholderdrossel im Wacholder

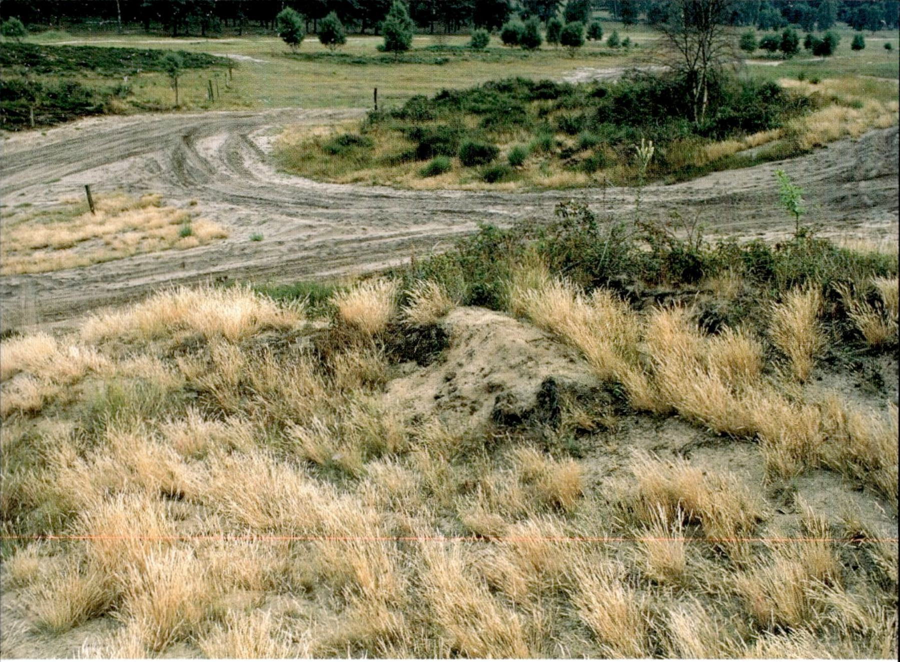

Das Silbergras ist eine Charakterart der Dünen

Dass da noch einiges an Blindgängern und Munitionsrückständen in der Fläche sein muss, kann man sich an den noch vorhandenen Fingern abzählen.

Es ist noch gar nicht so lange her, dass man sich erzählte, noch kein Altenrather sei mit zehn Fingern in den Himmel gekommen. Dies lag allerdings weniger an deren Wanderlust am Querfeldeingehen, dies lag an ihren teilweise gefährlichen Nebenjobs. Der Zeitgenosse Hubert Lückerath, der von 1904 bis 1914 auf dem Übungsplatz arbeitete, hat uns dies nach einem Bericht von Jürgen Huck überliefert.

Während des Schießens lagen die Bleimöpse am Platzrand, und wenn die Signalkörbe nach dem Schießen heruntergingen, dann stürzten sie sich wie die Wilden auf das beschossene Feld, jede Gefahr missachtend. Das aufgefundene Metall wurde in Säcken fortgeschafft und gegen Gewicht beim Metallhandel Braschos verkauft.

Im Spicher Bleimopslied von Hans Brodesser heißt es:

„Ein Spicher Bleimops bin ich zwar,
verdien' mein Geld stets in Gefahr,
aber wenn Feinsliebchen am Schlagbaum ruht,
dann geht das Moggelen noch mal so gut.“

Auf den Betonplatten müssen wir glücklicherweise nicht lange laufen, dann geht es auch schon links ab in die von weitem durch die Bäume hell schimmernden Offenlandbereiche.

Und diesmal erwartet uns keine hermetisch abgeriegelte Grünfläche.

Es sind Binnendünen, natürliche Hügel aus Flugsand, die mit Abklingen der letzten Eiszeit, also in einem Zeitraum, der etwa 10.000 Jahre zurück liegt, aufgeweht worden sind. Es ist der trockenste und nährstoffärmste Lebensraum, den es bei uns gibt. Nur absolute Spezialisten schaffen es, hier ihr Auskommen zu finden. Und die kann man hier vom Weg aus bestaunen, zumindest im Frühling. Denn Bauernsenf *Teesdalia nudicaulis* oder Frühlingsspark *Spergula morisonii*, welche die Flugsandfelder hier zahlreich besiedeln, müssen ihre Fortpflanzung abgeschlossen haben, bevor die Jahreszeit der stärksten Verdunstung anbricht. Sie sind Leitarten der in Nordrhein-Westfalen stark gefährdeten Frühlingsspark-Silbergrasflur, der für Binnendünen typischen Pioniergesellschaft. Diese Pflanzengesellschaft besiedelt den Sand also als erste, und wird im Verlauf der Vegetationsentwicklung durch zahlreiche folgende Gesellschaften, für welche die jeweilige Vorgängerin im wahrsten Sinne des Wortes den Boden bereiten muss, abgelöst. Die Sandheide, der in zahllosen Liedern und Filmen verehrte „Klassiker" unter den Heidegesellschaften, mit dem Heidekraut *Calluna vulgaris*, dem Englischen Ginster *Genista anglica* und dem Haarschwingel *Festuca filiformis* ist zum Beispiel eine solche Folgegesellschaft, die man hier überall auf den Dünenkuppen finden kann.

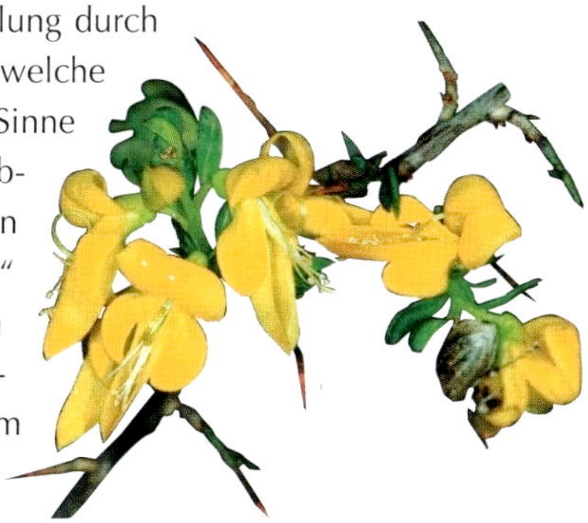

Spitze Dornen, zarte Blüten: Der Englische Ginster

Nun hat der Mensch sämtliche Fluss-Systeme unserer Region verbaut und begradigt, neue Dünen und offene Sandflächen entstehen also nicht mehr auf natürliche Weise. Würde man nun hier in der Wahner Heide die Vegetationsentwicklung überall ungestört ablaufen lassen, bedeutete dies das Aus für zahlreiche Arten in diesem Land. Nicht nur für Pflanzengesellschaften, sondern auch für ihre tierischen Bewohner, wie zum Beispiel Kommafalter *Hesperia comma*, Gefleckte

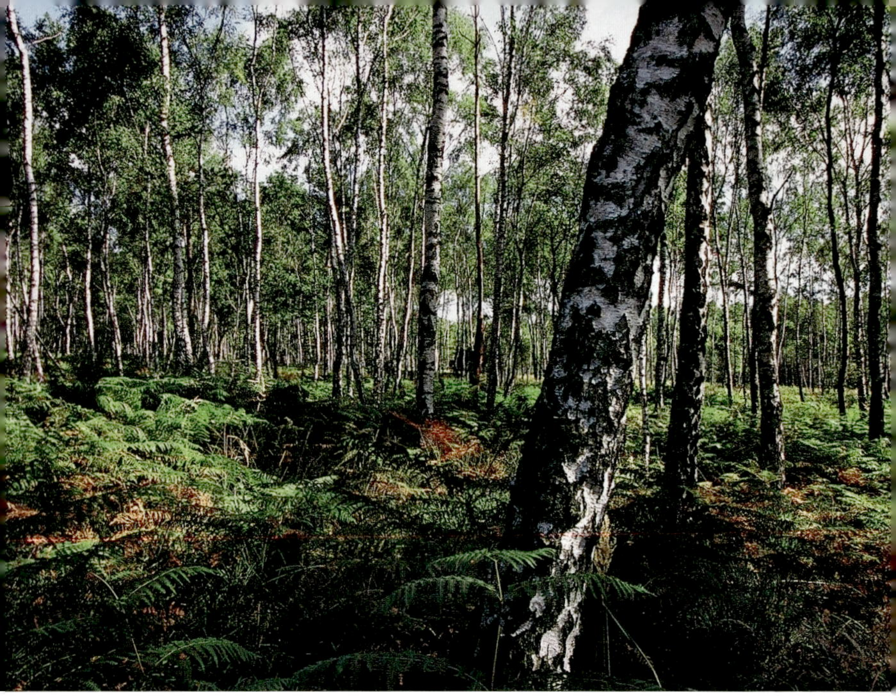

Bewaldete Heide: Oben Sandbirke, unten Adlerfarn

Keulenschrecke *Myrmeleotettix maculatus*, **Dünen-Sandlaufkäfer** *Cicindela hybrida* oder Gewöhnliche Ameisenjungfer *Myrmeleon formicarius*. Deshalb lässt man immer wieder kurzzeitig Schafe und Ziegen mit ihren spitzen Hufen, aber auch LKW der Bundeswehr auf diese Flächen, die den Sandboden stellen- und phasenweise öffnen. Eine intensive Nutzung wäre der guten Sache natürlich abträglich, alles ist nur eine Frage des Maßes.

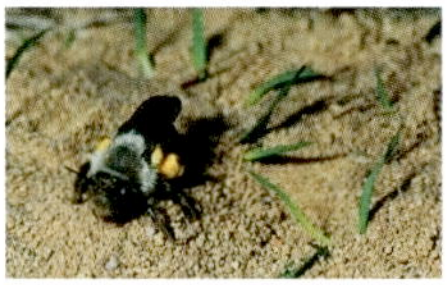

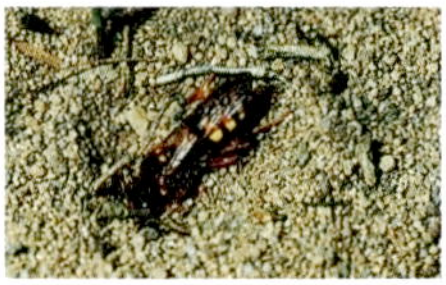

Die Weiden-Sandbiene und ihre Kuckucksbiene

Die in Nordrhein-Westfalen gefährdete Weiden-Sandbiene *Andrena vaga* ist eine typische Bienenart der Dünensande. Im Gegensatz zur Honigbiene ist sie nicht staatenbildend. Die Weibchen graben unabhängig voneinander – wenn auch häufig in sehr großen Kolonien – einen etwa halben Meter tiefen Gang in den Sand, der sich in mehreren Brutzellen verzweigt. Diese bestücken sie mit dem Ei und der Nahrung für die noch schlüpfende Larve. **Weiden-Sandbienen** *Andrena vaga* sammeln Pollen und Nektar nur an Weidenarten, in der Wahner Heide an der im April/Mai blühenden **Ohrenweide** *Salix aurita*. Die neue Bienengeneration schlüpft schon im Hochsommer, krabbelt aber erst im folgenden März aus dem Sand. Es sei denn, die

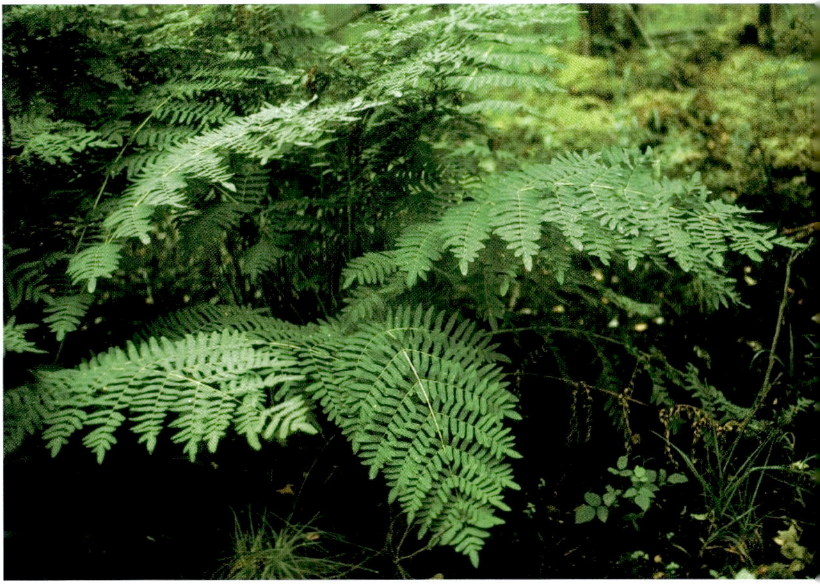

Bundesweit gefährdeter Bruchwaldbewohner: Der Königsfarn

Rothaarige Wespenbiene *Nomada lathburiana* hat im vorherigen Frühling, während *Andrena* zwischendurch auf Pollensuche war, zugeschlagen und ein Ei in die Brutkammer gelegt. Sie ist nämlich eine so genannte **Kuckucksbiene**, die hauptsächlich bei der Weiden-Sandbiene parasitiert. Die Wespenbienenlarve frisst das Ei oder die Larve der Wirtsbiene und macht sich dann über den Pollenvorrat her. In diesem Falle erblickt eben die Wespenbiene das Licht der Dünen.

Ein letzter Blick noch auf den Dünenzug der Wichelstöcke, und es geht wieder hinein in den Wald.

Doch nicht in irgendeinen Wald.

Das **Birkenbruch** ist nicht nur landesweit, sondern europaweit besonders geschützt. Nach europäischem Naturschutzrecht, der Flora-Fauna-Habitat-Richtlinie, ist das Moorbirkenbruch ein so genannter prioritärer Lebensraumtyp, er genießt allerhöchsten Schutzstatus.

Dieser nährstoffärmste und nasseste aller Waldtypen der Wahner Heide ist Lebensraum für den bundesweit gefährdeten **Königsfarn** *Osmunda regalis*, der mit seiner imposanten Statur von mehr als

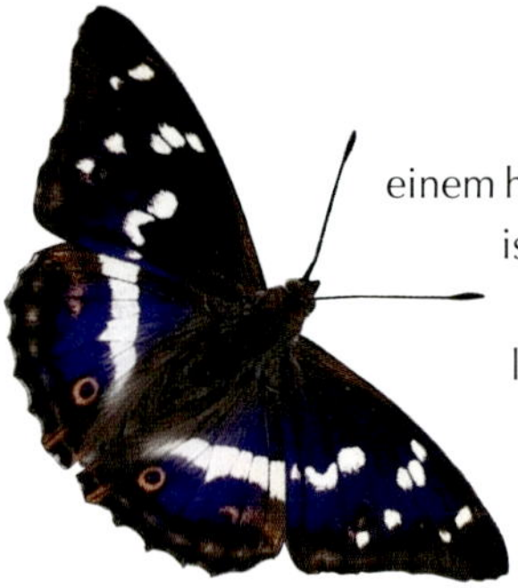

Kleiner Schillerfalter

einem halben Meter Höhe gut vom Weg aus zu erkennen ist. *Osmunda*, die Gattung der Rispenfarne, ist aus dem Karbon fossil bekannt, das heißt sie lebte schon vor etwa 300 Millionen Jahren!

Moosarten wie zum Beispiel das gefährdete Sparrige Torfmoos *Sphagnum squarrosum* überdecken den Boden noch in den besser mit Wasser versorgten Bereichen. Ein Betreten des Bruchwaldes kann der Vegetation, insbesondere den trittempfindlichen Torfmoosen, irreversible Schäden zufügen und ist daher nicht erlaubt.

Unmittelbar an dem Bruchwald vorbei und unter dem Wanderweg her verläuft ein leise vor sich hin plätscherndes Gewässer. Was zunächst als Bach erscheint, entpuppt sich bei näherem Hinsehen, aufgrund des schnurgeraden und tief in das Gelände eingeschnittenen Verlaufs, als kleiner künstlicher Kanal, als Entwässerungsgraben.

In mehreren Entwässerungswellen von Ende des 19. bis Mitte des 20. Jahrhunderts wurde durch das jeweilige Militär nahezu die gesamte Scheuerbachsenke entwässert. Dabei wurden ganze Grabennetze angelegt, oder wie im Falle des Scheuerbachs und wahrscheinlich auch im vorliegenden Falle, natürliche Bäche und Siefen vertieft. Moore, Feuchtheiden und Bruchwälder degenerierten in der Folge, viele Arten wurden selten oder starben sogar aus. Der Pfeifengras-Birkenwald dominiert heute an deren Stelle.

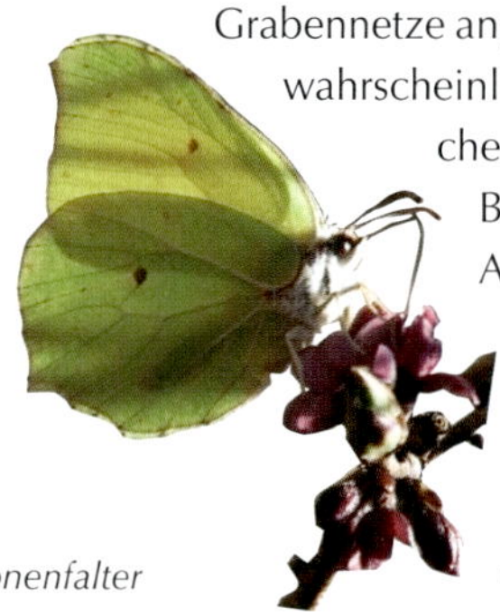

Zitronenfalter

Als wir den breiten Marienbrunsheideweg erreichen, stoßen wir auf einen Moorrest. Ohrweiden und Faulbäume *Frangula alnus* konnten sich hier allerdings schon in der Freifläche ansiedeln, weil auch die Drainagegräben am Wegesrand immer noch Wasser abziehen. Weiden-Faulbaumgebüsche stellen hier ein Sekundärwaldstadium dar, also eine frühe Entwicklungsstufe der Bewaldung, besiedeln aber unter natürlichen Bedingungen – auch in der Wahner Heide – Verlandungsgürtel stehender Gewässer.

Solche besonnten Ränder von Sekundärwäldern sind, insbesondere wenn mit der Espe *Populus tremula* die beliebteste Futterpflanze ihrer Raupen nicht weit ist, bevorzugte Lebensräume des vom Aussterben bedrohten Kleinen Schillerfalters *Apatura ilia*. An

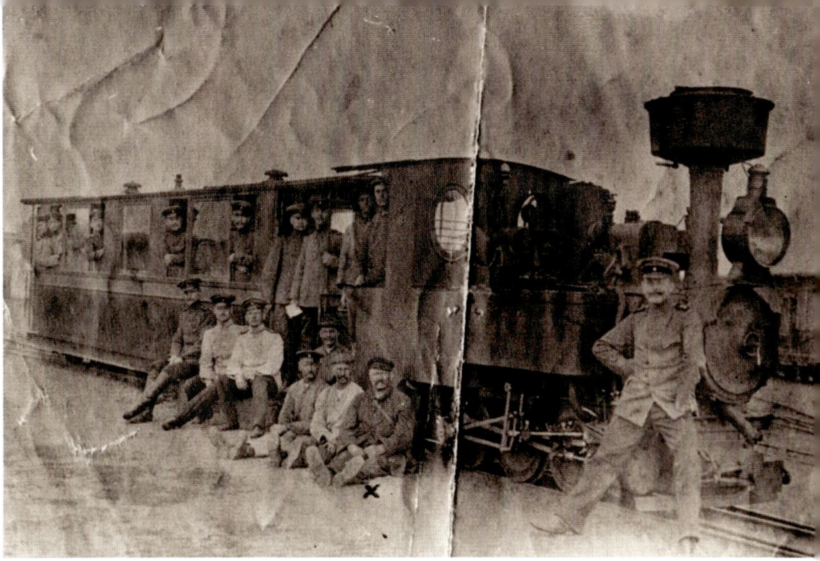

Die Feldbahn samt stolzer Betreiber, etwa um 1914

Frühsommervormittagen kann man den Kleinen, aber auch den weniger gefährdeten Großen Schillerfalter *Apatura iris* mit etwas Glück bei der Wasseraufnahme an Pfützen beobachten.

Viel häufiger als die Schillerfalter sind auch hier die Zitronenfalter *Gonepteryx rhamni*, deren Raupen sich von den Blättern des Faulbaums ernähren. Zur Flugzeit der Schillerfalter halten viele Zitronenfalter zwar schon ihren Sommerschlaf, dafür sind sie die ersten großen Schmetterlinge, die im Frühjahr auftauchen, weil sie beispielsweise im Gegensatz zu den Schillerfaltern als ausgewachsene Falter überwintern.

Wir biegen rechts auf den Marienbrunsheideweg ab.

2004 hat die Stadt Troisdorf den durch das preußische Militär Ende des 19. Jahrhunderts erbauten Planitzweg auf ihrem Gebiet in „Marienbrunsheideweg" umbenannt – auf Porzer Seite gilt allerdings noch der ursprüngliche Name.

Der Planitzweg führt in Höhe des heutigen Geländes der DLR (Deutsches Zentrum für Luft- und Raumfahrt) in Lind vom Mauspfad ab. Von dort aus gab es in den vergangenen Jahrzehnten – und dies wird auch weiterhin so sein – aus militärischen Gründen keinen Zugang zum Gebiet. Auch für die sensiblen Feuchtbiotope der Scheuerbachsenke mit ihren teilweise störungsempfindlichen Wasservogelarten ist es von entscheidender Bedeutung, dass kein direkter Zugang vom Ballungsraum aus besteht.

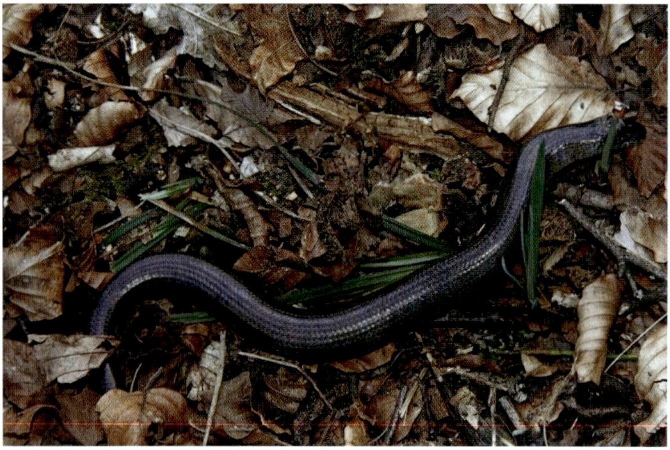

Blindschleiche

Das alte preußische Pflaster ist stellenweise noch erkennbar, trotz diverser Überlagerungen. Der Planitzweg – oder Marienbrunsheideweg – stellte seinerzeit einen erheblichen Eingriff in die Landschaft dar, mehrere Moore wurden zerschnitten oder überbaut.

1991 erlangte der Planitzweg Popularität, weil eine von der Flughafen GmbH in Auftrag gegebene Perspektivstudie den Ausbau des Weges zu einer vierspurigen südlichen Straßenanbindung zum Flughafen vorsah. Diese merkwürdige Idee wurde allerdings bislang nicht in Angriff genommen.

Skandinavische Eindrücke werden bei dem ein oder anderen geweckt, wenn man die Scheuerbachsenke auf dem folgenden Kilometer erkundet. Ein schwarz-weißstämmiger Baum reiht sich scheinbar endlos an den nächsten.

Der Pfeifengras-Birkenwald ist ein recht artenarmes Entwässerungsstadium der Bruchwälder und Heidemoore. Die beiden vielleicht häufigsten Pflanzenarten der Wahner Heide, in der Krautschicht die nach ihrer Verwendung als Pfeifenreiniger benannte Grasart *Molinia caerulea* und in der Baumschicht die Sandbirke Betula pendula, dominieren hier.

Der Fitis *Phylloscopus trochilus* ist die einzige Vogelart, die hier bevorzugt brütet. Anfang April, noch bevor die Birken wieder Laub tragen, kehrt er aus seinem tropischen Überwinterungsgebiet zurück.

Die Waldeidechse *Zootoca vivipara* wird in der Wahner Heide durch ihre körperlich überlegene Verwandte, die Zauneidechse,

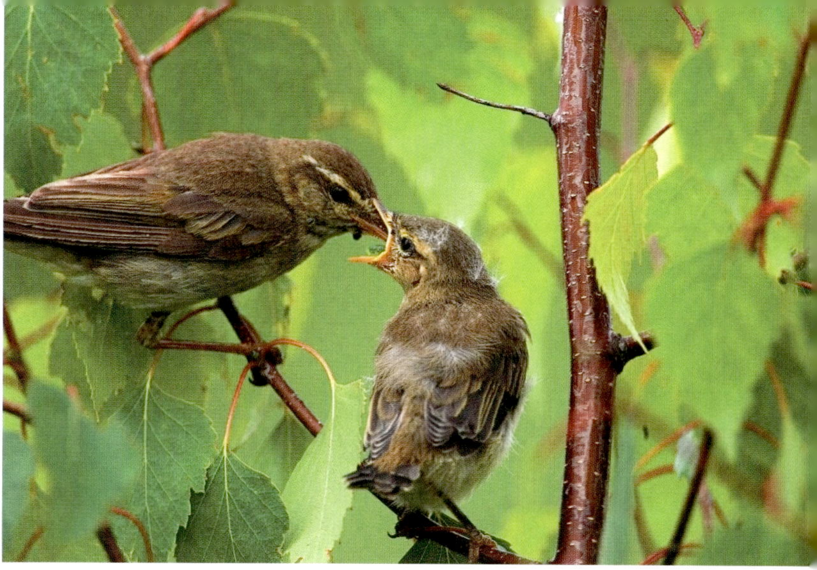

Fitismutter füttert flüggen Jungvogel, trotz Zecke an der Kehle

von den durchsonnten Heiden und Waldrändern in überwiegend geschlossene Waldungen wie diese hier verdrängt. Das kann der Waldeidechse aber nichts anhaben, denn sie muss ihre Eier ja nicht durch die Sonne ausbrüten lassen. Sie ist lebendgebährend, ebenso wie die Blindschleiche *Anguis fragilis*. Letztere wird leider häufig Opfer von Fahrrädern, weil sie, wenn sie sich morgens, noch träge von der kühlen Nacht, auf dem Waldweg sonnt, für nichts Lebendiges gehalten wird.

Straßenlärm macht sich nun leider wieder bemerkbar, und der Marienbrunsheideweg stößt auf den Eisenweg. Dabei überqueren wir die alte Trasse der **Feldbahn**.

1879 nahm das preußische Militär den Bau einer schmalspurigen Eisenbahnstrecke in Angriff, um den Transport von Munition, Baumaterialien und Personen in die teils moorigen und daher schwer zugänglichen Manöverflächen zu erleichtern. Die Strecke des „Bähnchens" wurde nach und nach erweitert, und machte in der Zeit des Ersten Weltkriegs von der Kaserne Wahnheide ausgehend eine große, eineinhalb Stunden dauernde Runde durch die Heide. Altenrath hatte damals sogar einen kleinen Militärbahnhof.

Als die Wahner Heide 1926 – nach Abzug der französischen Besatzer – erstmalig wieder ohne Militär war, wollte der Verkehrsverein Wahn die Feldbahn zwei Jahre später als „Ausflugsbahn" nutzen. Diese **Platzrundfahrten** scheiterten aber, weil weder das

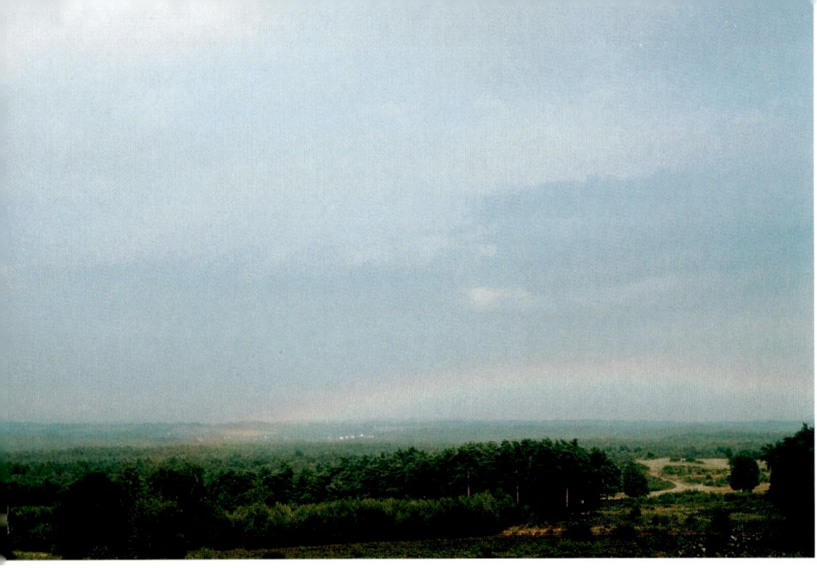

Regenbogen über dem Moltkeberg

Reich als Bahnbesitzer noch die Versicherungen im Schadensfalle haften wollten. Schließlich war der Schießplatz mit Blindgängern übersät, und außerdem war das Bähnchen für seine häufigen Entgleisungen berüchtigt.

Das Ende des Dritten Reichs brachte schließlich auch das Ende des Bähnchens. Unter anderem durch die Bevölkerung, die die Gleise als kostenlose Stahlträger beim Wiederaufbau ihrer Häuser nutzte, wurde sie abgebaut. Nur der oft meterhohe Damm erinnert heute noch an die Feldbahn.

Ein Volksfest, zu dem Menschen aus dem ganzen Rheinland, teilweise in Sonderzügen, herbeigeströmt sein sollen, wurde der Besuch von Kaiser Wilhelm II. am 8. August 1906. Nicht nur die Straße zwischen Bahnhof und Frankfurter Straße in Urbach trägt seitdem den Namen „Kaiserstraße", auch hier in der Heide haben einige Orte einen entsprechenden Namen.

Der Kölner Stadt-Anzeiger berichtete tags darauf, der Kaiser hätte nach Besichtigung des pompösen Manövers nicht in dem eigens für seinen Besuch angeschafften Salonwagen, sondern in einem der gewöhnlichen Feldbahn-Waggons Platz genommen. Das waren damals eben noch unglaublich harte, famose Kerle!

Wir folgen dem Eisenweg herum um den ehemaligen Dahse- oder Dachsberg, der seit der preußischen Ära Moltkeberg heißt.

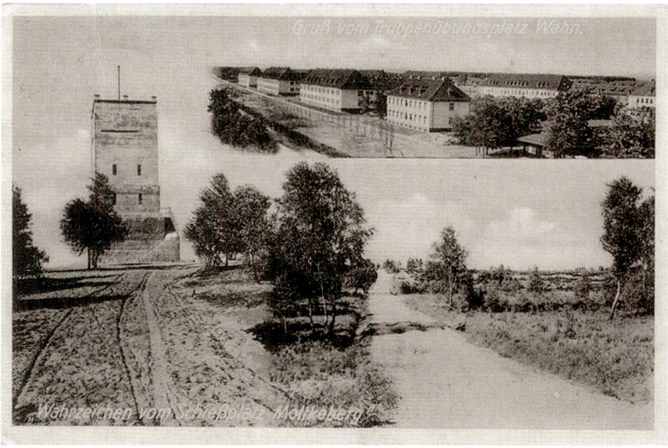

Postkarte von ca. 1938 mit Moltkebergturm

Moltke ist der Name eines alten mecklenburgischen Adelsgeschlechts mit berühmten Vertretern, unter ihnen der über eine Homosexuellen-Affäre gestolperte Freund Kaiser Wilhelms II., Generalleutnant Kuno von Moltke, sowie der Namen gebende, jedoch später aufgrund seiner Fehlleistungen während des Ersten Weltkriegs abgesetzte Generalstabschef Helmuth von Moltke der Jüngere und Helmuth James Graf von Moltke, Widerstandskämpfer im Dritten Reich.

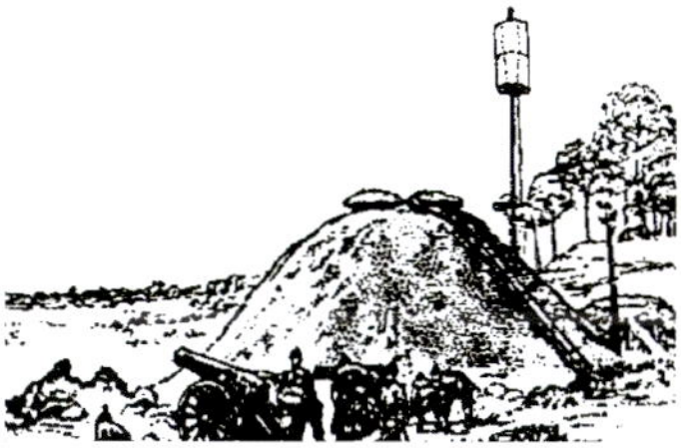

Zeichnung eines Sicherheitsstandes von 1888

Oben auf dem Berg bestand bis zu seiner Sprengung durch die British Army 1949 der Moltkebergturm, am Fuße der Feldbahn-Haltepunkt „Moltkeberg“. Von der Hügelspitze hat man heutzutage nicht annähernd eine so gute Aussicht wie vom Telegraphenberg, deswegen sparen wir uns einfach die wegen der Munitionsbelastung ohnehin untersagte Gipfelstürmung.

Nach einer Weile leitet uns die Rundwanderwegsmarkierung in einem lichten Kiefernwald weg vom Eisenweg, links hoch auf den Telegraphenberg.

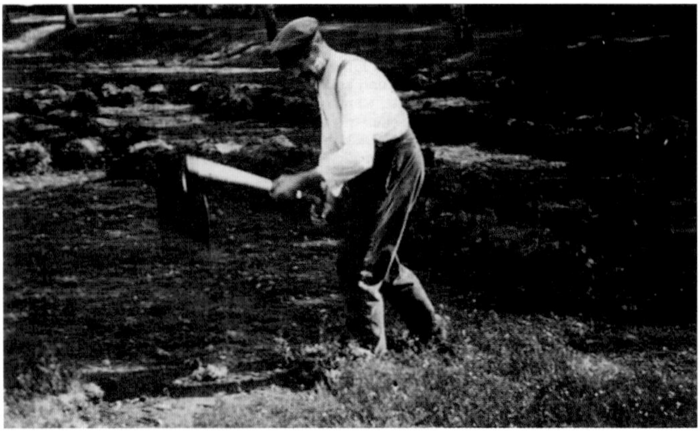

Plaggenhieb um 1935

Unmittelbar nach dem Abbiegen erkennt man zur Rechten ein Schild, das an einer kleinen Grube steht. Dieser Anstich bietet einen Einblick in den hier vorherrschenden Boden. Böden sind das Ergebnis einer weitergehenden Verwitterung der oberflächennahen Ausgangsgesteine. Hier am Fuße des Telegraphenbergs sind Flugsande das Ausgangsgestein für die Bodenbildung, und diese hat hier einen **Podsol** mit Plaggeneschauflage hervorgebracht.

Der im 19. Jahrhundert aus dem Russischen übernommene Begriff „Podsol" bedeutet „Ascheboden". Damit wird der unter der Rohhumusauflage anstehende, aschgrau gefärbte Bodenhorizont beschrieben. Durch saures Sickerwasser sind hier Huminstoffe ausgewaschen und in einen tieferen, dunkel gefärbten Horizont verlagert worden.

Podsole sind aus Sicht der Landwirtschaft ertragsarme Böden, da sie bei schlechter Wasserhaltekraft geringe Nährstoffvorräte und eine starke Versauerung aufweisen. Aus Sicht des Natur- und Landschaftsschutzes bieten sie eine entscheidende Lebensgrundlage für heute überwiegend gefährdete Pflanzengesellschaften der offenen Heidelandschaft. Der **Plaggenesch** der Podsole ist eine Rohhumusschicht, die durch die hier über Jahrhunderte hinweg durchgeführte Plaggen- und Schiffelwirtschaft entstanden ist. Beim „Plaggen heben" wird die Vegetation samt Wurzelwerk aus der Fläche entnommen. Diese Soden fanden beispielsweise als Stalleinstreu Verwendung. Den offenen Rohboden, der durch den Plaggenhieb entstand, konnte man ackerbaulich nutzen, die genutzte, mit dem Kot der Tiere vermengte Streu wurde als Dünger auf die Ackerböden aufgetragen.

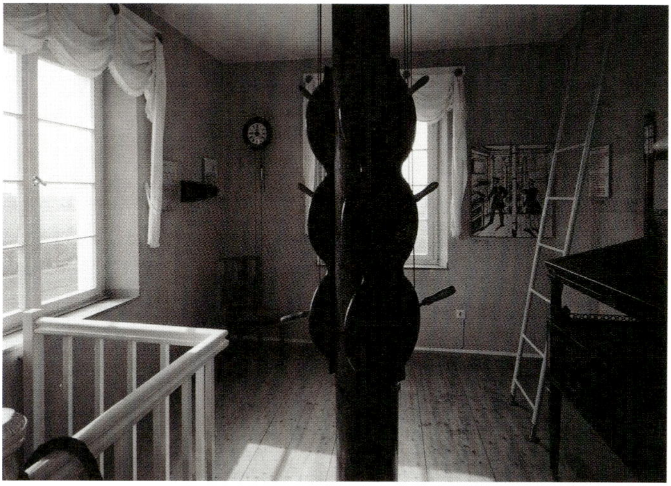

Arbeitsplatz eines Telegraphisten.

Ähnlich lief es bei der Schiffelwirtschaft ab. Auch hierbei wurde die Vegetation abgeschlagen, der Reisig aber nicht aus der Fläche entfernt, sondern zu kleinen Haufen zusammengetragen, die getrocknet und dann verbrannt wurden. Die erkaltete Asche wurde als Dünger auf der Fläche verteilt. Zwei Jahre war eine lohnende Ernte einzufahren, dann wurde die Fläche sich selbst überlassen, bis das Heidekraut neu und in angemessener Größe gewachsen war. Angebaut wurde vornehmlich Buchweizen, Hafer, Roggen, Hirse, Flachs und ab dem 18. Jahrhundert auch Kartoffeln.

Die höchste Erhebung der Wahner Heide, der 134 Meter hohe Telegraphenberg, ist das nächste Etappenziel. Eine im wahrsten Sinne des Wortes schöne Möglichkeit, über das eben durchwanderte Gebiet zu blicken.

Bis ins 19. Jahrhundert hinein hieß der Telegraphenberg Rodderberg oder Rotterberg, benannt nach dem südlich von Spich gelegenen Haus Rott, das im Mittelalter umfangreiche Nutzungsrechte im Altenforst besaß. Die Preußen benannten den Berg dann nach der 1834 an seinem Westhang erbauten Telegraphenstation.

In zahlreichen Veröffentlichungen über die Wahner Heide, aber auch als Name einer Troisdorfer Schule taucht der Name „Altenforst“ immer wieder auf, in Karten sucht man das Gebiet aber vergebens.

Der Altenforst entspricht in etwa der südlichen Hälfte der Wahner Heide, die heute zum Rhein-Sieg-Kreis gehört. Vor der Ausdehnung des preußischen Truppenübungsplatzes war es ein Heide- und

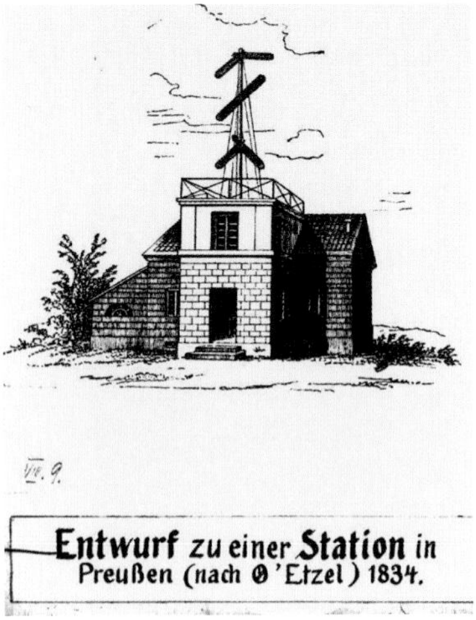

Entwurf einer Sichttelegraphenstation

Waldgebiet, das aufgrund der Besitzverhältnisse und entsprechender Gerichtsbarkeiten von dem Rest der heutigen Wahner Heide abgrenzbar war.

Noch auf dem „Hochplateau" des Telegraphenbergs schickt sich ein fünf Meter hoher Hügel an, dem eigentlichen Berggipfel den Höhenrekord streitig zu machen. Generationen von Wanderführern mögen hier ein Hügelgrab „verkauft" haben – am Nordhang gibt es tatsächlich ein entsprechendes Bodendenkmal – bis der Spicher Geschichtsforscher Matthias Dederichs die Wahrheit wieder „hervorkramte": Wir stehen vor dem Sicherheitsstand 11.

Seit 1893 existierten rund um die Scheuerbachsenke zwölf solcher Sicherheitsstände, auf Altenrather Seite jene mit geraden, hier auf Spicher Seite solche mit ungeraden Nummern. Von dort oben wurden die Schießübungen der Kanoniere beobachtet und überwacht.

Unter Sicherheit versteht man heute allerdings etwas anderes, denn die Stände waren seinerzeit bestenfalls durch Sandsäcke gesichert. Da die eine oder andere Kugel auch mal über ihr Ziel hinausschoss, ließ so mancher Soldat schon beim Üben in der Heide sein Leben.

Dazu ein „Anekdötchen" vom bereits zitierten Zeitzeugen Lückerath:

„Geschossen wurde meist von Norden nach Süden,
selten einmal umgekehrt.
Einmal, im Jahre 1911, wurde von der Wolfsheide in Richtung Lind geschossen, und eine Batterie schoss infolge einer Verwechslung der Ladung in die Wiesen bei Lind.
Es war ein Blindgänger, der keinen Schaden anrichtete,
der die beim Heumachen tätigen Bauern aber trotzdem
in die Flucht schlug. Wir nannten ihn den Lindgänger."

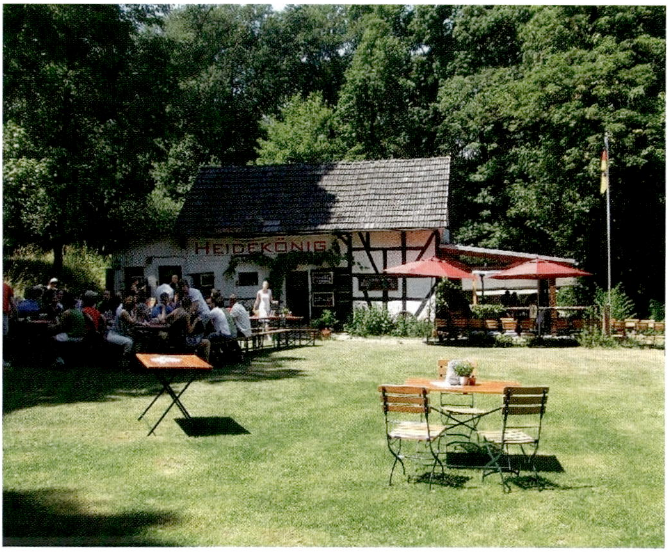

Restaurant „Heidekönig"

Weiter geht es den Stellweg hinunter. Nach einer Weile führt ein Trampelpfad in eine Fichtenschonung, geradewegs zum Forsthaus Telegraph.

Das heutige Gourmet-Restaurant inmitten des beschaulichen Eichenwaldes hat wahrlich eine bewegte Vergangenheit hinter sich. 1832 ordnete König Friedrich Wilhelm II. von Preußen den Bau einer Optischen Telegraphenlinie an. Es wurde eine Kette von 61 Stationen eingerichtet, die sich von der Berliner Sternwarte über Magdeburg und Köln in das ehemals Kurfürstliche Schloß bei Koblenz zog. Damit wurde der Generalstab Preußens mit dem Oberbefehlshaber der Rheinprovinz verbunden. Man nutzte jede Möglichkeit, die Nachrichtenübermittlung zu beschleunigen, da man in Berlin um die westlichen Provinzen besorgt war, die noch keine zwei Jahrzehnte zu Preußen gehörten. Nach zwei Jahren Bauzeit wurde das Gebäude des Sichttelegraphen Spich, Nr. 53 der Telegraphenlinie, fertig gestellt.

Der wichtigste Bestandteil des optischen Telegraphen war ein Mastbaum, der die Plattform des Turms um 10 Meter überragte, und an dem sechs Flügel befestigt waren, mit denen bis zu 4.096 verschiedene Zeichen dargestellt werden konnten. In der damaligen Rekordzeit von 30 Minuten konnte ein Zeichen eines chiffrierten

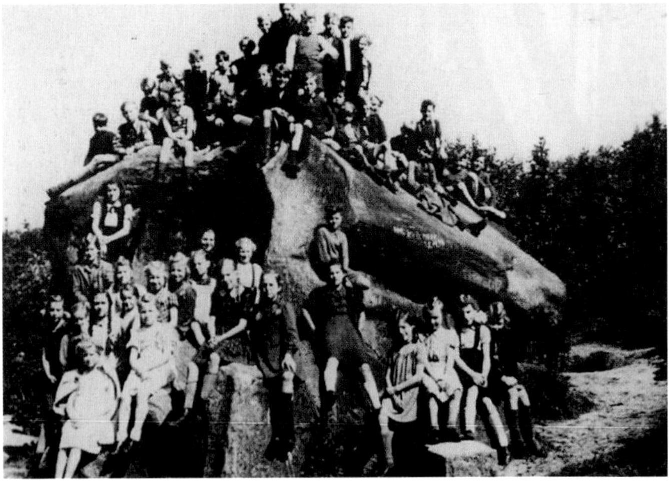

Beliebtes Ausflugsziel für Schulklassen: Der Hohlstein um 1940

Staatstelegramms aus dem Rheinland nach Berlin gesendet werden – wenn das Wetter und die Lichtverhältnisse mitspielten.

1849 wurde die elektrische **Telegraphenlinie** von Berlin nach Koblenz gebaut, die optische Telegraphenlinie damit vom Fortschritt überholt und 1851 eingestellt. Der Turm wurde wieder abgetragen und das Gebäude zum Forsthaus umfunktioniert.

Ab 1894 begann Förster Josef Kreutz damit, sein Salair mit der Bewirtung von Wanderern aufzubessern. Vor allem für die in Wahn stationierten Soldaten war das Forsthaus ein beliebtes sonntägliches Ausflugsziel. Das war die Initialzündung für die heutige Nutzung des Gebäudes. Und weil nach Abzug der belgischen Streitkräfte wieder und immer mehr Wanderer an den Telegraphenberghang gelenkt wurden, diese eher bescheiden gekleidet und was für den kleinen Hunger und großen Durst bestellen, entstand schließlich neben dem Gourmetrestaurant und auf der Pony-Wiese das Heidekönig. Bei „roter Liebe" und Flammkuchen lässt sich die Heide noch mal aus einer anderen Perspektive genießen.

Zwischen Forsthaus und Heidekönig hindurch laufen wir hinunter zum Mauspfad und gegenüber in den **Spicher Broich**.

Vom sumpfigen Gelände, aus dem sich der Name ableitet, ist hier nicht mehr viel zu sehen. Dieses wurde leider, ebenso wie die Tongruben der diversen Steingutfabriken 1984 zu der heutigen, umzäunten Sondermülldeponie Haaneberg umfunktioniert. Auf dem 28 Hektar großen Gelände wird der Abfall mehrerer Chemiebetriebe „entsorgt".

Der Rundwanderweg führt uns an der Deponie vorbei durch den Eschmarer Wald.

Dabei fällt man an einer Stelle beinahe über Pfeilerfundamente jener Seilbahn, über die der Quarzitsand einst vom Haaneberg hinunter in die Steingutfabrik Phönix transportiert worden ist.

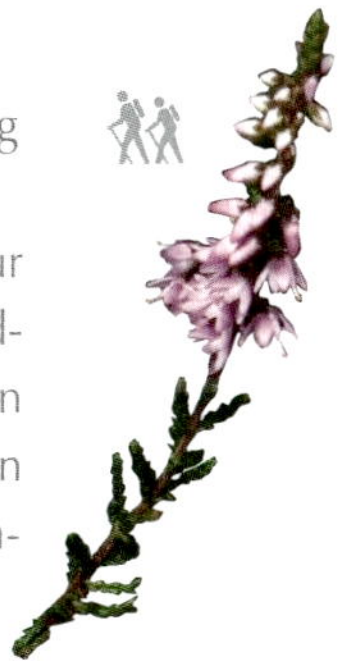

Um den Hohlstein zu besichtigen, muss der Rundwanderweg allerdings verlassen werden.
Wenn wir auf die Waldstraße treffen, die in Sichtweite zur Spicher Siedlung unseren Weg kreuzt, und dort eher als Waldweg anzusprechen ist, geht es links statt rechts, dann tauchen wir bei nächster Gelegenheit in die Siedlung ein, biegen von der Rodderstraße in „Am Hang" ab, und der berühmt-berüchtigte Hohlstein wird nach der scharfen Kurve sichtbar.

Auch wenn er heute aufgrund von Sprengversuchen der französischen Besatzer nicht mehr seine natürliche Breite besitzt, die markante Höhlung ist eine natürliche Auswaschung dieses Quarzitblocks.

Zahlreiche Sagen und Mythen ranken um diesen Stein und bezeugen, dass er die Menschen seit jeher beschäftigt hat. Da gibt es den gefährlichen Riesen, der sich in der Nacht zum 1. Mai den Stein als Hut auf den Kopf setzt und Angst und Schrecken unter den Spichern verbreitet. Oder die weiße Frau, die den Hohlstein in gewissen Nächten dreimal umschreitet, zum Dorf Spich wandert und Jedem, dem sie begegnet, eine Locke ihres Haares schenkt – die sich dann prompt zu Gold verwandelt.

Über die Hohlsteinstraße und die anschließende Hauptstraße machen wir uns auf in den historischen Ortskern Spichs

– mit der Gewissheit, zum Ausgangspunkt zurückzufinden, und in der kühnen Hoffnung, der weißen Frau über den Weg zu laufen.

Geschmorte Keule vom Zicklein aus der Wahner Heide

Von Thomas Pilger
Inhaber und Koch des Restaurants Forsthaus Telegraph

Zutaten für 2-3 Personen:

1 Zickleinkeule
1 Gemüsezwiebel
2 Karotten
viertel Sellerie
2 Eßl. Tomatenmark
0,3l Rotwein
Thymianzweig
Rosmarinzweig
Lorbeerblatt
Salz, Pfeffer aus der Mühle
Öl zum Braten

Zubereitung:

Die Zickleinkeule mit Salz und Pfeffer würzen und in heißem Öl scharf anbraten. Sobald die Keule rundherum schön angebraten ist, herausnehmen und das in grobe Würfel geschnittene Gemüse anrösten.
Wenn das Gemüse etwas Farbe bekommen hat, das Tomatenmark zufügen und nach und nach mit dem Rotwein ablöschen. Jetzt die Keule wieder in den Topf geben und mit etwas Wasser auffüllen, so daß die Keule nicht ganz bedeckt ist. Zum Schluss noch die Kräuter zufügen und das Ganze langsam im Ofen köcheln lassen. Die Keule mehrmals wenden, und sobald sie fertig ist und schön weich herausnehmen. Den Bratensud jetzt durch ein Sieb passieren und noch etwas einkochen. Mit Salz und Pfeffer nochmals abschmecken und gegebenen Falls mit Mehlbutter oder etwas Stärkemehl abbinden.

Als Beilage passen Gratin Dauphinoise und ein Ragout aus verschiedenen Bohnen.

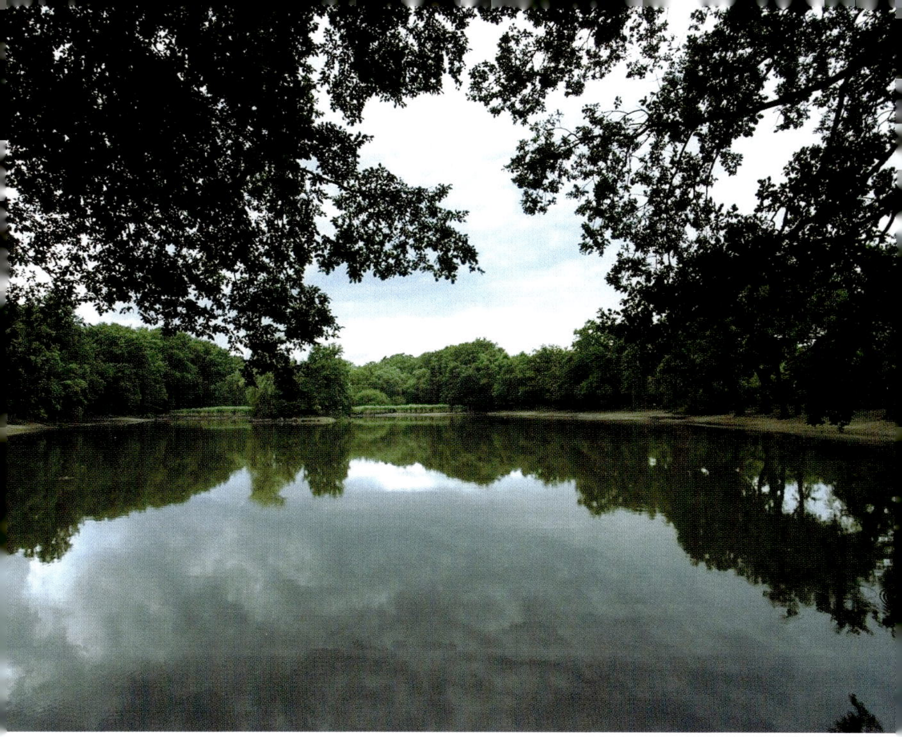

Unterer Scheuerteich

Seit der Ansiedlung der DLR und des Flughafens liegt das Naturschutzgebiet des Unteren Scheuerteichs leider etwas abseits. Doch für eine einstündige Rundwanderung lohnt sich der kleine Abstecher nach Wahnheide.

Der Untere Scheuerteich fand – wie auch die Scheuermühle, für die er als Stauteich angelegt worden war - 1359 erstmalig urkundliche Erwähnung. Nachdem die Mühle 1906 motorisiert worden war, entfiel seine ursprüngliche Funktion. So diente er zwischen den Weltkriegen als Badesee, bevor er aus militärischen Gründen gesperrt wurde. Die Freigabe für die Bevölkerung erfolgte 1978.

Der deutlich jüngere Mittlere Scheuerteich verlandete seit den 1920er Jahren und besteht heute aus dem unmittelbar angrenzenden Erlenbruchwald. Der Obere Scheuerteich befindet sich im nicht zugänglichen Teil des militärischen Sperrgebiets. Die Scheuermühle wurde in den 1960er Jahren abgerissen. Eine Gedenkanlage erinnert heute an dem ursprünglichen Standort in der Kaserne Wahnheide an die bewegte Vergangenheit.

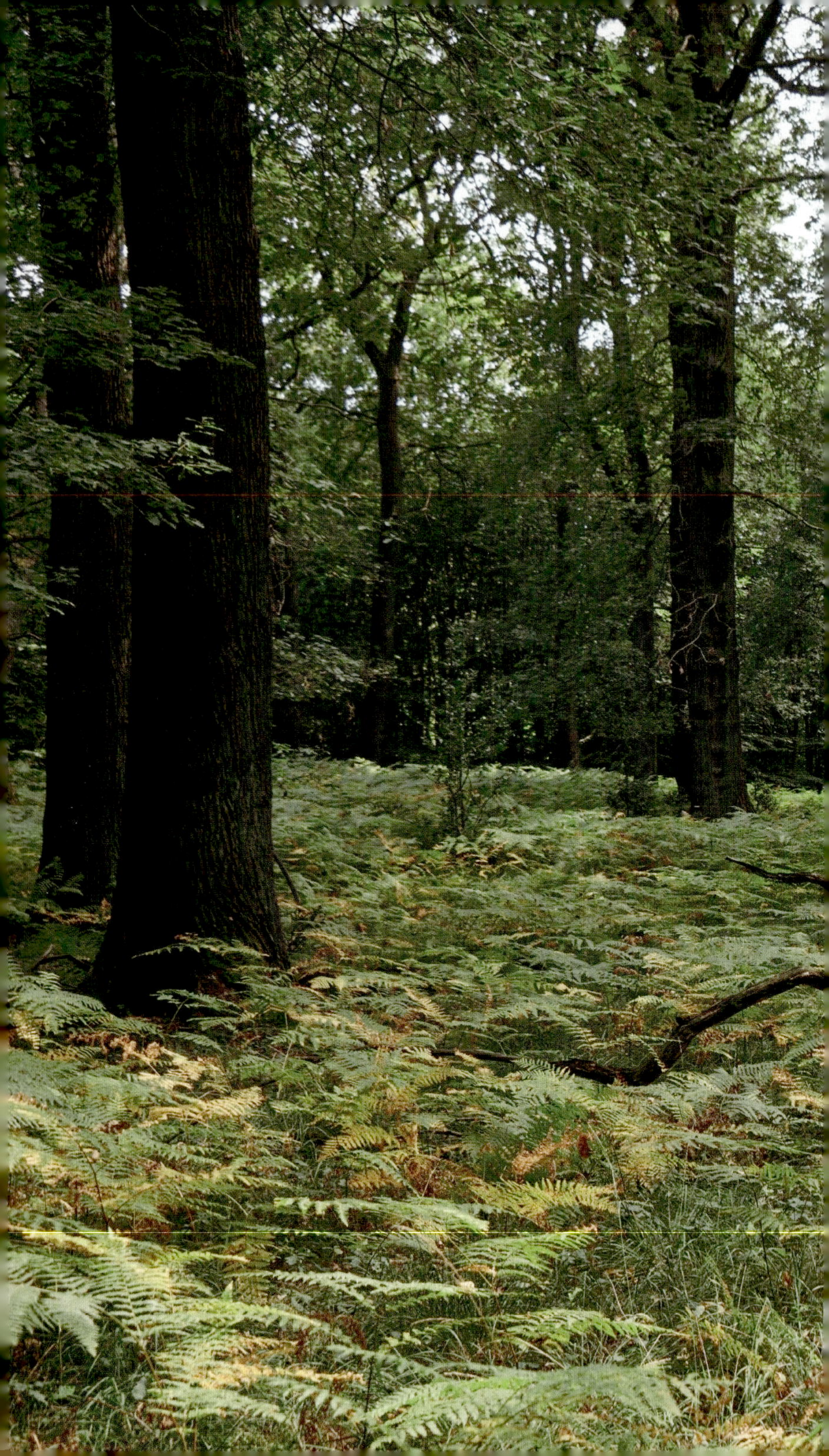

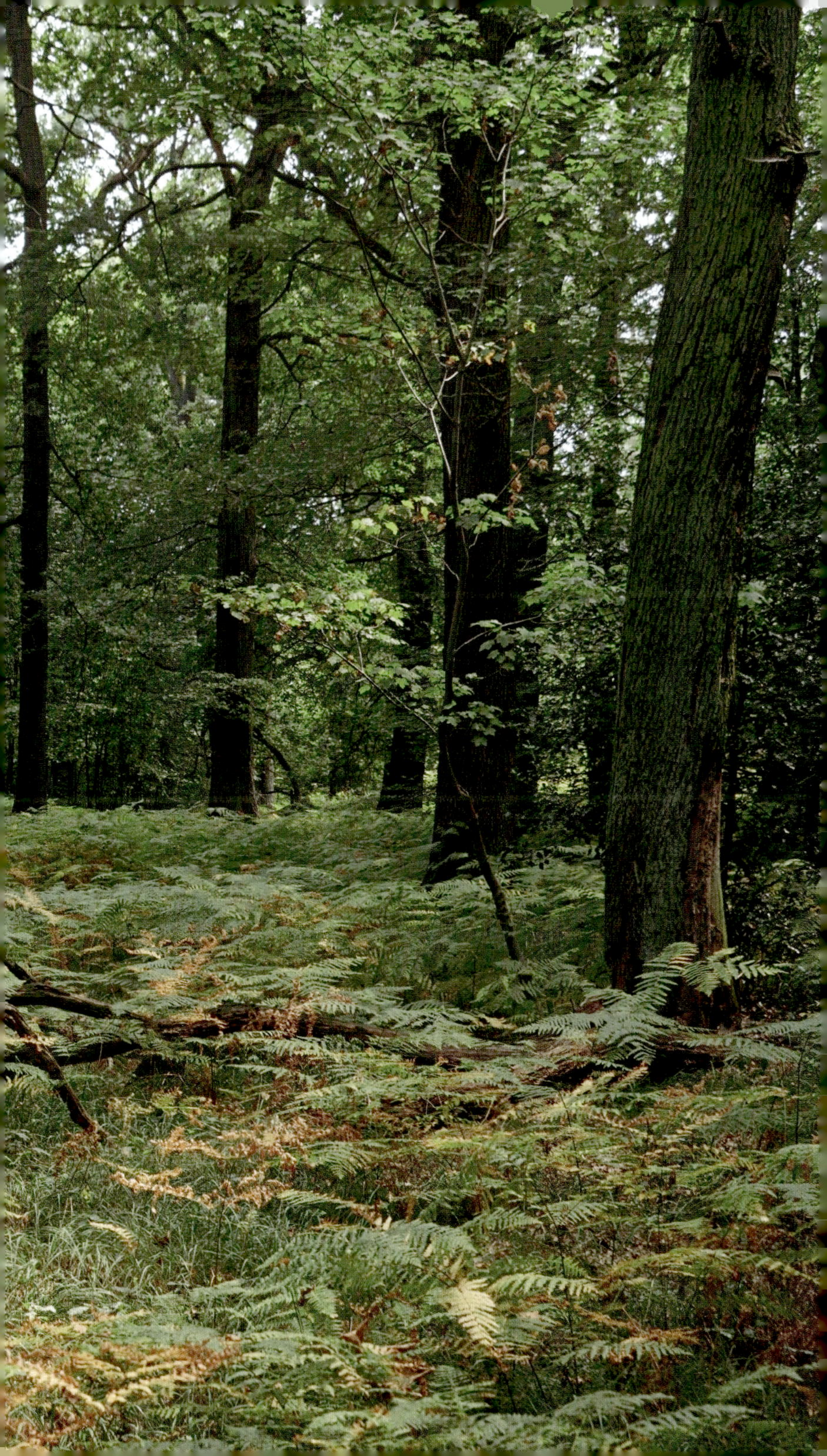

Wo gibt es was?

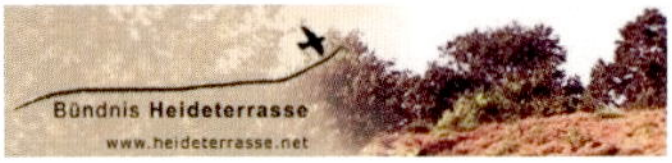

Bündnis Heideterrasse e.V.
Turmhof
Kammerbroich 67
51503 Rösrath
Fon: 02205.9477803
info@heideterrasse.net
www.heideterrasse.net

Spendenkonto:
Bündnis Heideterrasse e.V.,
Konto 3110089014, Raiffeisenbank
Hürth-Frechen, BLZ 370 623 65

Dachverband aus Vereinen, Initiativen, Arbeitskreisen, Parteien, Einzelpersonen. Mitglied sind u.v.a. BUND, RBN, NABU Rheinisch-Bergischer Kreis, VCD Köln und Umgebung, Lärmschutzgemeinschaft Köln/Bonn, Ökologischer AK Wahner Heide, Bundesverband Bürgerinitiativen Umweltschutz

Hier sind Sie sehr willkommen, wenn Sie auch etwas für die Wahner Heide tun möchten. Auch Sie können die Wahner Heide als Mitglied unterstützen.

Aufgaben:
Politische Gremienarbeit und Öffentlichkeitsarbeit, Stellungnahmen zu Planverfahren, wissenschaftliche Untersuchungen, Träger des Informationszentrum Wahner Heide, Schutzgebietsbetreuung und Biotopverbundprojekte

DBU Naturerbe GmbH
An der Bornau 2
49090 Osnabrück
www.dbu.de/naturerbe

Gedenkausstellung Gefangenenlager Hoffnungsthal
Geschichtsverein Rösrath
Haus Eulenbroich, Torhaus
51503 Rösrath
www.gv-roesrath.de
Besichtigung auf Anfrage

Informationszentrum Wahner Heide
Schaugelände:
Flughafenstr. 16
Troisdorf-Altenrath
Sonntags 11.00-15.00 Uhr
April bis Oktober geöffnet
Postadresse s. Bündnis Heideterrasse
www.wahnerheide.net
www.heide-kids.de

Hier können Sie Ausstellungen besichtigen, Kartenwerke, Literatur, Informationsmaterialien, Veranstaltungsprogramme, Heideprodukte wie zum Beispiel Honig aus der Wahner Heide erwerben bzw. einsehen.

Die Wahner Heide Karte im Maßstab von 1:12 500 mit dem kompletten Wander-, Rad- und Reitwegenetz ist hier erhältlich, ebenso Naturführer für Ihre eigene Exkursion und fachkundige Betreuer Ihrer Kinder- und Jugendgruppe.

Das ganze Jahr über startet von hier an jedem ersten Sonntag im Monat um 14 Uhr der dreistündige Heidespaziergang.

Heimat- und Geschichtsverein Troisdorf
beim Archiv der Stadt Troisdorf
Rathaus
Kölner Straße 176
Auskünfte und Quellen zur Geschichte des Gebiets
www.geschichtsverein-troisdorf.de

Naturschutzzentrum Turmhof
Kammerbroich 67
51503 Rösrath
www.turmhof.net

Im Hofladen bekommen sie Wanderbücher- und –karten, Souvenirs sowie Heideprodukte, u.a. Rinder- und Ziegenfleisch aus der Wahner Heide. Außerdem finden sie hier die Heidebibliothek sowie die Ausstellung „Dynamik – Landschaft im Wechselspiel der Kräfte".

Portal Burg Wissem
Burgallee 1
53840 Troisdorf
www.troisdorf.de/Portal_Burg_Wissem
Bei der Touristeninformation erhalten sie Wanderliteratur. Zu empfehlen ist außerdem die Ausstellung „Natur erzählt Geschichte(n)"

Landschaftsbehörden
Diese Ämter sind die zuständigen Behörden für das Naturschutzgebiet des jeweiligen Kreisgebiets. Sie koordinieren bspw. die Landschaftswacht in der Wahner Heide, sind für die Ausgabe von Reiterkennzeichen zuständig. Verstöße können Sie hier oder bei der nächsten Polizeidienststelle melden. Je nach Fragestellung sind auch die Städte Rösrath, Lohmar, Siegburg und Troisdorf zuständig. Der Regierungspräsident bzw. die Bezirksregierung koordiniert als höhere Landschaftsbehörde kreisübergreifende Planungen.

Bezirksregierung Köln
Dez. 51
Zeughausstraße
50606 Köln

Stadt Köln
Stadthaus
50679 Köln
Amt für Landschaftspflege und Grünflächen oder
Amt für Umwelt und Verbraucherschutz

Rheinisch-Bergischer Kreis
Amt für Planung und Landschaftsschutz
Kreishaus
51456 Bergisch Gladbach

Rhein-Sieg-Kreis
Amt für Natur- und Landschaftsschutz
Kreishaus
53721 Siegburg

Gaststätten

Forsthaus Telegraph/Heidekönig
Mauspfad 3 • Troisdorf
Gourmet-Restaurant und Waldwirtschaft
www.forsthaus-telegraph.de

Zur alten Fähre
Brückenstraße 18 • Lohmar
Gutbürgerliche Küche
www.hotel-zur-alten-faehre.eu

Schmitzebud
Rather Mauspfad 2 • Köln-Rath
Imbiss
www.schmitzebud-koeln.de

Ristorante Quattro Passi
zur Burg Wissem
Burgallee 1
53840 Troisdorf
Italienische Spezialitäten
www.quattropassi.de

Piccola Gelateria
Rather Mauspfad 19
Köln-Rath
Eis-Café

Waldhaus Königsforst/Asado
Baumschulenweg
Köln (Königsforst)
Internationale Küche;
angeschlossener Grillplatz
www.restaurant-asado.de

Bambi
Brander Straße 154
Rösrath-Brand
Tel.: 02205 / 907788
Gutbürgerliche Küche

Auf den Spicher Höhen
Am Waldstadion 1
Troisdorf-Spich
www.das-clubheim.de

Hotels

Zur Alten Fähre
Brückenstraße 18 • 53797 Lohmar
www.hotel-zur-alten-faehre.eu

Wald-Hotel
Altenrather Str. 49 • 53840 Troisdorf
www.wald-hotel.com

Hotel Heidekranz
Flughafenstraße 45
53842 Troisdorf-Altenrath
hotel-heidekranz-troisdorf.hotel-mix.de

Hotel Haus Ingeborg
Grengeler Mauspfad 79
Köln-Porz-Grengel
www.aoc-hotel.de

Literatur

ADAF Aktionsgemeinschaft der Ausbaugegner des Flughafens Köln/Bonn (1996): Der Flughafen-Wahn 1/96. Köln

ADAF & LSG Aktionsgemeinschaft der Ausbaugegner des Flughafens Köln/Bonn & Lärmschutzgemeinschaft (1991): Der Flughafen-Wahn 9/91. Köln

Allexi, V. (1974) Erzlagerstätten und Bergbau im Raum Altenrath, in Troisdorfer Jahreshefte. Troisdorf

Arbeitskreis Heimische Orchideen NRW (2001): Die Orchideen Nordrhein-Westfalens. Düsseldorf

Bathen, M. & Sticht, H. (2001): Wanderführer Wahner Heide. Köln

Bathen, M. & Sticht, H. (2002): Erholungsraumkonzept Wahner Heide. Köln

Bayrische Landesanstalt für Wald und Forstwirtschaft (2000): Großtiere als Landschaftsgestalter – Wunsch oder Wirklichkeit? Freisingen

Bellmann, H. (1993): Heuschrecken – beobachten, bestimmen. Augsburg

Bellmann, H. (1993): Libellen – beobachten, bestimmen. Augsburg

Caspers, C., Kremer, B. P. (1982): Die Heideterrasse am Rande des Bergischen Landes, in: Schriftenreihe für Naturschutz und Landschaftspflege. Köln

Corbet, G., Ovenden, D. (1980): the mammals of Britain and Europe. London

Dornenberg, C. (1987): Die Wahner Heide 1933 – 1945, in: Geschichte der Wahner Heide. Arbeitsgemeinschaft Geschichte der Freiherr-vom-Stein-Schule. Rösrath

Dederichs, M. (1986-1989): Der Altenforst – Ein Beitrag zur Wald- und Forstgeschichte der heutigen Stadt Troisdorf. Jahrbuch des Rhein-Sieg-Kreises. Siegburg

Dederichs, M. (1989): Vor- und Frühgeschichte, in: Die Wahner Heide. Köln

Dederichs, M. (1994): Die Geschichte des Landschaftsraumes Wahner Heide. Köln

Dederichs, M. (1995): Erzählungen, Sagen und Geschichten aus der Altenforst-Heide, in: Troisdorfer Jahreshefte. Troisdorf

Dederichs, M. (1996): Bergbau in der Wahner Heide, in Jahrbuch des Rhein-Sieg-Kreises 1996. Siegburg

Dederichs, M. (1998): Troisdorf und seine 725 Straßennamen. Troisdorf

Dederichs, M. (2001): War Spich ein Bergarbeiterdorf?, in: Troisdorfer Jahreshefte. Troisdorf

Dederichs, M. (2002): Spich: Nachfolgefirmen der Alaunhütte, in: Troisdorfer Jahreshefte. Troisdorf

Dederichs, M. (2004): Industrie in Spich und Oberlar, in Troisdorfer Jahreshefte 2004. Troisdorf

Dederichs, M., Schulte, H. (1998): Troisdorf. Erfurt

Diesener, G., Reichholf, R. (1986): Lurche und Kriechtiere. München

Döhring, H.-J. (1977): Heidedorf mit Sonderstatus, in: Troisdorfer Jahreshefte. Troisdorf

Düll, R., Kützelnigg, H. (1992): Botanisch-ökologisches

Exkursionstaschenbuch. Heidelberg/Wiesbaden

Ellenberg, H. (1996): Die Vegetation Mitteleuropas mit den Alpen. Stuttgart

Erz, W. (1967): Flughafen – Truppenübungsplatz – Naturschutzgebiet?, in: Rheinische Heimatpflege. Köln

Ferber, D. (1996): Durch den Königsforst, in: Wasserlandschaften. Köln

Francke, U. (1999): Kannenbäcker in Altenrath. Siegburg

Geiser, R. (1992): Auch ohne Homo sapiens wäre Mitteleuropa von Natur aus eine halboffene Weidelandschaft, in: Laufener Seminarbeiträge 2/92. Laufen/Salzach

Gorissen, I. (1989): Die jüngere Landschaftsentwicklung der Wahner Heide, in: Die Wahner Heide. Köln

Gorissen, I. (1989): Die Moore der Wahner Heide, in: Die Wahner Heide. Köln

Gorissen, I. (1989): Heidegebiete und Naturschutz – eine historische Betrachtung, in: Die Wahner Heide. Köln

Gorissen, I. (1998): Die großen Hochmoore und Heidelandschaften in: Mitteleuropa. Siegburg

Grünplan (1994): Landschaftsökologisches Gutachten für den Gesamtraum Wahner Heide und das Flughafengelände. Freising

Haas, P. (1984): Die Versuche zur Reprivatisierung Altenraths zwischen 1945 und 1968, in: Troisdorfer Jahreshefte. Troisdorf

Hallerbach, J. (1994): Flughafen Sonderrecht?. Köln

Hallerbach, J., Gotzmann, I., Pechau, M., Schmidtlein, S., Stumpf, Th., Würz, A. (1994): Die Wahner Heide. Köln

Hellmund, R. (1972): Biographie der Agger, in: Troisdorfer Jahreshefte. Troisdorf

Hellmund, R. (1984): Zeuge der Zeitgeschichte, Befragung zum „Altenrather Exodus", in: Troisdorfer Jahreshefte. Troisdorf

Huck, J. (1963): Der Vogelfang, früher ein Jagdvergnügen, in: Unser Porz Nr. 5. Porz

Huck, J. (1969): Militärisches Leben auf der Wahner Heide, in: Unser Porz Nr. 11. Porz

Huck, J., Kloppelberg, C. (1963): Die Bienenzucht in der Stadt Porz. Porz

Iven, H. (1934): Vom Wacholder in der Wahner Heide, in: Rheinische Heimatpflege. Düsseldorf

Jungblut, P. (2004): Famose Kerle. Hamburg

Junker, H. & Junker, V. (2002): Die Wahner Heide – Bilder und Gespräche aus einer Kulturlandschaft. Wiehl

Kilian, B. (1998): Nachdruck der Rath/Heumarer Chronik. Köln

Kramer, M. & Kraatz, K. (1996) Die Heuschrecken von Köln, in: Insekten-, Spinnen- und Molluskenfauna der Großstadt Köln. Bonn

Limbach, F. J. (1969) Geschichte von Lohmar. Lohmar

LÖBF Landesanstalt für Ökologie, Bodenordnung und Forsten(1999): Rote Liste der gefährdeten Pflanzen und Tiere in Nordrhein-Westfalen. Recklinghausen

Mildenberger, H. (1982): Die Vögel des Rheinlandes. Düsseldorf

MUNLV Ministerium für Umwelt und Naturschutz, Landwirtschaft und Verbraucherschutz (2002): Rd.Erl. v. 6.12.2002: Umsetzung der FFH-RL und Vogelschutz-RL im Wald. Düsseldorf

MUNLV Ministerium für Umwelt und Naturschutz, Landwirtschaft und Verbraucherschutz (2001): Wanderfischprogramm Nordrhein-Westfalen. Düsseldorf

MURL Ministerium für Umwelt, Raumordnung und Landwirtschaft (1986): Fische in Nordrhein-Westfalen. Düsseldorf

Noppeney, H. G. (2008): Die Wahner Heide: Auf dem Mutationstrip zum Exerzierplatz für Ideologisten?, in Rheinische Heimatpflege. Köln

Noppeney, H. G. (2006): Wasser in der Wahner Heide. Siegburg

Pahlow, M. (1993): Heilpflanzen. München

Pape, J. (1989): Die Großsäuger, in: Die Wahner Heide. Köln

Rademacher, C. (1927): Die Heideterrasse zwischen Rheinebene, Acher und Sülz. Leipzig

Rosenberg, J., Kreul, K. & Schlurmann, M. (1996): Untersuchungen zur Libellenfauna an ausgewählten Standorten in der Großstadt Köln, in: Insekten-, Spinnen- und Molluskenfauna der Großstadt Köln. Bonn

Rothmaler, W. (1994): Exkursionsflora von Deutschland. Jena

Sauer, E. (1955): Die Wälder des Mittelterrassengebietes östlich von Köln, in: Decheniana. Bonn

Siebert, J. (1989): Der Schießplatz zwischen 1918 und 1945, in: Die Wahner Heide. Köln

Schmidtlein, S. (1989): Flora und Vegetation, in: Die Wahner Heide. Köln

Schmitz, O., Stumpf, Th. (1989): Insekten, in: Die Wahner Heide. Köln

Schulte, A. (1974): Die Telegraphenstation am Ravensberg, in: Troisdorfer Jahreshefte. Troisdorf

Schulte, H. (1977): Haus Broich, in: Troisdorfer Jahreshefte. Troisdorf

Schulte, H. (1980): Streit um einen kleinen Bach, in: Troisdorfer Jahreshefte. Troisdorf

Walterscheid-Müller, B. (1988): Altenrath mit seinen Schulen. Lohmar

Stichwortverzeichnis

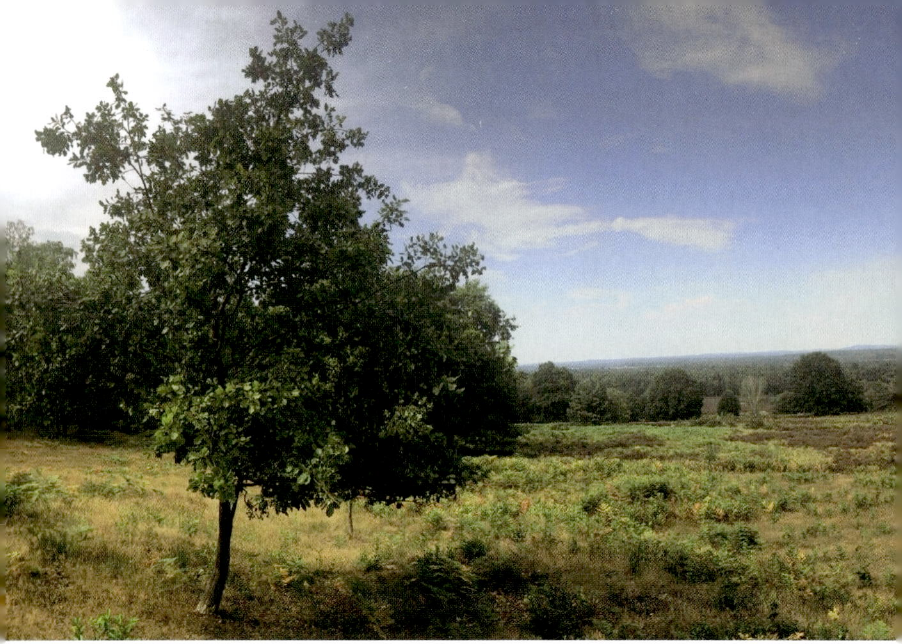

Abbildungsverzeichnis

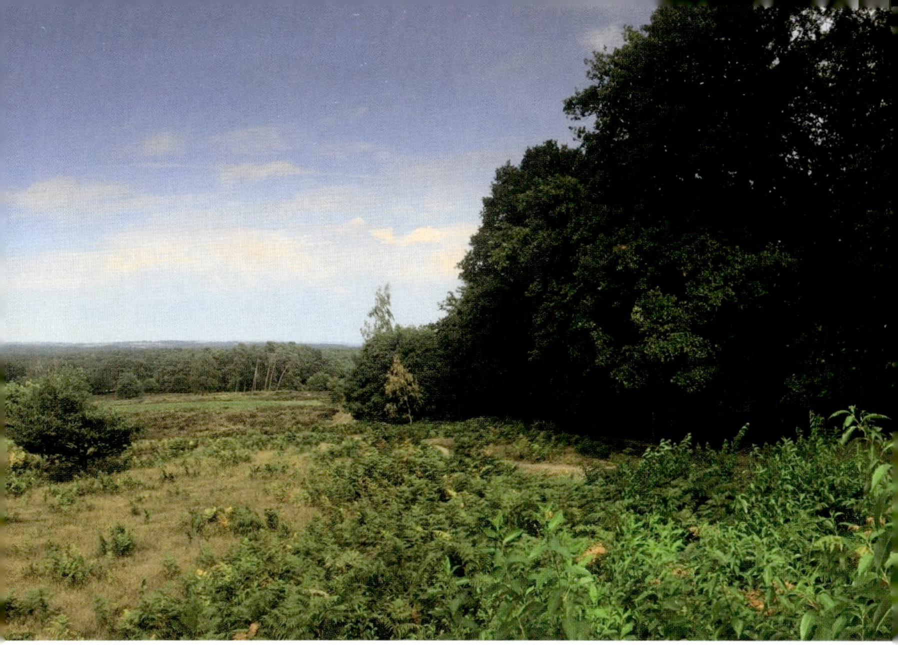

Ott, Stefan Günter 31u, 42u, 144o
Photocase/Detlott 10/11
Photocase/Püzz 76/77, 222/223
Pingsmann, Dorothee 82
Prehn, Dieter 142
Pütz, Stefan 7, 13, 39, 60o, 105o, 141, 143, 147, 164/165, 188
Rademacher, Dr. Carl 107, 134, 135, 169
Rheinisches Bildarchiv Köln 196, 197
Rønning, Arnstein 65o
Rothkopf, Dominikus 17
Schneider, Beat 32o, 144u
Schneider, Fritz 53u, 60u, 158
Schwenke, M. 118r
Siebert, Justus 115
Stahlbauer, Georg 190o
Steinicke, Gabriele 29, 44, 45, 47, 56, 62, 65u, 71, 80/81, 84, 88u, 95u, 100u, 122/123, 130u, 148, 185o, 190u, 192, 201
Sticht, Dr. Guido 98
Sticht, Holger 9, 14, 15, 25, 28o, 30, 31o, 34, 35, 42o, 48, 50, 52, 53o, 72o, 75, 79, 83, 89, 90, 96o, 101, 106, 111, 113o, 113m, 116, 119u, 127, 128, 131, 132, 133, 146, 151o, 152o, 151u, 163, 171o, 179, 180, 184, 189, 194, 199, 221u
Stumpf, Thomas 51, 182
Svetlík, Ján 32u
Täufer, Frank 118l, 167
von Loga, Sven 99, 102/103, 176/177
Wagner, Guido 166
Wikipedia/Kaeptn chemnitz 72u
Wikipedia/Vogelartinfo 117u
Winter, Herwig 42
Woinoff, Oleg 182
Zehlius, Julia 55o

Über das Bündnis Heideterrasse

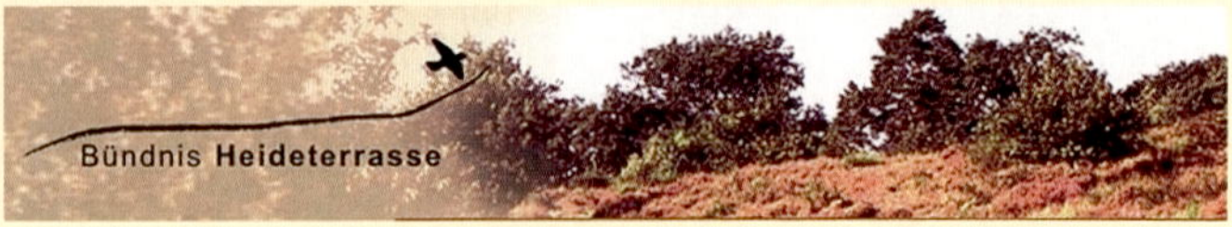

Das Bündnis Heideterrasse ist der Dachverband zum Schutz und zur Entwicklung des Naturraums Bergische Heideterrasse. Er setzt sich aus verschiedenen Organisationen wie u.a. Bergischer Naturschutzverein, BUND, VCD Köln und Umgebung, Lärmschutzgemeinschaft Köln/Bonn oder Bundesverband Bürgerinitiativen Umweltschutz sowie aus zahlreichen Einzelpersonen zusammen. Das Bündnis wird rein ehrenamtlich betrieben und finanziert sich aus Spenden und Mitgliedsbeiträgen. Zu seinen Aufgaben zählen Schutzgebietsbetreuung und Biotopverbundprojekte, Öffentlichkeits- und Gremienarbeit, Stellungnahmen zu Planverfahren sowie die Koordination wissenschaftlicher Untersuchungen. Es betreibt das Infozentrum Wahner Heide und ist am Betrieb des Naturschutzzentrum Turmhof beteiligt.

Auch sie sind herzlich eingeladen, das Bündnis aktiv und als Mitglied zu unterstützen!

www.heideterrasse-net

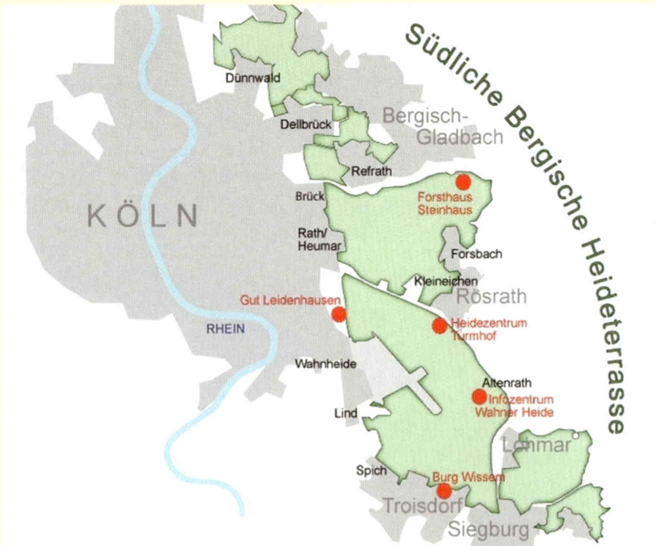

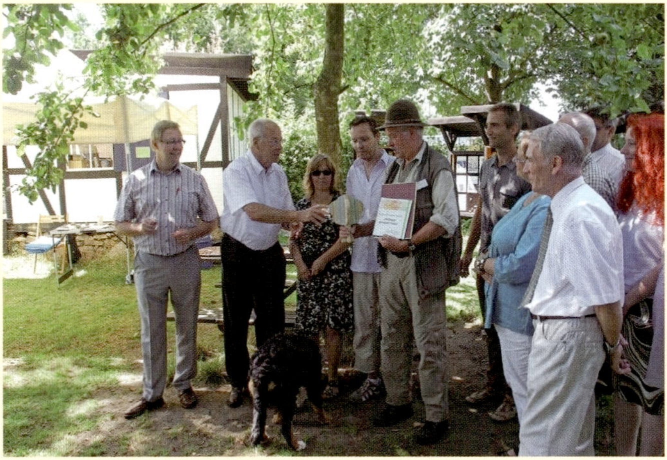

Anerkennung für den jahrelang erfolgreichen Einsatz: Am 4. August 2013 wird das vom Bündnis Heideterrasse betriebene Infozentrum Wahner Heide als Projekt der UN-Dekade Biologische Vielfalt ausgezeichnet.

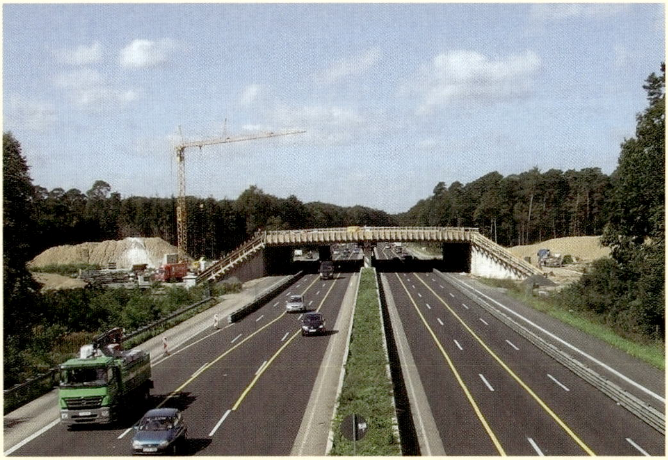

Bau der Grünbrücke über die A 3 im Jahr 2011: Umgesetzt durch den Landesbetrieb Straßen, initiiert durch das Bündnis Heideterrasse. Seit 2013 können hier wieder Rothirsche und Schlingnattern zwischen Königsforst und Wahner Heide wechseln und so dauerhaft überlebensfähige Großpopulationen bilden.

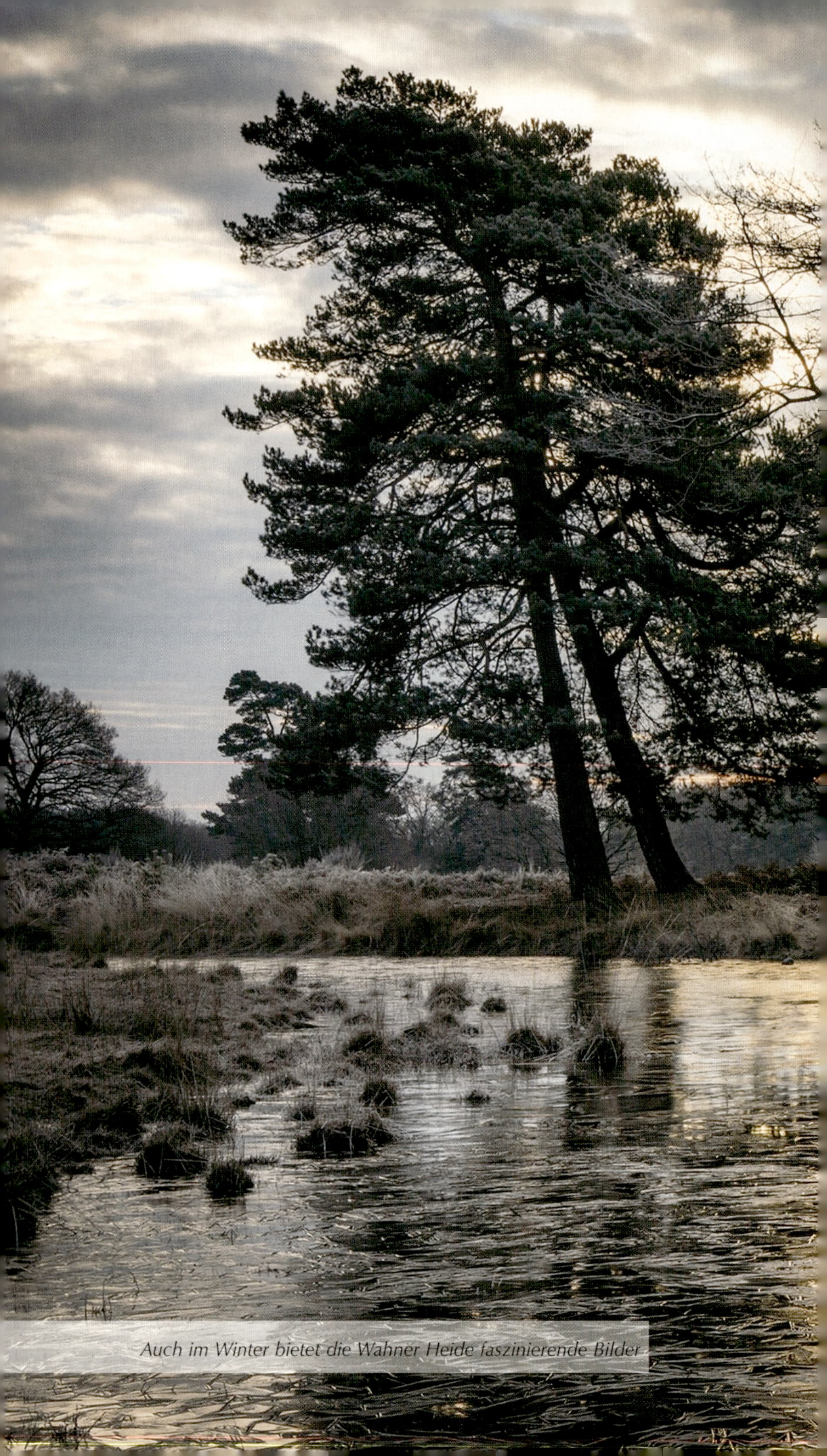

Auch im Winter bietet die Wahner Heide faszinierende Bilder

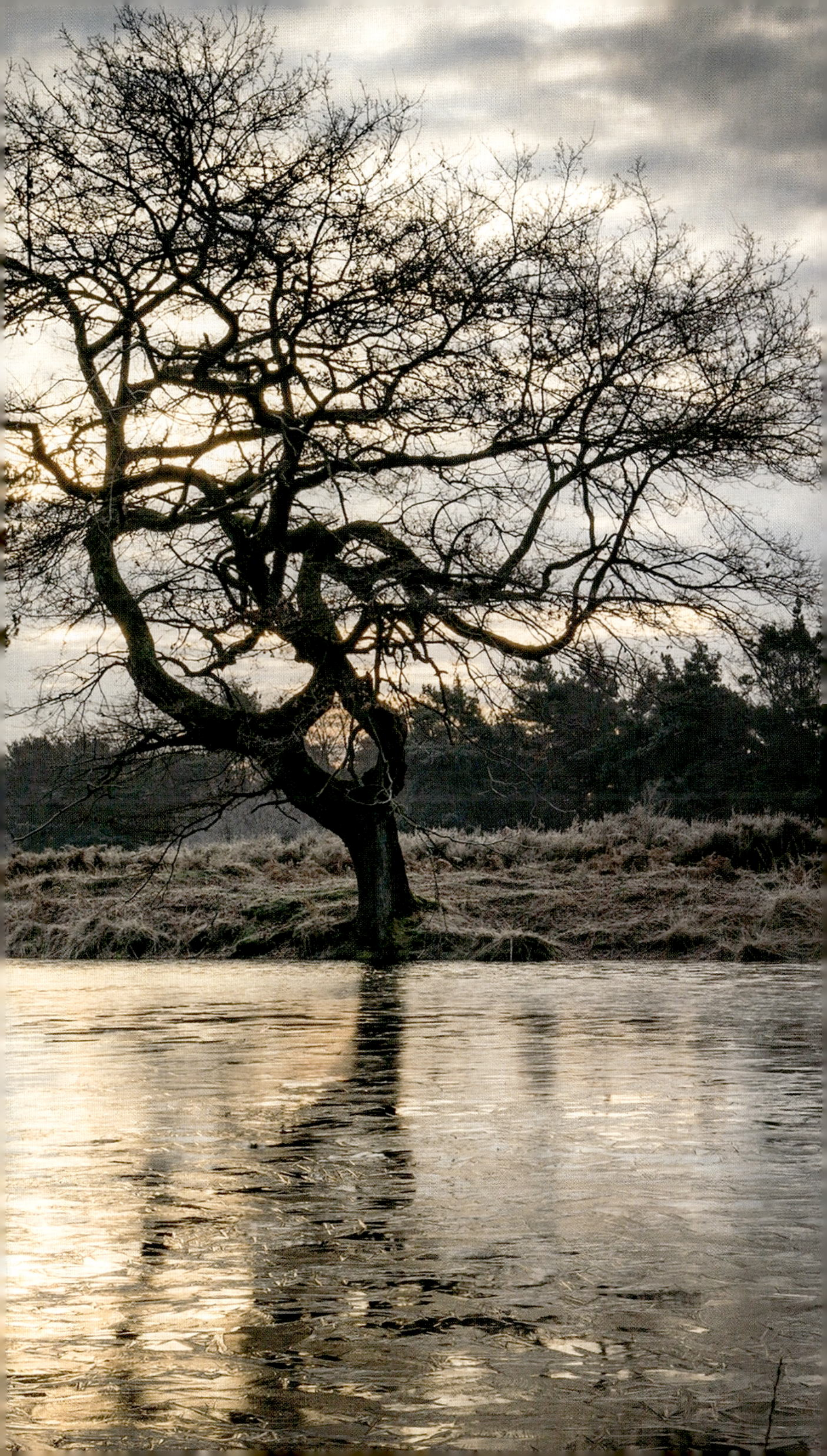